PURPOSE

THE HEART AND SOUL OF
HIGH-PERFORMANCE COMPANIES

RANJAY GULATI

DEEP PURPOSE

傑出する企業、その心と魂

ランジェイ・グラティ

山形浩生 訳　鵜澤慎一郎 解説

TOYOKAN BOOKS

DEEP

序文

ラリー・フィンク
ブラックロック創業者、会長、CEO

友人ランジェイが本書の序文を依頼してくれたのは大いなる栄誉だ。企業パーパスの力を発見し、その追求方法を学び、パーパスを次第に発展させるための努力は、私のキャリアにおける最も困難な——そして満ち足りた——側面だった。目的意識はしばしば高業績企業の背後にある原動力だというのは知られているが、この概念をはっきり見極めようとするのはとてもむずかしい。それが長期的な財務上の結果に反映されるのはまちがいないが、企業のパーパスは損益計算書や株価、時価総額では捉えられない。本書でランジェイは、パーパスとは何かを記述し、さらにそれ以上に重要とも言えることとして、それが何でないかも記述するというつらい仕事を成し遂げた。彼の定義、ケーススタディ、変化を動かすためのツールは、利潤だけでなくパーパスを達成しようと努めるビジネスリーダーすべてにとって、得がたいものとなる。

企業パーパスを理解しようという私自身の旅は長いものだ。1988年に私は他の7人とともにブラックロックを創設し、技術とデータアナリティクスをもっと深く使って、引退後やその他長期的な懸念から貯金している人々のお金を管理しようとした。私たちのパーパスは、ますます多くの人々が、財務的な厚生を体験できるよう支援することだった。だが2010年代末になって、顧客の代理人にして投資家として、パーパスが長期的な成功をもたらすにあたって果たす役割について、もっとはっきり語ることが重要だと気がついたのだ。

「パーパスの感覚なしには、どんな企業も、公開企業だろうと非公開企業だろうとその全面的な可能性を実現できない」。弊社の顧客の投資先企業CEOたちに宛てたレターで私はそう書いた。そうしたCEOへのレターを書くようになったのは、金融メディアやウォール街が、一日ごとの市場の浮沈にばかり日々こだわるのにうんざりしたからだった。もっと多くのCEOたちに、長期的な視点を持ち（最高のリーダーたちはすでにそれをやっていた）、弊社顧客のためにもっと大きな長期的価値を創り出してほしかったのだ。世界的な投資企業のリーダーである私が、その同じ年次レターで、あらゆる企業は利潤だけでなくパーパスにも注目すべきだと書いたので、多くの人は驚いた。中には、私が鋭さを失い、ちょっと「ニューエイジ」がかってきたのではと思った人もいた。実は、私は長年にわたり世界中の最高にして最も成功した企業のリーダーたちと話をしてきた中で、目撃してきたものを振り返っていたのだった。企業づくりでパーパスが重要な役割を果たすと指摘したのは、私が初めてなどではない。ヘンリー・フォードにさかのぼる偉大なビジネスリーダーたちは、その企業がステークホルダーたち（株主も含む）すべてにどのように貢献できるかという説得力あるビジョンを核に、企業を構築してきた。だが近年では、社会がビジネスへの期待を高めるにつれて、企業パーパスの重要性が劇的に高まっているのだ。

１９８０年代と１９９０年代には、多くの人は企業パーパスとは単に利潤を出すことで、それが活動するコミュニティや、果ては自社従業員に与える影響すら考える必要はないと思っていた。だが近年には、偉大な会社――長期にわたり大きな価値を創り出す会社――はますます、ずっと深いものに導かれている。利潤よりも広いパーパスに導かれているのだ。パーパスはその会社の従業員、顧客、パートナー、株主などあらゆるステークホルダーをまとめるビジョンを作り出す。それは倫理的な行動を動かし、ステークホルダーの最善の利益に反する行動に対する本質的な抑制を作り出す。最後に、それは文化の強力な原動力であり、組織の内部すべてで一貫性を持つ意思決定の枠組みを提供する。そしてそれは最終的には、会社の株主のために長期的な金融的収益を維持するのに役立つ。

人によっては、パーパスと利潤との間に本質的な緊張関係があり、この二つがスペクトラムの対立する両極に位置しているのだと考える。だが私がレターで書いたように、「パーパスとは利潤だけの追求ではなく、それを実現するための原動力である」。最高の才能を惹きつけて維持し、パートナーや顧客との関係を構築するときに、これは赤裸々に見られる。従業員や顧客はますます、パーパスの明瞭な表現を必要とし、そのパーパスが自分たちの価値観と整合しているのを確認したがるのだ。弊社の中ですら、最も才能ある若いデータ科学者やソフトウェアエンジニアたちは、動機づけ、啓発してくれるパーパスを持つ会社で働きたがる。本書でランジェイは、パーパスが何やら利潤に逆らって存在するとか、それが何やら短期の結果を犠牲にして長期の価値を創り出す話だといった考えを批判する。

私たちのやることすべて――新製品の設計だろうと買収の実施だろうと――はますます多くの人々が財務的な厚生を体験するのを助けるというパーパスに貢献する。長年にわたる、引退についての仕事や投資を簡単に手の届くものにするという作業、そして最近では持続可能な投資を促進するという作業は、すべてパーパス実現のためのものだ。

人々は生涯にわたり金融的な安全保障を得られるべきだ。弊社は信託代理人として機能し、医師、看護師、消防士たちにかわって投資を行い、彼らが引退時に財務的な厚生を体験できるようにする。しっかりした引退の確保は決して確実なことではないし、ここアメリカでは特にそうだ。引退に向けて充分に貯蓄するには、個人やその資産を管理するブラックロックのような信託代理人たちは、30〜40年の期間にわたって考える必要がある。つまり引退に向けて準備を整えるには長期計画が必要で、それが弊社のパーパスの中心となる。同じく、私たちは低コストな投資方法を提供することで、投資をもっと簡単で手の届くものにしようと努めてきた。というのもこれは人々が財務的な厚生を体験する支援において本質的だと考えるからだ。

最後に、持続可能な投資促進の重視は、それが投資家にとっての結果を改善するという確信に深く根差している。気候リスクは地球に本当に深刻な影響をもたらし、ますます激しい気象事象や洪水や山火事を生み出し、やがてこれは資産評価の変化をもたらすことになる。また政府、投資家、消費者が、安い再生可能エネルギー源をもたらす新技術を探すようになるので、機会も生み出しつつある。そうした現実を考慮しなければ、投資家や顧客、社会に応えられないことになる。

明確なパーパスを述べるのは簡単だ。CEOなどのビジネスリーダーにとって最もむずかしい部分は、「どうやって」の部分だ。複数のステークホルダーにとって耐久性を持つ価値を創り出しつつ、株主や顧客の求めるものも生み出すというのは、しばしば壮絶な仕事となる。むずかしいトレードオフを行うための枠組みと、会社内外の人々を動員する能力が必要だ。そしてあまりにしばしば、善意のリーダーたちは短期のトレードオフを行うために、組織にパーパスを深く埋め込むのに失敗する。

持続可能性とパーパスとのつながりについて、同僚たちに説明したとき、会社中のチームがまとまって「これをやりたい、もっと速く動く必要があります」と申し出た。これは私のキャリアで最も誇らしい瞬間の一つだ。同僚たちは、私の期待をはるかに超える形で才能を動員した。株主、顧客、従業員、社会、地球を含むステークホルダーすべてに価値を提供するための明解な戦略を作り出した。「気候リスクは投資リスク」というのはブラックロックでは一種のスローガンになっており、その結果として私たちのリーダーは、顧客のために大きな価値を生み出している――そしてリスクを減らしている。彼らは、資産評価に生じる変化を定量化するのに使える新しいモデルを構築しており、企業の経営会議と協力して、低炭素経済への移行の長期戦略を手伝い、民間資本をエマージング市場にもたらして持続可能なインフラ構築の資金にするための新しいファンドを作り出している。彼らは弊社のパーパスを実践しているのだ。

パーパスのために献身し、長期的な見方をする人々に対する私の評価は、時を追うにつれて高まるいっぽうだ。パーパスを明確に述べることで、ブラックロックは世界の中で声を持つようになり、何十年にもわたる成功を促進するのに役立った。だからこそ本書はきわめて興味深いと考える。それは偉大なリーダーたちが事業を運営してきた昔からの主導原理を、手に取れる形で伝えてくれるのだ。

最近の年次レターで書いた通り「企業が顧客や従業員、社会に価値をもたらすときのパーパスを示せれば、それだけ競争して株主に対する長期の安定した利潤を提供できる」。ますます証拠で裏付けられていることだが、複数のステークホルダーを包含するパーパスは、金銭的なパフォーマンスも強める。ランジェイは、リーダーが長期的な価値の実現に目を向けられるし、またそうすべきだと主張する。それを行うためのパラダイムとして最も優れているのがパーパスだ。

だが複数のステークホルダーに向けてパーパスを提示するというのは、ビジネスの中核的な運用を見直すということだ。パーパスの効果を実現して長期的な価値を生み出すために、ランジェイは企業が「都合のいいパーパス」より深いものを目指すべきだと主張する。パーパスを述べるだけでは不十分だ。それを実現するというつらい仕事もやるべきだ。これはもちろん、あらゆるリーダーにとって大きな挑戦だ。ランジェイが述べるように、問題はビジネスリーダーの意図がまちがっているということではない。むしろ、パーパスの深い追求とその実践を理解できていないために、それが手に負えない仕事だと思ってしまうことなのだ。

もしこうした課題に直面しているなら、本書はきわめて有益だろう。『ディープ・パーパス』は啓発的であると同時に実務的だ。パーパスをめぐる著作の曖昧さを一掃し、ランジェイは強力な新しい考え方を提供してくれる。パーパスとは何かというもっと深い理解から始まり、それが人生にもたらすトレードオフを示す。多くの産業や地域の企業を分析してベストプラクティスを求める中で、ランジェイはパーパスを見つけ出し、それを組織に埋め込み、長期的に持続するための深遠な洞察をいくつも示している。最終的にランジェイは、リーダーたちは単なるパーパス談義から、それを本当に吸収して実現するまで到達したいのであれば、かなりの跳躍を余儀なくされると論じている。ディープ・パーパスは、リーダーたちが全身全霊をかけて献身すべき、継続的なプロセスなのだ。それは組織全体のオペレーティングシステムとなると同時に、意思決定の戦略的なコンパスにならねばならない。

確かに面倒な注文ではある。だがステークホルダーや、リーダーたち自身、そして社会にとっての便益は巨大なものだ。

目次

はじめに

頑張るだけでは不十分だ。それならアリだってやる。何について頑張るのか？

――ヘンリー・デイヴィッド・ソロー

かつて私はパーパスについて懐疑的で、そんなものはリーダーたちが会社のスピーチや年次報告書で持ち出す、啓発的ながらどうでもいい話題の一つだと一蹴していた。企業が社会的便益をもたらす問題については、自由市場で活動する企業は自然に公共の利益に奉仕するのだという、古典的なリベラル議論を支持していた。市場の見えざる手は万人に利益をもたらすに決まっている。企業が金銭的に成功する手助けに注力すれば、彼らを社会にとって善をなす立場に置くことになるのだと信じていた。

こうした態度が怪しくなってきたのは２０１３年に、過激派がボストンマラソンで爆弾テロを起こし、3人を殺し、何百人もに傷害を負わせたときだった。ハーバード大学での私の生徒たち、世界中の国からやってきた、能力の高いシニア重役候補たちは打ちひしがれ、生存者のために資金集め運動を開始した。これで気分はよくなったが、生徒たちは満足しなかった。なぜ企業やリーダーたちは、危機のときにしか博愛的に行動しないのか不思議に思ったのだ。なぜリーダーたちは日常作業の一環として社会にお返しができないのか？　そして私の同僚や私は、事業を別のやり方でやる方法について何を教えられるだろうか——活発でパーパス・ドリブンな企業を作りつつ、それが株主と社会の両方に奉仕するようにはできないのか？　結局のところ、なぜ会社は存在するのか？　単に投資家の懐を潤すためではないはずだろう。

生徒たちの疑問に動かされて、私は内省し、ビジネスの最初期の体験を見直すことにした。１９７２年に母がニューデリーのアメリカンスクールでの教職を失い、両親は離婚した。食べていく方法に確信が持てず、彼女はリスクの高いことをやった。すぐに新しい仕事を探すのではなく、貯金全額を使ってパリ行きの飛行機に乗ったのだ。そこで主要なフランスのファッションブランドの事務所にアポなしで訪れ、スーツケースに見本を一杯つめこんで、彼らに自分の手製のインド衣服に注目してもらおうとしたのだ。

母はずっとインドファッションの崇拝者で、洋服と並んで伝統的な衣装も着ることで、自分の伝統に対するプライドを示してきた。人類学の修士課程で勉強中のある夏、ギリシャに旅行したら、他の学生たちがインド衣装について質問し、それを買いたいと述べたのだった。インドの法律により、50ドル相当以上のものを国から持ち出すことはできなかったので、こうした旅行での費用の足しにするため、彼女は村のデザインによる手製の衣装を持ち出してそれを売った。だが、同級生数人に感心してもらうのは簡単だ。世界のファッション中心地のトレンドメーカーたちは、母の衣服を買うだろうか？　買ってくれたので、活発なビジネスが生まれた。ものの数年で、母の会社は直接間接に１０００人以上を雇うことになった。

母はそういう表現はしなかったものの、彼女が会社を成長させたのは、生計をたてるためだけでなく、ある社会的なパーパスを実現するためだった。よそ者は、田舎の人々を原始的だとバカにしたがるが、母は彼らが強い活発な文化を持ち、鋭く高度な美的感覚を有し、うらやましいほど自然に近い暮らしをしているのを知っていた。彼女の会社の暗黙のパーパスは、西洋の消費者をインドの田舎村の工芸品と結びつけ、双方を豊かにすることだった。

西洋の消費者たちは、人間性とその多様性についての認識を深めることで利益を得た。インドの村人は、母が地元で製品を買い付け、製造設備を貧しい村人が作るために融資したことで利益を得たし、それがさらに職を提供して富を作り出した。企業を経営しているのかと尋ねたら、もちろんその通りだと母は答えたが、同時にいつも自分のもっと広いパーパスにも言及するのだった。それが彼女の最も深い動機にちがいない、と私は判断した。それが彼女のビジネスを左右し、成功を後押しする隠れた活動原理だったのだ。

母とそのビジネスを、ボストンマラソン爆弾テロの後で思い出しつつ、私はパーパスという概念――使命または存在理由として定義され、潜在的にある種の社会的な側面も持つもの――が、儲かる高業績でインパクトの高いビジネスを運営するための一般的なアプローチとして、リーダーたちの役に立つのではと思うようになった。当時私は、企業が持続可能性プログラムをどう実施するかについての本を共著しており、この分野での企業活動がしばしば、利潤をたっぷりもたらすと知って驚いていたところだった。一部のパーパス・ドリブン企業が、当初は収支面であまりよさそうに見えなかったときにもこうした活動を実施したというのを見て、私は企業が全般的に、商業的な目標と社会的な目標を両方同時に追求できるのではないかと思うようになった。それどころか、もっと野心的な注力を行うことで、財務的な業績すら改善できるかもしれない。

この仮説を検討する中で、学者たちがこの問題に長年取り組んできて、パーパスがどのように業績に影響するか理解しようとしてきたのを発見した。学者たちは、パーパスをどのように計測するのか、あるいはその影響を他の要因とどう区別すべきかについて、はっきりとは理解していなかったものの、そうした研究の結果は示唆的だった。2000年代初頭というかなり昔の段階でさえ、95本の研究のレビューを見ると、「その大半は企業の社会業績（これはパーパスの代理指標と思う人もいるだろう）と財務業績との間には正の相関が見られた」[*1]。それ以来、学者やコンサルタントたちが次々と、パーパスの影響についてアンケートなどの文献手法を使って研究してきた。三つの分野における50社の研究によると、パーパス指標で高得点の会社は、株主総利回り（TSR）も高い傾向があった[*2]。500人近い重役の研究では、パーパスを重視する組織はそうでない企業に比べ、3年にわたり10％以上の売上増加を示す傾向が高かった[*3]。

繰り返すが、こうした研究は示唆的なものでしかない――そのどれも、パーパスが財務業績を動かすと決定的に示したとは述べていない。だが私自身の直接的な観察はそうした結論を示唆していた。小さな急成長起業ベンチャーを見ていると、業界を問わずその多くは極度にパーパスの強い事業なのだということに気がついた。創業者はパーパスを体現し、それを暗黙にせよ明示的にせよ定義した。みんなそれを理解し、従業員と顧客はそれに惹かれ、動かされた。逆に、大規模で成功した企業が衰退するのを見ると、その没落が生じるのはパーパスの感覚を失ったからのようだった。そのために仕事が苦行となり、従業員は自分の仕事に熱意を持てず、ただの取引としか考えなくなる。

パーパスと業績との魅惑的なつながりを解明しようと、私は様々な業界や地域で、パーパスを異様に深く突き詰めた企業のつらい研究を行った（詳細は補遺参照）。そこでわかったのは、こうした企業があらゆる決断や行動、プロセスの決め手となる、生死に関わる意図としてパーパスを扱っているということだった。彼らはパーパスを自分のオペレーティングシステムとして採用し、それをほとんど心霊的な力を持つ決定的な活力源として受け止めていた。結果として、彼らはステークホルダーが複数にわたる資本主義の波乱に満ちた地勢を、他の多くの企業よりはるかにうまく切り抜け、投資家を含むあらゆるステークホルダーにとっての価値を長期にわたり高めた。

パーパスの情熱的な受けいれは、様々な便益をもたらした。たとえば戦略立案の改善、きわめて熱心で情熱的な労働力、顧客やサプライヤーなどの外部パートナーからのすさまじい忠誠心などだ。

18企業の200人以上の重役インタビューは、こうした企業の秘密を明らかにした――ありがちなうわべだけのフレームワークではなく、ビジネスについての新しい考え方であり、リーダーや企業が高い情熱と緊急性と明瞭さをもって行動できるようにするものだ。私が「ディープ・パーパス」と呼ぶ規律の実践を学ぶことで、ビジネスが財務的にも組織的にも繁栄しつつ、善の力としての可能性を全面的に発揮できるようになる。会社は人類の最高の希望を示すものとなり、将来世代にとって永続的な遺産を残せる。単に物理資産や人材を持つだけのビジネスではなく、傑出した業績と社会的インパクトの背後にある失われた要素を持つビジネスを創り出せる。その要素とは、明示的で活気をもたらす魂だ。

本書を書いたのは、パーパスが予想外の危機や障害の中で、傑出した業績を実現しようと苦闘する企業やリーダーたちに対し、新しい答えをもたらすと信じているからだ。世界最大級の投資家の多く（年金基金、保険会社、ソヴリンウェルスファンドなど）がますます四半期ではなく数十年にわたるパフォーマンスを求めている時代にあって、私は短期の、何が何でも業績を挙げろというメンタリティというセイレーンの歌にあらがい、パーパスに啓発された業績の上昇スパイラルを作り出す方法を示したい。ブラックロックCEOのラリー・フィンクが述べたように「企業が顧客や従業員、社会に価値をもたらすパーパスを示せれば、それだけ競争力が高まり、株主に対する長期の安定した利潤を提供できる」[*4]。

本書は、本当にディープ・パーパスを受け容れることで、そうした安定した利潤を実現する方法を示す。それどころか本書は、長期的な価値と短期的な業績が、リーダーたちのしばしば考えがちな対極の存在ではないことを実証する。短期の業績はもちろん重要だが、会社の長期的な利益を犠牲にしてはいけない。長期的な価値を考えることで視野が広がり、自然に複数のステークホルダーたちの利益を考えるように促される。パーパスは、これから見るようにビジネスを複数のステークホルダーを持つ存在として捉える見方に根差しているもので、長期的な戦略思考の基盤となれるのだ。グローバルプロフェッショナルサービス組織EY（旧アーンスト&ヤング）のグローバル会長兼CEOカーマイン・ディ・シビオが話してくれたように「長期的な戦略を本当に持つためにはパーパスが不可欠なんだ。すべては相互につながっていて、片方なくしてもう片方も持てない。戦略は顧客、人々、社会に基づいている。パーパスはそうしたステークホルダーを組み込んでいる」[*5]。

長期的な視点を促進することで、パーパスは資本主義の未来にとって、もっと広い意味合いを持つ。ここ数十年で、私たちのシステムの伝統的な道徳の中心が空洞化してしまった。ミルトン・フリードマンのような思想家に影響を受けたリーダーたちは、企業を偏狭な利潤追求で動く不毛で無感動な場所に変えてしまった。外部的には、利潤動機は地球と人々に重い代償を課した。だが時代は変わりつつある。ユニリーバのポール・ポルマンや、パタゴニアのイヴォン・シュイナードといった、前世代のパーパス先駆者たちの顰《ひそ》みに倣い、啓蒙《けいもう》された人々の声がステークホルダー資本主義概念を受け容れ、それを実現するための共通指標を開発しようとした（たとえばバンク・オブ・アメリカCEOブライアン・モイニハンが議長を務める、世界経済フォーラムでの国際ビジネス評議会の活動を考えてほしい）。私たちは「リセットの瞬間」に来ているらしい。資本主義の運営規範を世界的に見直すための新しい機会が開けた瞬間なのだ。私たちはまた、やるか死ぬかの瞬間に来ており、正気に返らざるを得ない。いま大幅な変化を実現しなければ、人類は自分が創り出した経済的、環境的、政治的な危機のおかげで、激しい波乱に苦しめられ、絶滅すらしかねないのだ。

　パーパスは、資本主義を考え直すといった会話には顔を出すが、パーパスの真剣な追求に本当に必要なのは何か、それがビジネスを商業的かつ社会的にどう強化するのかを理解するための努力はまだ不十分だ。市場の規制者として政府が資本主義再編に果たす役割を矮小《わいしょう》化するつもりはまったくない。だが、本書が企業に、私たちの集合的な福祉についてもっと責任を取り、気高いパーパスを組織原理として受け容れるような刺激を与えてくれることを願いたい。ディープ・パーパスを持つ企業は、事業に情熱、意味、アイデンティティ、コミュニティ感覚の遵守《じゅんしゅ》を再注入する方法に先鞭《せんべん》をつけた。その活動を再道徳化することで、自らを活性化し、社会的責任の感覚を刷新して、それがこんどは彼らの生み出す社会的、財務的な価値を拡大することになる。

本書は自分の会社をもっとパーパス・ドリブンにする方法について思案したことのある、あらゆるリーダーのガイドブックだ。私のフィールド研究に基づき、それぞれの章はパーパスについての概念上の発見を述べ、存在理由を核としてビジネスをうまく方向付けるために使える、ディープ・パーパス・リーダーからの教訓を提供する。

最初の3章は、ディープ・パーパス・リーダーがパーパスについて考える強力なやり方を検討する。また第4章から第7章は、存在理由を定義して企業に根づかせ、それが本当に業績を改善するようにするために、リーダーたちが実施すべき鍵となるアクションを検討する。こうしたアクションは、パーパスを会社の歴史につなげたり、パーパスをもっと効果的に伝えたり、個人のパーパスと組織のパーパスをつなげたり、組織にもっと自律性と協働を注入することでパーパスを支援する、といったことだ。第8章は、パーパスを次第に空疎化させてしまういくつかの罠を述べ、ディープ・パーパス・リーダーたちが会社を正しい方向に維持するために使う手法を紹介する。

こうしたリーダーに、私と同じように刺激を受けてほしい。もっと緊急性と意味をもって組織をまとめる方法を学んでほしい。あなたの会社もパーパスを見直し、人々を一連のゴールによって活気づかせるための新しい基盤としてそれを発展させられる。あなたの会社も、事業を統合して導き、ステークホルダーたちを活気づかせ、文化、戦略、ブランド、実務といったビジネスのあらゆる面を生き生きとさせるような、実存的な認識を培える。

最も根本的な点として、あなたの会社はソローの質問を永遠に尋ねては答えることに専心できるようになるのだ。その質問とは「あなたは何について頑張るのか?」というものだ。

第1章

そもそもパーパスとは何か？

ほとんどのリーダーたちは、パーパスを機能的または道具的として考え、それを自分の使えるツールだと思っている。ディープ・パーパス・リーダーはそれを、もっと根本的なものと考える。企業の存在理由そのものを表現する、実存的な命題と考えるのだ。単にパーパスを追求するのではなく、こうしたリーダーたちはそれを世界に忠実に投影する。彼らにかかると、パーパスは意思決定を形成し、ステークホルダーたちをお互いに結びつける組織原理となる。

甘党なら、伝説的な起業家フォレスト・マーズ・シニアのファンかもしれない。彼はマーズバー、M&Mチョコキャンデー、チョコバーといった製品の考案者だ。マーズの父親が創業して、その子孫がいまや所有するこのマーズ社は、アメリカで最大級の非公開企業であり、2019年の売上は370億ドルで、多くの分野で消費者ブランドを持っている。たとえばチューインガム（リグリー）、アイスクリーム（ダブ・バー）、ペットフード（ウィスカス）、ペット病院（バンフィールド）などだ。

マーズは明らかに強面のビジネスマンで、事業から最後の一滴まで利潤を搾りだそうとしていた。あるジャーナリストによれば「彼はそのとんでもないかんしゃくと、狂信的な行動で伝説的だった」[*1]。理由はいまだにはっきりしないが、マーズの視点はいつしか変わったらしく、彼は言うなれば、パーパス人間と化したのだった。

1947年にマーズは社内通達を書き、この会社は消費者から従業員、サプライヤー、株主まで多様なステークホルダーの間の「サービスと便益の相互性を促進」するために存在するのだ、と述べた[*2]。マーズは、「これは我が社が存在するパーパスのすべてを表現している――これが我が社の存在理由そのものだ」とはっきり述べ、管理職、経営会議、従業員は「この基本的な目的によって動機づけられ、会社のための仕事すべてにおいて、これを主導原理として絶えず頭に入れておくべきだ」という期待を述べた。マーズの主張は、ステークホルダーとしてコミュニティや地球は含めていないが、複数のステークホルダー指向のビジネスについての、初期の強力な表現であることには変わりない。

マーズのメモについて考える中で、組織パーパスとはずばり何なのか、疑問に思うかもしれない。私が検討した何百ものパーパス・ステートメントの中で、最も説得力があるものは、基本的で相互に関連した特徴を二つ持っている。まず、それは会社にとっての野心的な長期目標を描き出す。第二に、この目標に理想主義的な彩りを与え、会社をもっと広い社会的責務の実現にコミットさせる[*3]。最高のパーパス・ステートメントは、利潤や商業的な優位性の利己的追求を超越し、何らかの形で社会や人類に奉仕を行うよう組織に呼びかける。本書を通じて私は、パーパスというのを最も深い意味で、この二つの側面を内包するものとして扱う――もっと高次の社会志向の責務を呼びかけることで、活気づかせるだけでなく、昇華させる目標だ。[*4] マーズの相互性という主張はそうしたパーパスだと解釈できる。というのもそれは株主だけでなく、このエコシステムにおける複数のプレーヤーたちに便益をもたらすよう会社に呼びかけているからだ。

このメモを読んで、マーズ社の従業員やリーダーがどれほど「サービスと便益の相互性」を広げたいと思ったかははっきりしない。わかっているのは1983年に、フォレスト・マーズの子供たちが五つの原理を施行したということだ。現在のマーズ社のウェブサイトによれば、それは「今日、日々のビジネスのやり方についての基盤を形成する」ものだ。[*5] この文書の最新版は、ある評論家が「企業の公正さのバイブル」と呼んだもので、[*6] マーズの元々のメモへの言及らしき原理を一つ含んでいる。「私たちはステークホルダーたちへの便益の相互性に基づいて意思決定を行う」。[*7] 他の原理は、同社が責任を持ち、高品質を提供し、効率的に運営し、財務独立性を維持する意図を述べており、そのすべては「来る世代のためによりよい世界を構築する」支援が目的だ。

最近のマーズ社は、そのパーパスについてますます明瞭で声高となった。2000年代と2010年代には、マーズ一族とスティーブン・バッジャー会長の影響の下で、マーズ社は「相互性」の概念に新しい息吹を吹き込み、他のあらゆる企業も使えるビジネス哲学に発展させた。[*8] 同社はこの五つの原理を自社の文化の一部にするための手を講じ、施設の壁にそれを貼りだして、全従業員にこの原理についての小冊子を配った。[*9]

マーズはまた、自社のビジネス実践の中核として、社会的善を強調する公式のパーパス・ステートメントを採用した。「私たちが欲しい明日の世界は、今日私たちが作るビジネスで始まる」。[*10] 同社は、パーパスを核に自社ブランドを再編し、グローバル企業ブランド及びパーパス部長という新役職を創った。だがマーズは「よりよい世界」を創るというパーパスを本当に実現しているのだろうか？

答えは「イエス、ではあるが……」というものだ。過去10年で、マーズ社は複数のステークホルダーに価値を提供するため多くの手を講じ、多くの場合は業界のリーダーとして台頭した。同社の「ホワッツ・インサイド（中にあるのは何）」ラベリングプログラムは、脂肪、砂糖、カロリーなど製品の栄養価の情報を自発的に開示した。マーズは持続可能性のリーダーとなり、2008年には「一世代の間に持続可能」計画を採用した。2014年には、同社はマーズ社の米国事業すべてをまかなえるだけの風力発電ファーム建設計画を発表した。[*11] 2017年にマーズは10億ドルを持続可能性活動に振り向けた。[*12] 同社はまた、2050年までにバリューチェーンすべてで二酸化炭素の排出を三分の二減らす計画に乗り出した。[*13] 他の活動としては、同社のシンクタンク出資で「相互性の経済学」研究プログラムを実施したり、新しい社会精神を持つ食品会社を助けるアクセラレーターを創ったりしている。[*14]

マーズ社は、周縁部でパーパスを追求しているだけではない――それを組織に埋め込み、中核事業を改めて見直して「私たちが欲しい明日の世界」を創り出すのを助けようとしている。それでも同社のパーパス・ドリブン・ビジネスへの変身は、完全にはほど遠いものだ。理由は簡単。同社はまだその売上の相当部分を、不健康な食品販売から得ているのだ。

マーズ社を擁護する人は、キャンデーやお菓子は人々の楽しみや喜びへのニーズを満たすから、社会的な価値を持つのだと主張するかもしれない。それはそうかもしれないが、多くの人にとっては、お菓子の提供と、世界をよりよい場所にするというマーズ社の壮大な目標とはなかなか整合しない。もしマーズ社が本当に「来る世代のためによりよい世界を構築するのに役立つかという基準をもとに、あらゆるビジネス上の意思決定をする」と考えるのであれば、何にも増してやるべき決断がある。それはお菓子販売への依存から脱却して、ビジネスをもっと健康的なものに切り替えることだ。

企業が成功した製品を捨てるのはむずかしいだろうか。もちろんだ。だがマーズ社がそのパーパスをもっと深く戦略に織り込み、製品ポートフォリオをそれにあわせて変えない限り、その気高い大義へのコミットは、あまり正真で有意義とは見られないだろう。

都合のいいパーパス

実のところ、理想主義的なパーパス・ステートメントを採用し、社会に奉仕する各種活動を行いつつ、ステークホルダーに深刻な被害を引き起こす製品やサービスを販売し続ける企業はいくらでもある。道徳的な観点にもよるが、化石燃料、タバコ、アルコール、ジャンクフード、武器、各種ソーシャルメディアサービスを販売する企業はすべてこの分類に入る。こうした企業は私が「都合のいいパーパス」と呼ぶものを実践している。通常これは、利潤追求を超えた存在の中核理由を述べる（通常はパーパス・ステートメントやミッション・ステートメントの形をとる）。マーズ社のように、中でも優秀な企業はコミュニティ拡充や顧客と従業員の生活改善や、地球への便益のために強い行動を採る。だがそのコミットメントは、社会的に疑問視される「キャッシュカウ」事業と決別するほど強くもないし、広く捉えられてもいない。

他にも都合のいいパーパス企業の変種はある。マーズ社とちがい——気高い存在理由（さらに同じくらい気高いミッション、ビジョン、バリュー・ステートメント）を、とんでもなく利己的な目標や、ときには犯罪行為を追求するための隠れ蓑《みの》として利用する企業もある。これは「偽装としてのパーパス」と言える。診断企業セラノス社の、失墜した創業者エリザベス・ホームズは、「善を行うことで業績を挙げるビジネスを創れます」という信念を誇らしげに宣言し、[*15]セラノス社自体もご立派なミッションを掲げていた。「病気の早期検出予防を支援し、あらゆる場所の人々が最高の生活を送れるように力を与える」[*16]。だがそれでもホームズは、数十億ドルにおよぶ詐欺を働き、2021年現在では刑事訴追されている。パーデュー・ファーマ社、チューリング製薬、エンロンといった他のスキャンダルまみれの企業も、偽装としてのパーパスの手口を使い、怪しげで、ときには悪意に満ちた行いをご立派なお題目で隠していた。

有害と言えるようなものは売っておらず、犯罪事業に手を染めてもいない大半の企業もまた、私が「周縁部でのパーパス」と呼ぶものを実践している。パーパス・ステートメントを採用し、それを実現する手だてを講じるが、そうした活動は中核事業にとっては二次的なものとして扱われてしまう。[*17]パーパス・ドリブンのCSRを通じて「善を行い」、中核ビジネスを通じて「業績を挙げ」、この両者を別々のものと考える。自分の事業を見直してもっと気高いパーパスに奉仕するのは見送り、脇で慈善という形の社会的価値を返せば充分だと考える。自分たちの活動をもっとパーパス・ドリブンに変えられない——持続可能性を高め、地元社会への有益性を高め、従業員にとっての価値を高める等ができないのだ。周縁部でのパーパスを実践している多くの都合のいいパーパス企業はまた、利潤を生み出しつつ高次のパーパスに奉仕するような、創造的な新製品やサービスを作り上げられない。こうした企業は株主価値の最大化を成功の主要な尺度としており、うわべだけのご立派さを維持できるだけの金額しか還元しないのだ。[*18]

存在理由を周縁的なものとして扱う都合のいいパーパス企業に加えて、一見するとわかりにくい方法で手を抜く企業もある。一部の最先端企業は、中核ビジネスを見直して株主と社会の双方に価値をもたらそうとする。「ウィン=ウィン」ソリューションなるものだ。2011年の有力な論文で、マイケル・E・ポーターとマーク・R・クラマーは「共有価値」という概念を導入した。これは「伝統的な経済的ニーズだけでなく社会的なニーズも市場を左右し、社会的な害は企業にとって内部費用を作り出すこともある」という認識から始まる。[*19] 社会的な害を外部性として黙殺し、政府に任せてしまったり、社会的な義務を事業の制約や税として考えたりするのではない。共有価値の概念は、企業方針や実践が社会と経済的な目的に、同時に貢献しなくてはならないと主張する。

多くの場合、企業はこの強力な考えを誤解して、社会価値と経済価値が交差するスイートスポットだけを狙う。私が「ウィン=ウィンだけのパーパス」と呼ぶものでは、ジレンマに見えるものを克服する独創的なソリューションを求めることだけに専念する――つまり利潤と社会的善の両方を最大化する、望ましいウィン=ウィンのソリューションだ。この共有価値の応用は、本質的な魅力を持っている。社会価値と経済価値の両方を同時に見いだせる世界で活動しているときには、つらいトレードオフをする必要はない。このウィン=ウィンの極端な見方は、常に最高の自分を見せつつ株主を満足させられる、魔法のような場所こそがビジネスなのだと見なす。ジョン・マッキーとラジ・シソーディアの「コンシャス資本主義」という概念は、どうもそうした立場を述べているらしい。彼らは各種のステークホルダーを、単一のもっと大きなシステムを構成するものと捉え、ビジネスは「善を行う」のと「業績を挙げる」のを融合させ、パイ全体を広げてあらゆるステークホルダーに同時に利益をもたらす、統合的なソリューションを見つけねばならないのだという。[20]

ウィン＝ウィンだけのパーパスを追求する企業のリーダーでも、同業他社に比べればはるか先を行っており、その企業活動の中核にパーパスを押し込んでいる。だが次章で見るように、精一杯のことをやっているとは言えない。ウィン＝ウィンのソリューションだけを追求する企業は、ウィン＝ウィンが可能と思える範囲までしかパーパスを実現しようとしない傾向にある――そしてしばしば、そうしたウィン＝ウィンは実現不可能に見える。財務的な業績と社会的な善との選択を迫られると、こうした企業のリーダーたちは、事業を主に株主の便益に向けて運営するのが通例だ。こうしたリーダーたちは、社会に奉仕しようと頑張るが、株主価値を業績のベースラインと考えるか、あるいは株主価値は絶対に守らねばならないと考え、社会価値やパーパスは（ときに）融通を利かせられると思ってしまう。社会的価値プロジェクトの追求を、経済的な見返りが明確なものだけに限ってしまう。この限りにおいて、こうした企業のパーパスへの献身は「都合のいい」ものでしかないと言える。

私の分析が示唆するように、都合のいいパーパスの実践者でも道徳的にはいろいろなレベルがある。こうした企業を相対的にランキングすべきだ。底辺にいるのは、この世のセラノス社のような企業、つまり社会的パーパスを、明らかに邪悪な目的のために利用する企業だ。次に、パーパスを活動の周縁部に追いやる企業だ。それをやるのは、彼らが（見る人の道徳的な観点にもよるが）本質的に有害な製品を売っているから、あるいはCSRを中核的な活動から切り離すという伝統的なアプローチに従っているからだ。都合のいいパーパスの最高レベルにあるのは、ウィン＝ウィンだけのパーパスを実践する企業だ。資

図1　都合のいいパーパスの三段階

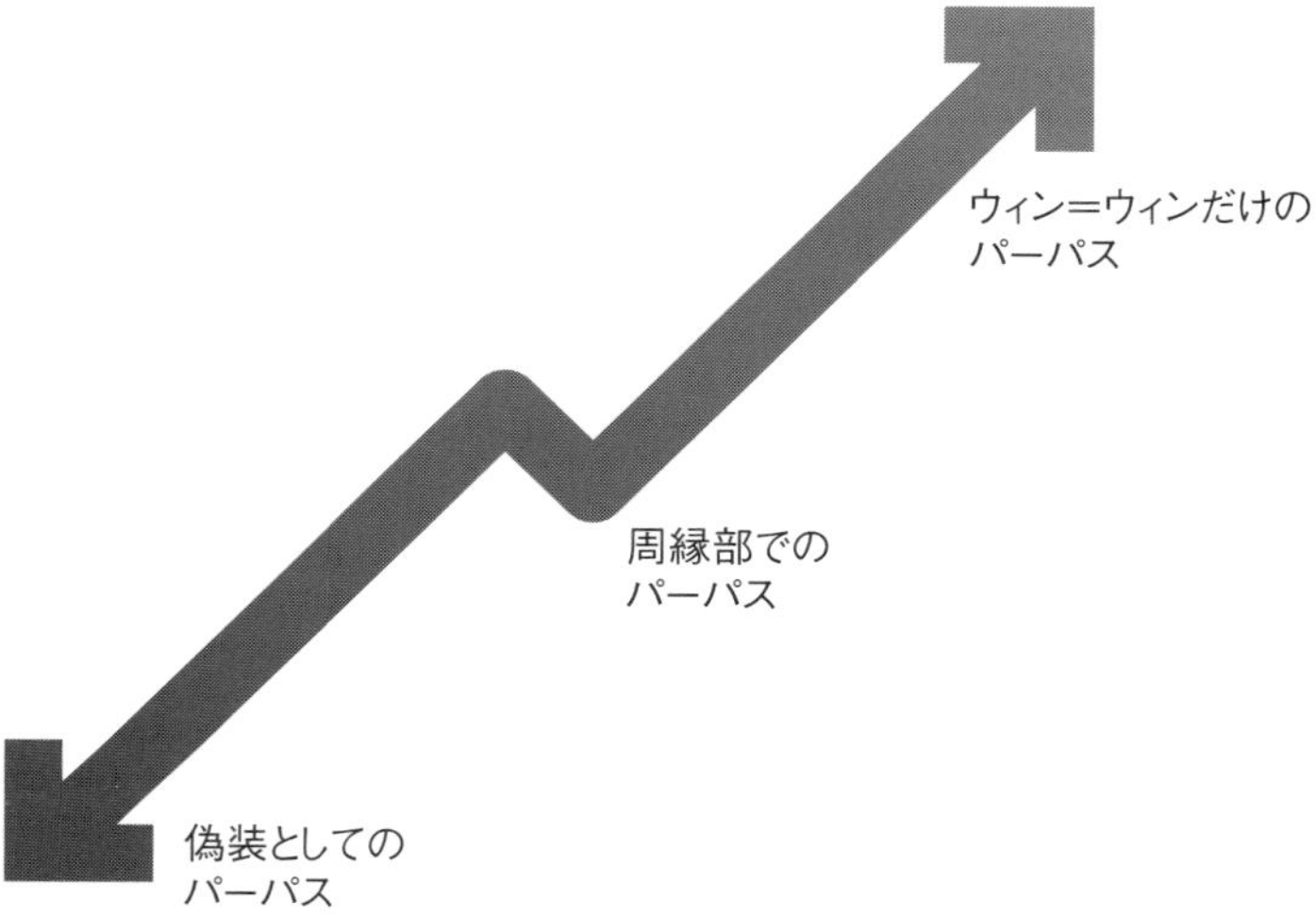

本主義の転換を目指すこうした企業は、複数のステークホルダーを持つアプローチを採用し、意識的にCSR以上の活動を目指す。社会と株主の両方に価値をもたらす事業機会を精力的に追求する。だがその熱心な献身ぶりにもかかわらず、完全なウィン＝ウィンのソリューションを創り出せない。こうした場合、企業の財務業績や顧客の要望に応えることが、他のステークホルダーたちより優先される。こうした企業は社会的価値を優先するよりも、普通のビジネスに戻ってしまう。ビジネスなのだから、主に株主利益のために活動しなければならないというのがその言い訳だ。彼らはしばしばポートフォリオ的な発想をして、事業のごく一部だけしかパーパスと整合させない――その一部というのは、ウィン＝ウィン的な機会をもたらす部分だ。この部分を増やそうと頑張りはするが、そうした機会が明らかな場合にしか実践はしない。こ

うした形で、その立派な意図と啓発的な考え方にもかかわらず、彼らは都合のいいパーパスを追求することになる。

様々な都合のいいパーパスが広まっているために、パーパスだけでなく、資本主義が自己改革して気候変動、格差、人種的公正といった実存的な問題に取り組めるかどうかという広い問題についても、冷笑的な態度が生まれた。[*21] ビジネスに対する、特に若者の間での世間的な信頼低下についてのありがちな統計は、ここでわざわざ示す必要もあるまい。ご存じの通り資本主義と個別企業はイメージ問題を抱えていて、パーパスの公式宣言はしばしば広報活動にしか見えない。ある気の利いた評論家はパーパス談義をご大層な「ヨガ談義」だと看破した――「私のヨガの先生がIR担当者になったかのようだ」と言う。[*22] こうした冷笑的態度の責任は、パーパスひいては社会的価値へのコミットメントを、単なる便宜上のものとして扱った企業やリーダーたちにあるのだ、という点はいくら強調してもしたりない。

２０１９年８月に、アメリカで最大級の最も有力な企業ＣＥＯで構成される、きわめて影響力の高い集団であるビジネスラウンドテーブルは、「企業パーパスについての声明」を発表し、それに署名した企業は株主だけでなく、顧客、従業員、サプライヤー、社会を含む様々なステークホルダーに奉仕すると約束した。

その声明にはこうある。「ステークホルダーはいずれも不可欠である。私たちは自社や社会や国の将来の成功のため、そのすべてに価値を提供する」[*23]

パーパスの重要性に敏感で、それを実現しようと決意した企業リーダーたちは、自社の運営に革命を起こそうと急いだはずだと思うかもしれない。だが必ずしもそうではなかった。あるジャーナリストがラウンドテーブル声明の一周年で苦々しく述べたように「大企業が株主以外に奉仕するための本当の手だてを講じたという印はほとんどない。そういう手だては、世論や政府規制など外部の圧力なしには生じなかった」[*24]。一部の企業は従業員の最低賃金を引き上げたが、それはそのときの政府要件にあわせるためだったり、将来の最低賃金引き上げを先取りしただけだったりした。ラウンドテーブル声明にもかかわらず、一部の企業は相変わらず環境規制に反対し続けた。一部の評論家からすれば、ラウンドテーブル声明は結局のところ「大きな変化の先鋒」どころか、ただの広報活動でしかなかった。[*25]

パーパスの別のパラダイム

資本主義の批判者にとって、都合のいいパーパスの蔓延は意外でも何でもない。彼らに言わせると、重役、株主などのインサイダーは資本主義の改革を主張しつつ、自分たちが特権的な立場を維持する本質的に収奪的な仕組みに縛られ続けているのだ。こうしたインサイダーたちは、うわべだけ資本主義を改革してみせるが、自分の財務的な富を減らし、社会の権力バランスを変えるような変化は絶対に行わない。変化を起こすためには政府が企業を規制し、資本主義の過剰を抑制し、企業が本当に公共の善に奉仕するようにしなければならない。[*26]

私は資本主義の過剰を抑えるための政府規制には大いに賛成だ。一部の人が示唆したような、システム全体の広範で全面的な改革を行う必要があるとは信じていない。[*27]だが資本市場と企業の法的枠組みの改革を含む、もっと大きなアジェンダの一部としてパーパスを受け容れるべきだとは思う。ＣＥＯたちは真空の中で活動しているわけではないし、多くは自発的に社会的に有益な活動を実施したりはしない。長期的にあらゆるステークホルダーの利益となるためには、充分な数のＣＥＯをその道にとどめておくための外部インセンティブが必要だ。その一方で、規制改革ですべての問題が解決するわけではない。最大限の変化を実現するためには、企業が自らを改革するように呼びかけ、あらゆるステークホルダーの利益のために活動するための、強力な概念ツールを提供すべきだ。さらに企業が自発的に行動しない場合の選択肢として規制を利用すべきだ。最終的には、規制の「ハードパワー」と内部のパーパス・ドリブン変化の「ソフトパワー」を組み合わせれば、社会にとって最高の結果を得られる。

企業が存在理由を精力的かつ都合がいいだけではない形で追求すれば、ステークホルダーたちの傑出した価値を提供しつつ、自分自身を単なる商業の論理を超えた存在へと高められる。共有価値を追求するのは不可欠だが、企業はさらに進めて、パーパスを基盤とすることでそれをもっと完全に提供できる。資本主義の自己改革能力を一蹴するのではなく、大量の部分的に取り組む企業を転換させ、真のパーパス献身企業へと変える支援をするのが最も責任があり生産的な方向性だと私には思える。

リーダーたちと話をすると、ほとんどの人は改宗したがっているのがわかる。危機のときに自分やその会社が進み出て人々を助けるときの気分が好きなのだ。なぜこれをいつもやれないんだろう、と彼らは尋ねる。だが彼らはパーパスを正しく理解する方法がわかっていない――ウェブページのご立派な言葉以上のものになるような形で、それを実現する方法がわからないのだ。２０１９年マッキンゼーの従業員調査で、82％は企業パーパスが重要だと答えたが、「自分の組織のパーパス・ステートメントが影響をもたらしている」と感じたのはたった42％だったのも無理はない。[*28]

主に2019年から2021年にかけて実施した私のディープ・パーパス企業研究は、こうした企業が同業他社よりもパーパスをもっと十全に採用しているのを明らかにしたが、それはそうした企業が、パーパスを企業活動に埋め込んで活性化させる方法をもっとよく理解していたからだ。こうした企業が傑出していたのは、その実施戦術やもっと広い戦略などの面ではなかった。そうした企業はパーパスの理解とアプローチにおいて、質的にちがった方法を持っていたのだ。自覚的かどうかはさておき、ディープ・パーパス企業のリーダーたちは、パーパスをもっと広く考えており、正直に言えば、他の重役たちよりも気高い形で捉えていたのだった。

ほとんどのリーダーたちはパーパスを、本質的には自分が使えるツールだと考えている。一部は企業の外の世界に注目し、パーパスというのはブランド構築と評判改善の手段だと考える。またもっと社内に注目し、パーパスは文化を形成して従業員の熱意を高める手段だと考える人もいる。こうしたパーパスについての道具的な発想はあまりに根深いので、リーダーや企業やコンサルタントたちはしばしば、それをパーパスの定義そのものに組み込んでしまう。彼らはさらに、パーパスを組織に埋め込む方法を考えるときにまで道具的な発想を維持し、リーダーたちが使えるツールやフレームワークや方式群を増やしたがる。理屈はこんな具合だ。「高業績で愛される組織を作りたいって？　パーパスを採用しましょう。パーパスを採用したい？　A、B、C、Dをやりなさい」

パーパスをツールとして扱っていけないことはない。第3章で見る通り、パーパスは価値創造の道具としてきわめて有用だ。そしてディープ・パーパス・リーダーたちは、ほとんどのリーダーよりもパーパスの道具的な価値を理解しており、パーパスによる業績改善をもっと充分に実現している。だがディープ・パーパス・リーダーたちは最終的には、パーパスをただのツールとしては考えない。彼らにとって、それはもっと本質的なものだ。企業の存在理由そのものを定義する実存的なステートメントなのだ。

ビジネスは何のためにあるのか、[*29]という最も簡単な質問から始めて、ディープ・パーパス・リーダーたちはこのステートメントを、事業やそのアイデンティティと活動を理解するための究極的な基盤として位置づける。心理学者ウィリアム・デーモンが書く通り、「パーパスは何かを実現しようという安定した一般化された意図であり、自己にとって意味を持つと同時に自己を超えた世界にも影響を持つものである」[*30]。同様に、ディープ・パーパス・リーダーたちは自分の組織を、パーパスの「北極星」を中心として実存的に方向付け、もっと気高い形でビジネスを行うという意識的な意図を述べる。彼らの心中では、パーパスはそのビジネスがステークホルダーたちのために、利潤の出る形で解決しようと意図している、商業的社会的問題の統合ステートメントなのだ。

パーパスについての深掘り

パーパスはそのビジネスがステークホルダーたちのために、利潤の出る形で解決しようと意図している、商業的社会的問題の統合ステートメントである。この表現は、目標と責務の両方を含み、ビジネスとは何か、そしてそれがだれに利益をもたらすためのものかについて、簡潔に伝えている。

意図という概念は、単純そうに思える。意図をもって行動するときには、好き勝手をやるわけではなく、考えて、マインドフルに行動する。だがもう少し深く見ると、意図は実はかなり深遠な概念で、自己知識と高度な認識に関連していることがわかる。意図をもって行動するときには、緊急性、献身性、エネルギー、集中力をもって行動し、自分の行いを自分が何者でどんな存在なのかという研ぎすまされた、しばしば苦労して得た感覚に基礎づけるのだ。

ほとんどの主要宗教での意図はそうしたものだ。ラビ派のユダヤ教では「カヴァナ」という単語はざっと「指向性を持つ意図」に相当する。ある権威はこれを「精神的な集中と献身の状態」と表現している。[*31]東洋哲学では、サンスクリットのダルマ（業）という言葉は「支柱」と訳されるが、パーパスを意味するものでもある。この意味で、ある評論家はそれを意図と結びつけている。「最も深い意味でダルマに従うというのは、私たちの思考、意図、発言や行動が最高のパーパスに寄与するという意味である。私たちは単に義務感を果たしたり社会が敷いた規則に従ったりしているだけではなく、スピリチュアルなパーパスに誠実な形で行動しているのだ[*32]」

私が研究したディープ・パーパス・リーダーたちにとって、パーパスは実感された意図であり、それがビジネスのやり方を定義づけていた。こうしたリーダーは、自分のパーパスが内面から生じたという感覚を持っていた（それを明言するかはさておき）。こうしたリーダーは何か真実を知っていたり、実現したいビジョンがあったりして、それを実現する手段としてビジネスにアプローチしていた。単にパーパスを追求するのではなく、むしろパーパスを感じ、理解し、献身して、それを忠実に世界に投影したのだった。彼らは自分のパーパスを、予言者や芸術的天才が聖なる啓示を投影するのとまったく同じように投影したのだ。

多くの若い急成長企業では、ビジネスの意図はあまりに明確で忠実に投影されているので、リーダーたちはそれを公式に述べる必要がない。みんなパーパスを理解し、それを当然と思い、それに基づいて行動する。これは私が研究したゴッサム・グリーンズ社に当てはまる。ホールフーズ・マーケットで買い物をする人は、同社の製品をおそらくご存じだろう。先進的な水耕栽培技術を使い、都市温室で育てた新鮮で高品質で殺虫剤フリーの作物だ。創業から10年強の2020年に、ゴッサム・グリーンズ社は5万平米ほどの温室を運営し、ニューヨーク市、シカゴ、デンヴァー、ボルチモア、プロヴィデンスの設備から、新鮮なレタス、ハーブ、ソースやドレッシングなどの付加価値商品を、アメリカ40州以上に卸している。[*33] 同社のシカゴ施設の一つは、旧製鉄所にある。プロヴィデンスではゴッサム・グリーンズ社は、かつてGEの電球部品工場だった跡地を修復して自社施設を建設したし、同社最初の施設はかつてボーリング場のあったブルックリンの建物の屋上にあった。[*34] 同社の設備は水を再循環させ、伝統的な畑よりも使用量を95%減らし、使う土地も97%減らしている。同社はこの社会的価値を実現しつつ、商業的にも成功しているのだから大したものだ。初年度から黒字を出し、その後も急成長を遂げて、全国展開の計画もある。2020年現在、投資を1・3億ドル集め、『ビジネス・インサイダー』誌の「アメリカで最もクールな新ビジネストップ50」での表彰を含む各種の賞を得ている。[*35]

同社のウェブサイトは、その焦点を「新しい農業手法、地元で食料生産、社会を再活性化、持続可能な未来のために革新」を生み出すことなのだと述べている。[*36] ウェブサイトではこうした言葉をパーパスだとは述べていないが、彼らが準拠しているのはゴッサム・グリーンズ社共同創設者でCEOであるヴィラジ・プーリが語ってくれた同社の存在理由だ。それなのに同社はこのパーパスを、系統だって全社中に広めたりはしない。パーパスやミッションへの準拠は、リーダーやチームがビジネスを運営する中で自然にあらわれてくる。社内報でプーリはこう語る。「私たちは何も意識するまでもなく、自分たちが生み出している正の影響について語る。だからどれだけの産物を育て販売したかを語るときには、この生産手法でどれだけの土地と水を節約したかについても語るのが通例だ」。パーパスは社内で普遍的に理解され、自然に同社の「DNAすべて」に浸透しているものだから、「あらゆる壁に掲示してチームに1分ごとに思い出してもらわねばならないもの」ではない。[*37]

ゴッサム・グリーンズ社が、社会に奉仕して儲かる形で機能しようという意図を投射できるのは、その創業チームが最初からこの意図を構築していたからだ。プーリが語ってくれたところでは、彼とパートナー二人、共同創設者でCFOのエリック・ヘイリーと主任温室担当重役ジェン・フライマークは、持続可能性と都市農業に献身した立派なビジネスを構築するという彼の発想をしっかり受け止めた。この意図は特にプーリにとっては根深いもので、彼自身の生涯にわたる個人的なパーパスとも重なっていた。このビジネスとのつながりを述べる中で、彼は若い頃から「いつも持続可能性に惹かれ、天然資源と地球が提供するものに対する深い謝意」を持っていたと語った。この地球を守るという道徳的な動機は、チベットとの国境に近いインドの地域でNGOでボランティア活動をしていた1年間を通じて強化された。

今日、この実存的な意識が外に投射されて会社とその事業に反映されている。「傲慢さなしに言うが、中核のところでゴッサム・グリーンズ社はビジョナリー企業なのです。だから弊社のDNAは、何が可能かを考え、それを実行できるかやってみることです」。もちろんその際には投資家に利潤をもたらす必要は考慮しなければならない（この緊張関係は次章で検討する）。プーリは、客観的な計測がむずかしいことは認めつつも、同社のパーパスを「組織に何か浸透した、ある種の感覚と精神」と述べている。

ゴッサム・グリーンズ社の例が示唆するように、内面的な意図が世界に忠実に投影されたものとしてパーパスを扱うのは、企業がその存在理由として受け容れる具体的な野心にとっても含意を持つ。目標が大して野心的でなかったり、他人に有益でなかったりすると、熱烈な意図を持ったり献身したりするのはむずかしい。私が発見したように、ディープ・パーパス企業がパーパスに対して抱く、燃えるような献身ぶりは、通常は明らかに高貴で気高く遠大な存在理由に結びつけられていた。パーパスを追求する企業は、しばしば都合よく商業的な目標も（こちらも野心的かもしれないが）存在理由として受け容れたが、ディープ・パーパス企業は、商業的な論理をはっきり受け容れるだけでなく、それを超越し、根深い道徳的な価値に訴える目標に、実存的に献身するのだ。

会社の魂とのつながり

高次の野心の意図的な追求は、ディープ・パーパス企業においては組織化に深い含意を持つ。パーパスを組織の上に形ばかり重ねてみせ、そのパーパスとは相容れないビジネスの部分にも押しつけるのではない。リーダーや企業は自然にそれを、戦略、中核商品やプロセス、ステークホルダーたちとの関係など事業のあらゆる側面に吹き込む。

パーパスは意味の源泉、組織理論家カール・ウェイクが「意味づける」と名付けたものの基盤となる。これは世界の中での自分の立場を理解するためのプリズムであり、それが自分の行動や優先順位を形成する。パーパスはまた、企業内部で意味の場を作り出し、人々が決断、製品、プロセス、活動、構造――つまりはすべてについて理解し語る方法に影響する。この意味の場は行動の文脈となり、共有されたルール群、条件、前提、情緒を含むものとなる。究極的に、パーパスの存在は、精彩のない商業活動のパノラマでしかなかったものを、まばゆい輝きへと爆発させ、突然お馴染みの理解可能で、まさに見る者を招き寄せるようなものにするのだ。

パーパスはビジネスの「組織原理」として役立ったと言ってもいい。リーダーたちはしばしば戦略をあらゆる行動の源と考える。たとえば組織構造やプロセス構築もそれに左右されるという。だがパーパスは組織における意味創造に影響するから、それは戦略にすら先立つものなのだ[*38]。この意味で、ディープ・パーパス・リーダーたちはパーパスを、組織の中で最も堅牢な要素としてさえ理解している。マイクロソフト社CEOサティア・ナデラが語ってくれたように、彼はパーパスを、組織を支える「アンカー」だと考えている。「私たちの文脈だと、テクノロジーは次々に出ては消えます。戦略も出ては消えます。でも自分をどう発明してアンカーするか――自分をその場につなぎとめるひもが必要で、それがパーパスなのです[*39]」

組織原理とは、仕事を調整し、情報を組織内部や組織間で収集発信処理するためのロジックだ。企業や個人の組織原理としての意図的パーパスという概念は、まったく目新しいものではない。20世紀前半から組織行動の分野は、企業が共通の目標に向けて調和の取れた仕事をする支援について検討してきた。

ロナルド・コースのような経済学者は、企業というのを無味乾燥で、合理的なものとして考えた——個人の間の「契約のつながり」であり、単一の共通意図から生まれる意味の場としては考えなかった。この見方によれば、財務インセンティブが人々に協調行動を促す。それ以外のものはほとんどない。組織は個人が経済的利己性を追求する中で、厳密な市場メカニズムに沿って動き、リーダーは組織に有利な形でインセンティブを操作しようとする。[*40]

純粋に経済的な組織としての企業という考え方と並んで、別の企業像が形成された。道徳的価値、スピリチュアルなエネルギー、温かみ、仲間意識にあふれる、もっと人間的な場所という姿だ。サンタクララ郡VSサザンパシフィック鉄道裁判の、個別企業を「人間」として概念化した1886年最高裁判決を受けて、企業に人間としての中心的な属性である魂があるのか、という論争が生じた。[*41]批判者たちはそれを否定したが、企業は自分たちに魂があると述べた。ソウルフルネスの感覚を引き起こすため、コロラドフュエル社やアイアン・カンパニー社やナショナル・キャッシュレジスター社などは福祉資本主義を実施し、幼稚園を建て、文化活動を提供し、ヘルスケアも提供した。また自分の組織に目に見える「個性」を持たせようとした。たとえば、公的にその企業を創業者と関連づけたり、工場施設の特徴的なイメージと関連づけたりさせるのだ。さらに、個別の従業員を、サービスを実施するヒーローとして描き出す広告で、世間の目に映る自分たちを人間化した。1937年にAT&Tの重役が述べた通り、同社はかつて「魂がない」ように思えたが、いまや「サービスイデオロギーの（中略）輝く装束」を採用することで、ソウルフルになったのだ。[*42]

多くの思想家もまた、組織の経済モデルを問題視し、経済関係だけでは共通の大義のもとに人々を集わせるには不十分だと論じた。1950年代末に執筆していた社会学者フィリップ・セルズニックは、組織は純粋に経済的な存在として活動するのではなく、意味、感情、道徳的価値の担い手にもなり得ると論じた。会社は単なる組織ではなく、「社会の野心、そのアイデンティティ感覚を象徴するようになるにつれて、価値を吹き込まれる」真の機関になれる。[*43] 他の思想家は、経済インセンティブだけでは従業員に対し、脅威となる外部条件に適応するような行動を従業員に採らせることはできないのだと論じて、従業員は「共通の目的を内部化して、この共通の目的を実現するために、自分の行動と組織の能力とのつながりを認識する必要がある」と論じた。[*44]

経済的利己性の追求だけでは、人々に集合的に行動するような動機づけを充分に行えないという考えは、その後支持者を増やしていった。様々な分野の学者たちは、人間が意味、社会、パーパスに対する本質的なニーズを持っていることを認識した。単なる外部的なインセンティブにとどまらず、こうした内在的な動機が人々に行動を促す。ホロコーストの生き残りヴィクトール・フランクルの、意味の重要性について書いた重要な著作を援用しつつ、経営学者コリン・メイヤーは意味、パーパス、道徳こそが、人々を組織の目標に献身させるものなのだと論じる。「我々はパーパス、達成、貢献から厚生を得るのであり、単に利潤、収入、消費から得るのではない。我々はより大きな目標実現を目指すのであり、会社はその面で私たちを支援できるから重要なのだ。我々はかつて、神々を満足させるために神殿、ピラミッド、神社を建設したが、いまや洗濯機、携帯電話、映画を作る」。[*45] 他の思想家たちは「高次のパーパスの経済学」を訴え、企業を契約の連鎖から誓約の連鎖に変えるべきだと述べる。[*46]

私が研究したディープ・パーパス企業は、意味と道徳性を担うという自分たちの機能を受け容れ、短期で結果を出せという制度的な圧力があってもそれを貫いた。こうした企業は単に、伝統的な意味で「勝ち」を目指していたのではない。彼らは聖なる使命を担っており、燃えるようなエネルギーを持っていた。それは月並みな記述を超越して、広い世界との相互接続と実現を目指すよりよい未来のビジョンの感覚に根差していたのだ。ディープ・パーパス・リーダーたちはこのエネルギーをあらわすために、宗教的、スピリチュアルな言語に頼り、パーパスを「魂」「ソウルフルネス」「霊」といった言葉と関連づけた。

著書『Hit Refresh（ヒット リフレッシュ）マイクロソフト再興とテクノロジーの未来』で、マイクロソフト社CEOサティア・ナデラは、同社が新パーパス――「地球上のあらゆる人とあらゆる組織に、もっと多くを達成する力を与える」――を核にして方向を見直した話をしている。それは単なる会社の刷新や再興ではなく、同社の魂の再発見なのだという。彼がパーパスを会社の魂と同一視したのは、従業員に次のように伝えたときだと回想している。「私たちは魂を再発見しなければならない――私たちの独自の核だ」と彼は全社宛てのメールで述べた。「私たちはみんな、マイクロソフト社だけが世界に貢献できるものを理解しそれを受け容れ、再び世界を変えるにはどうすればいいかを理解するべきだ[*47]」

会社に「魂」があるという考えは、一見したほど奇矯《ききょう》なものではない。急成長新興企業についての過去のフィールドワークで、私は創業者と初期の従業員たちが、「魂」だと感じる無形の何かの存在を感じていることを発見した。彼らはこのエネルギーを、その会社の本質そのものであり、鼓動する心臓であり、その初期の成功を支える秘密なのだと感じている。この魂は、パーパスときわめて似た働きをして、会社の仕事に意味を与える。しばしば、創業者たちは魂とパーパスを同列に扱う。だがやはり私が見出したように、この魂は脆弱であり、企業が成長して息を詰まらせる役人根性が根づくにつれて、弱

図2　ディープ・パーパス企業と都合のいいパーパス企業の比較

	ディープ・パーパス企業	都合のいいパーパス企業
パーパスの位置づけ	実存的	道具的
範囲・指向性	商業と社会	商業
強度	組織原理	戦術的応用

まるか完全に消えてしまう。リーダーたちは、大規模な経営に不可欠な仕組みやプロセスを確立しようとしつつ、自社の当初の魂や精神を維持するのに専念する必要があった。[*48]

ディープ・パーパス企業はこのジレンマを解決しようとして、経営原理としての存在理由を開発する。こうした企業では、パーパスが仕組みやプロセスに意味と道徳的な価値を吹き込む。会社の経営上の肝は、非人間的で疎外するものではなく、情緒的な取り組みと社会感覚を支援する。スターバックスのハワード・シュルツやマイクロソフト社のナデラといった多様な企業リーダーたちが、それまで無視されてきた企業の「魂」と再びつながる手段として、パーパスへの献身の刷新を提起しているのは有名だ。

リーダーたちへの教訓

ビジネス書はしばしば「理解と行動とのギャップ」を持ち出して、業績の失敗を説明する。リーダーはどの戦略を実施すべきか理解はしているが、どうもそれをうまく実施できない、というわけだ。パーパスとなると、ほとんどのリーダーはパーパスを十全に追求するというのがどういう意味なのかさえ知らないし、ましてそのやり方など知らない。パーパスが事業に有益だと喧伝《けんでん》する専門家たちに影響され、彼らはパーパスを道具的に理解するだけにとどまり、ある目的のための手段と見なす。企業が内部から外に向けて投影する実存的な意図なのだとは、なかなか理解できない。パーパスとの深い取り組みへの第一歩は、立ち止まってパーパスについてもっと真剣に考察し、それを単なるマネジメントツールの一つとして考えるのではなく、会社の自己感覚そのものを反映した、基礎となる組織原理として考えることだ。

パーパスの性質を考え直すことで、リーダーとしての自分の役割も再考するよう促されるはずだ。そう、あなたは経済的価値を創り出す任務を負っている。だがあなたの主要な仕事は、存在理由を定義して、さらに会社に意味を吹き込むことだ。あなたはパーパスにどこまで敏感だろうか？　あなたの社内および社外へのコミュニケーションは、株主に価値を創造するだけでなく、中核ビジネスを通じて複数のステークホルダーに善を行うという願望に向けて会社を方向付けるものになっているだろうか？　戦略、労働条件の管理、ステークホルダーとの会社の関係に、あなたはパーパスを徹底して注入しているだろうか？　もっと広範に、パーパスへのもっと深い取り組みへの動きを開始するには、まず現在の関わりの状態を評価することだ。もし御社が現在、存在理由を追求しているとしても、その取り組みは限られたものか、都合のいいものかもしれない。以前に示したピラミッドを考え、自分の会社がどこに位置づくかを考えよう。御社の中核的な製品は本質的に有害か？　パーパスは片手間で、CSR活動に限られているだろうか？　積極的にウィン＝ウィンのソリューションを追求している場合でも、株主の価値は毀損するが他のステークホルダーには価値を生み出すような、パーパスに沿った決断をためらうだろうか？　それならばあなたのやっているのは都合のいいパーパスだから、御社のパーパス投影をもっと深める機会は予想外に多いかもしれない。

パーパス・ステートメント自体について考えてほしい。それは純粋に商業的な話を超越した高次の野心を喚起するだろうか？　そもそも御社はだれに奉仕するために存在しているのか、そしてどんな種類の道徳的な立場を採っているのか？　強いパーパス・ステートメントだけではディープ・パーパス企業にならないが、それでもステートメントは重要だ。パーパス・ステートメントが様々なステークホルダーたちに善を行う意図を明記しないのであれば、それはおそらく、説得力を持ち感情的に共鳴するような意図としては機能していないのだ。

道徳的な立場をはっきり宣言するにあたり、パーパス・ステートメントは社会的な評価が分かれる危険をおかしても、世界について暗黙または明示的な批判を行うべきだ。リーダーたちはときに、道徳性についての言及にまごつくが、道徳と市場は決して、思ったほど対極に位置づけられるものではないことはお忘れなく。アダム・スミスは『国富論』を書く前に『道徳感情論』を書き、人間は利己的なだけではなく、本質的に他人に同情し、自分が得をしない場合でも彼らを助けようとするのだと論じた。道徳を迂回して、ビジネス実践において主義主張を持った立場を避けようと画策すると、自分の人間性そのものを損なう形で商業を行う危険をおかすことになってしまう。

さらに社会的な期待も変わった。現代は価値観が両極化しているので、道徳的な中立性はもはや許されない。企業やリーダーは立場を明確にし、好むと好まざると、政治的な論争に踏み込む必要がある。CVS、ディックス・スポーティング・グッズ、デルタ航空、セールスフォース、パタゴニアなど多くの企業はまさにそれをやり、ますます「CEO活動家」としての役割を引き受けつつある。[*49] 彼らは、社会の再道徳化に貢献し、共有価値の概念を強化して、それがこんどは民主主義を安定化し、維持するのに役立つかもしれない。

ゴッサム・グリーンズ社のような企業はこの現実を理解し、自分の道徳的感性にリーン・インする。そのほとんどは、メディアに出るたびにプラカードを掲げてみせたりはしない。彼らのアプローチは、的を絞った戦略的なもので、企業パーパスと密接に整合している。もっと健康な人々、公平な社会、きれいな環境といった実存的な意図を実現しようと頑張る中で、彼らは暗黙のうちに、よい社会のイメージと、その関心領域での現在の社会状態に対する批判を喚起している。彼らはある大義に献身する活動家となる意思を示す――必ずしもあらゆる大義ではないが、この大義には確実に献身するということだ。

この指摘で私の最後の論点が出てくる。自分自身の個人的なパーパスと、それが会社の存在理由とどう整合するかについて、もっと深く考えよう。本章の例が示すように、ディープ・パーパス企業の内部において究極的な意図の源となるのはリーダーたちだ。企業の意図を自分の存在のあらゆる側面を通じて伝え、活動家的な人物の役割を引き受けられないなら[*50]、自社をディープ・パーパスに向けて率いることはできない。

ジョン・メイナード・ケインズの発言とされるものによれば「資本主義は極度に邪悪な人々が極度に邪悪なことを、万人の最高の善のために行うのだという驚異的な信念のことである」[*51]。最近では、資本主義の実践者とその活動の邪悪さについての信念は相変わらずで、さらに経済システムが最高の善を創り出せるのかという疑念も出てきている。それでも一部の企業は本当に、一般よりも深くパーパスを考え、人類を蝕む最大の問題の一部に取り組みつつ収益を挙げている。パーパスへのアプローチをシフトさせることで、都合のいいパーパス企業も彼らに加わり、資本主義のもっと広範な改革の道を開ける。

企業やリーダーはパーパスを道具としてではなく実存的な意味で理解すべきで、道徳的な指針やパーパスの創造者としての自分たちの役割を受け容れるべきだ。だが同時に、ビジネス取引に意味と道徳的な感覚を吹き込むというつらい作業にも取り組まねばならない。次章で見る通り、パーパスの追求は継続的で、しばしば苛立つプロセスなのだと覚悟しなければならない。つまり、不完全な世界で理想に向けて努力するプロセスだと考えるのだ。

第2章
かみそりの刃の上を歩く

鋭きかみそりの刃はわたるに難し。済度への道も亦《また》かく難しと、賢者たちはいう。
――『カタ・ウパニシャッド』、W・サマセット・モーム『かみそりの刃』でのパラフレーズ

パーパス追求に内在する挑戦を認識したディープ・パーパス・リーダーたちは、ステークホルダー間のトレードオフと、商業論理と社会論理とのトレードオフの調整に取り組む。パーパスに啓発され、力をもらうリーダーたちは、ステークホルダーたちの利害を調整して、ときにはステークホルダーたちが短期的には「不満足」と思うが、やがて万人に利益をもたらすつらい決断に到達することもある。こうしたリーダーは不快感、曖昧さ、矛盾の領域にとどまるという独特の意思を示し、自分たちを動かす意図にできる限り忠実でいようとするのだ。

2017年6月、e-コマース手芸市場エッツィにやってきたばかりのCEOジョッシュ・シルバーマンは、そのキャリアで最も気を使う会話の一つに直面した。相手は経営会議ではない。怒った投資家

相手でもない。従業員相手でもない。13歳の娘が相手だった。彼女を散歩に招きつつ、彼は学校で不愉快な思いをするかもしれないと告げた。「うちの会社でむずかしい決断をしたんだ。それを気に入らない人も多いだろう。中にはメディアで、私について意地悪なことを言ったりする人もいるはずだ。学校のだれかがそのことでお前に何か言ったら、そうした決断がむずかしく不愉快なものではあっても、それが正しいと私は思うし、最終的にはみんなの役に立つと思っていることを知っておいてほしい。ときには、正しいことをやるとつらい思いをする人もいて、そういう人は爆発したりするんだ[*1]」

翌日、エッツィはシルバーマン就任前にレイオフされた80人に加え、さらに従業員160人をレイオフする計画を発表した——合計で従業員の四分の一ほどになる。その後の数週間で、同社は他にもリストラを行い、従業員たちに人気のあったプロジェクトを潰し、既存の持続可能性グループを解体し、エッツィのBコーポレーション認証を更新せず、ミッション・ステートメントを改訂すると発表した[*2]。反発は激しいものだった。何十人もの従業員が、レイオフや、各種の「価値整合」プロジェクトを多数閉鎖するというシルバーマンの決断に抗議する署名を行った[*3]。転職サイトの「グラスドア」で、エッツィの評判はガタ落ちとなり、多くのレビューは同社とその新しい方向性を罵倒した。売り手や元従業員たちは、シルバーマンが同社を骨抜きにして、それを特別な場所にしていたものすべてを潰したと言って公然と非難した。その一人は『ニューヨーク・タイムズ』にこう語った。「エッツィは、真に偉大になれる可能性を持っていました。でもビジネスに不可欠なもの以外は全部切り捨てるようですね。資本主義にご用心というお話です[*4]」

２００５年に職人ロブ・ケイリンら３人が創業したエッツィは、社会的パーパスと人道的な心構えを旨とする会社を自任していた。小規模な工芸家に奉仕し、彼らが製品を売り出す場とツールを提供して、活発な小規模ビジネスを確立できるようにしたのだった。初期のブログ投稿では、同社の中核ミッションは「アーティストや工芸家が、作ったもので生計をたてる手助けをする」というものだった。[*5]だが同社の最初のCEOとなったケイリンは、同社のパーパスをもっと広く位置づけた。彼によれば同社は、無数の小規模ビジネス――作り手のコミュニティ――が、大企業プレーヤーを優遇する破壊的経済の中で競合できるよう手助けするのだという。「世界は現在のような形では消費し続けられないと我々は信じ、手製のものを買うのがその解決策の一部だと信じている」と彼は2008年に述べた。[*6]エッツィは、「小物」に力を与え、古い社会と人間関係に基づく商業形態の復活を核に作られた急進的なプロジェクトだった。「エッツィの旗印は次の通り：小物がもっとよい市場を組織できるということだ」[*7]

ケイリンの下でエッツィは花開き、Amazonやウォルマートのような怪物よりも、パーパスあふれる人間的な存在を自任していた。2011年にケイリンがCEOを退いたときには（2008年にも退任したが翌年に復帰した）、エッツィ上では工芸家40万人ほどが、カフスボタンやナイフ、セーターなど、無数の手製品を5億ドル以上も販売していた。[*8]ケイリンの後任、元CTO（最高技術責任者）のチャド・ディッカーソンは、その創業パーパスに深く取り組みつつも同社を成長させようとした。彼はエッツィを、株主だけでなくあらゆるステークホルダーに奉仕するよう運営するのだと発表した。「私は最も広い意味でのエッツィコミュニティのニーズを優先する――エッツィの売り手、会社内でのお互いの働き方、地元社会、その他私たちがその生活に触れる万人だ」[*9]。サイト上で、工場生産商品の販売を認めたために一部の売り手は立腹したが、同時にエッツィは新しくもっと野心的なミッションを掲げた。「もっと満足できて持続的な世界を構築するように商業を再構築する[*10]――そして2012年にはBコーポレーション認証を受けた。これは「ビジネスは単に利潤を挙げる以上の高い社会的パーパスを持つ」という同社の主張を反映した一歩だった。[*11]

パーパスに密着することで、強力な成長が実現した。2015年にディッカーソンがエッツィを公開企業にした頃には、毎年140万人ほどの作り手が、20億ドルの商品を販売していた。同社は最高の人材を惹きつけたし、多くの従業員はエッツィのパーパスに惹かれ、同時にそれに応じた気前のいい職場方針にも惹かれてやってきた。[*12] エッツィがもたらしていなかったのは利潤だ――2012年以来赤字だった。この規模のBコーポレーション企業で公開企業となった前例はない。[*13] IPO（新規公開株式）までの間、複数のステークホルダーに奉仕すると正式に宣言した企業が、投資家を満足させるほどの業績を挙げられるのかははっきりしなかった。IPOを祝うブログ投稿で、ディッカーソンは同社がパーパスを実現することで、公開企業として財務的に繁栄するのだという意図を肯定した。「エッツィがビジネスとして、コミュニティとして持つ強みは、世界の中での独自性によるものだし、それを維持するつもりだ。人々と利潤が相反するものとは思わない。エッツィは価値駆動で人間中心のビジネスを運営しつつ人々に恩恵をもたらすことで、他の公開企業のお手本になれるはずだと信じている[*14]」

エッツィは、社会と投資家の両方に利益をもたらすウィン＝ウィン状況を本当に作り出せるだろうか？　初のSEC申請で、同社は財務業績のハードルを低く設定し、潜在的な投資家に対して「弊社は長年、事業損失を出してきており、将来も収益性を実現または維持できない可能性がある[*15]」と述べた。最初はそれでもよかった。エッツィは時価総額35億ドルとされ、3億ドルの資金調達を実現した。[*16] だがウォール街はすぐに我慢できなくなった。IPO後に費用は増大しても成長は鈍化し、従業員と社会が勝っているのに投資家が負けているように見えた。IPOの9ヶ月後、いまだに黒字を出せないエッツィの株価は75%も暴落した。プライベートエクイティ企業が乗り込んできて同社の少数株主となり、上場廃止して新しいオーナーに必要な改革を実施させるべきだと主張した。2017年5月にディッカーソンが去り、シルバーマンが後任となって、費用を抑えるにはどうすべきか、さらに最も重要なこととして、同社を再び成長させるにはどうするべきかという問題に取り組んだ。

ディッカーソンの追放とシルバーマンの到来は、悲しみと怒りを引き起こした。緊急集会で従業員たちは、自分がクビになり、従業員80人が失業すると涙ながらにディッカーソンが発表するのを聞いて泣いた。翌日、シルバーマンと有力投資家との会合が開かれ、従業員たちはこうした動きが、その一人の表現では「非人間的で冷酷で、明らかに非エッツィ的」だと反発した。[*17] シルバーマン自身も、首切りにはためらいを感じていた。彼は自分がレイオフを「やる」リーダーだとは思っていなかったし、スカイプのCEO、アメリカンエキスプレスでの消費者プロダクトサービス社長、shopping.comのCEOを歴任してきた間も首切りは避けてきた。だがシルバーマンは、エッツィの長期的な存続のためには、レイオフを含むリストラ策が不可欠だと信じていた。これは同社の財務的成功を助けるだけではない。外見とは裏腹に、それは同社が以前よりもその理想をもっと十全に実現するのを可能にしてくれるのだ。

シルバーマンが語ってくれたことだが、彼は共有価値や複数のステークホルダーを持つ資本主義という基本的な発想は支持しているし、「偉大な企業市民であり、偉大な企業になれるのだ」という考えも認めている。[*18] 問題は、彼が受けついだエッツィは、強みもいろいろあったが、ステークホルダーすべてに対する裨益《ひえき》には充分専念していなかったということだった。これは投資家とエンドユーザーだけでなく、売り手やコミュニティ全体まで考えた場合の話だ。組織の肥大から生じた効率性と柔軟性の欠如は、会社としての利益提供を疎外していた。こうした問題を解決するため、シルバーマンは単に、レイオフを通じてまず株主を優先してから、他のステークホルダーのニーズに対応することでは満足しなかった。むしろ彼は企業を包括的に見て、それが万人の利益になるよう経営を改善できるか考え直し、ステークホルダー間の調整を行い、商業面と社会面の双方にアカウンタビリティを高めるための手段を考えた。

特にエッツィでの意思決定は、昔から従業員には利益をもたらしたが、いまや同社はエッツィの直接的な「顧客」である売り手への奉仕にもっと注意を向ける必要が出てきた。批判者たちは、従業員への共感がないとシルバーマンを責めたが、彼は同社があらゆるステークホルダーに共感を示す必要があるのだと反論した。これは、自分のリストラ計画で恩恵を受ける作り手たちを含む。彼が述べた通り、「200万人もいて、その多くは僻地で働き、機会もなく、私たちに頼っている。彼らへの共感を持っているのはだれだろうか？」。

シルバーマンは、同社がサイトに買い手を惹きつけ、総取引量（GMV、サイトで販売される商品の総価値）を大きく増やす努力が不十分だったため、売り手が損をしていたのだと論じる。エッツィでの検索は特に大きな問題だった。エッツィでの商品を探すには、同社自身の検索機能を使うよりグーグル検索を使うほうがいいと言う人さえいた。

パーパスについて口ではいろいろ言いつつも、同社がもたらす社会的インパクトも、大したものではなかった。シルバーマンによれば、「エッツィの社会的インパクトの指標の中で、正のほうに片寄っているものを見つけるのは、本当にむずかしかった。いや、例外が一つ。従業員の待遇は異様によかった。だから運よくエッツィに雇われている千人の一人になったら、異様にいい目を見られたわけです」。シルバーマンはエッツィの経済的、運営的なモデルを見直して、同社が利潤を挙げつつ、サイトへの買い手をもっと惹きつけることで成長をもたらそうとした。それがさらに、売り手の売上を増やすことになり、おかげでエッツィももっと儲かる。

改革の実施は、シルバーマン着任後の最初の数ヶ月は厳しいものだった。大量の従業員が辞めたのだ。シルバーマンはそれでも改革を続け、最大のインパクトをもたらすはずの、少数の重要領域だけに支出を絞った。エッツィの社会的パーパスにこだわる彼は、同社の社会的インパクト活動を、三つの主要分野に絞りなおした（人々に力を与える、環境的責任、多様性）。そして２０１９年にインパクト報告、２０２０年には統合報告（社会業績と財務業績の双方）を発表して、こうした分野の定量目標に同社を公的にコミットさせた。執筆時点で、シルバーマンの決意は報われたようだ。彼の指導下でエッツィの株価は15倍になり、ＧＭＶは5倍になったし、社会的優先事項でも同社は定量的な進歩を遂げた（詳細後述）。

企業やリーダーは、パーパス・ドリブン企業が社会と環境問題を解決しつつ富を創り出せるという考えを受け容れた。この発想によると、企業は伝統的なＣＳＲアプローチを超えて、中核経営にパーパスを吹き込み、万人の便益となる強力なウィン＝ウィン決定を生み出せるのであり、その際にはどの関係者にもほとんど、いや、まったく妥協は必要ないのだということになる。たとえば製造業企業は無駄の多いプロセスを変え、省エネしつつ費用を節約できる。銀行はもっと多様な労働者を雇い、社会に便益をもたらしつつ、顧客ベースに近づいてイノベーションを引き起こせる。だが理想化されたウィン＝ウィンのソリューションは、むずかしいし比較的珍しい。多くのパーパス・ドリブン企業は「トレードオフなき責任あるビジネス」という理想を追いかけるが、ウィン＝ウィンのソリューションが思ったよりむずかしいと、利潤追求に逆戻りしてしまう。*19

シルバーマンのようなディープ・パーパス・リーダーは、もっと実務的なアプローチを採る。パーパス追求に内在する課題を認識しているので、ステークホルダー間の継続的で不完全な調整に自覚的に取り組むのだ。いわゆるウィン＝ウィン・ソリューションというのが、ほぼ常に賢いトレードオフや、相互便益の不完全な配分を伴うのだということを認識している。パーパスにより啓発され、力をもらった彼らは、ステークホルダーたちの利害を調整して、ときにはステークホルダーたちが短期的には「充分だ」とは思わない痛々しい決断に到達するが、それがやがては万人にとって利益をもたらすのだ。

ディープ・パーパス企業での意思決定は、「実務的理想主義」の実践となる。これは正直でしばしば混乱した問題解決の一分野だ。意思決定を常に万人にとって魔法のように正しいものにする、超人的な企業になろうとするのではなく、ディープ・パーパス企業は不快感、曖昧さ、矛盾の場に喜んでとどまり、自分たちを動かす意図になるべく忠実であろうとする。

「同時解決策」の誘惑

企業が利潤と社会的パーパスを整合させるべきだという発想は重要であり、資本主義を再編することで世界的な悪に取り組めるという希望の基礎となっている。[20] こうしたウィン=ウィン思考は様々な形をとる。前章のフォレスト・マーズのように、一部はステークホルダー間の「便益の相互性」実現と表現する人もいる。[21] またマイケル・E・ポーターとマーク・R・クラマーに従い「共有価値」を語ったり、[22] リーダーは投資家も含むあらゆるステークホルダーたちのために価値の「パイを大きくする」べきだと論じたりする。[23] また人によっては、利潤と社会便益の両方をもたらす「同時解決策」[24] を支持するし、また「長期にわたる傑出した財務業績」を実現しつつ「社会、文化、知的、物理的、環境的、情緒的、スピリチュアル的な価値をあらゆるステークホルダーのために」創り出す、「コンシャス資本主義」を目指す人もいる。[25]

こうした発想はマネジメント思考の最先端であり、株主価値最大化ドクトリンからは大きな進歩だ。それでも、すべての聞き手が納得しているわけではない。アーナンド・ギリドハラダスは理想化されたウィン=ウィン思考を「苦痛なしの約束」だと言って批判する。つまり「私にとってよいことはあなたにとってもよい」と考えて、投資家などのビジネスエリートが公共の善のために犠牲を払う必要はない、という発想だ。彼が述べるように「人々の選好やニーズが重ならないどころか、むしろ対立する状況は常に出てくる。そしてそのときの敗者はどうなる？　彼らの利益はだれが守る？　たとえば、あらゆるアメリカ人が通える、そこそこまともな公立学校を得るためには、エリートがあっさり自分のお金を手放さねばならないとなったらどうだろう？」[26]。

また他の批判者は、利潤以上のものを企業が目指すように仕向けると、資本の効率的な移動を阻害するので、ステークホルダーたちはかえって被害を受けると論じる。たとえば従業員の職を守ろうと決意した企業は、陳腐化したビジネスモデルの閉鎖をためらい、消費者に最高ではない製品を押しつけて成長を阻害するかもしれない。ウィン＝ウィンのドクトリン――あるいは『エコノミスト』が「集合的資本主義」と呼ぶもの――はまた、ビジネス重役たちを道徳の審判員に変えてしまい、社会のニーズに迎合して、ステークホルダー間のトレードオフを法制化する仕事を負わせてしまうから、必ず失敗する、と彼らは論じる。競合する利益のバランスを取ろうとするときに生じる困難を認識して、こうした批判者たちは、重役たちには利潤稼ぎに専念させて、道徳的なリーダーシップを実践するのは株主に任せるほうが、効率もいいし公正でもあると結論づける。[*27]

かみそりの刃の上を歩く

研究によれば、理想化されたウィン＝ウィンのソリューションは、しばしば実現不可能らしい。ロザベス・モス・カンターは、社会便益の実現――彼女が「社会論理」と呼ぶもの――を中心にしたビジネス思考は、株主価値を最大化するために企業が従う商業または「財務論理」とはちがうのだと主張する。「優れた企業は財務論理と社会論理を組み合わせて持続的な成功を構築する」[*28]。だがこの定義に基づく偉大さを少しでも実現できる企業はほとんどない。ジュリー・バティラナらが指摘するように、企業は「利潤追求のためにすぐに社会目標を捨て去る」[*29]。社会的なものと経済的なものを融合させるという課題に取り組むため、企業はビジネスモデルの中核要素を変えねばならない、と彼女は主張する。たとえば指標、構造、雇用、リーダーシップといった要素だ。そして彼女が「ハイブリッド組織化」と呼ぶアプローチを採用しなければならないという。利潤最大化のために作られた「DNA」を変えねばならないのだ。これは恐ろしいほどハードルが高い。これに成功した企業ですら、継続的に深刻な緊張関係やトレードオフに直面することになる。

個別ステークホルダーの競合するニーズに折り合いをつけるという仕事は、本質的にむずかしい。リーダーや企業がステークホルダーたちのそれぞれと、どれだけの価値を分かち合うかについて「交渉する」という話は考えられる。ときにこの交渉は、リーダーとステークホルダー集団の代表との、実際の対面会話を通じて起こる。だがもっと多いのは、それがリーダーたちの頭の中で比喩的に起こる、というものだ。いずれの場合にもそれは苦闘だ。全体として相互に便益のあるソリューションを作り上げるときには、通常はトレードオフのある局所的な取り決めで我慢しなくてはならない。各参加者は、望んだ便益を得るためには少し犠牲を払わねばならず、自分があまり気にせず、相手がもっと気にしているものについては、交換に差し出す。

こうした場合の課題は、あらゆる参加者に平等に便益をもたらすソリューションを考案することではない。むしろそれは、どの参加者も損をせずに、あらゆる参加者にとってできるだけ大きな便益をもたらす取り決めにたどりつくことで、さらにその便益を受け容れられるくらいにバランスの取れたものにすることだ。これは感情的につらい仕事であり、交渉している参加者が二つ以上になるとさらにややこしくなる。[*30]

いろいろ言ったものの、これはあらゆるステークホルダーたちに等しく便益をもたらす——あるいは別の言い方をすれば、社会論理と商業論理を完全に融合させる——理想化されたウィン＝ウィンのソリューションが不可能だということではない、ときには、リーダーたちは実際に、万人に重要な価値をもたらす独創的な取り決めにたどりつくこともあるし、その価値を万人が同意するような形で分かち合えることもある。だがほとんどの場合、トレードオフをやりくりする企業は、一部の参加者が部分的または短期の犠牲を払うが、長期的にはあらゆるステークホルダーに勝利をもたらすような、不完全な決断で満足しなければならない。[*31]

こうした長期的な勝利は、いろいろ欠点はあるが、それでもかなりすごいものかもしれない。ジョッシュ・シルバーマンが語ってくれたように、リストラのおかげで、エンジニアたちがひねり出すソフトウェアの週ごとのリリース数（同社の主要生産性指標）で見ると、同社は5倍生産的になった。売り手のサポートを改善したことで（そしてそれにより、買い手のサイト体験を改善したことで）、同社は総商品販売と売上を2018年と2019年には少し伸ばし、2020年にはそれが大躍進を遂げた。[*32] 2019年時点で、エッツィの市場では250万人の売り手が商品を販売し、総商品販売で50億ドル近く、手数料その他のエッツィの収入は8億ドル超となった。[*33] 翌年はコロナで多くのビジネスが打撃を受けたが、エッツィの業績は大きく伸びた。2020年にはマスク8・5億ドルを売り上げただけではない。同社のマスク以外の売上も、ざっと倍になった。2020年8月現在、サイトのアクティブな売り手基盤は310万人にのぼり、第2四半期の売上増は136％となった。同時期にエッツィの株価は、年頭から200％の急上昇を見せた。[*34]

最終的に従業員たちもこうした財務業績で恩恵を受ける。というのもエッツィがもっと強く、財務的に成功すれば、今後何年にもわたり雇用などの従業員福利厚生を守れるようになるからだ（実際、20

21年現在の同社の従業員は1400人で、レイオフ以前のピークよりざっと200人も多い)。だがエッツィはまた、社会的インパクト活動についての集中とアカウンタビリティのおかげで、社会と環境に与える価値も増やした(この改善はまた従業員にも恩恵をもたらした。彼らはパーパス・ドリブン企業で働きたいと思っていたからだ)。

2019年には、同社は経済に60億ドル以上を貢献したが、これは2018年より15%も多い。雇用するリプリゼンテーションの少ないマイノリティ数を倍増させるという目標も突破した。そして「出荷による二酸化炭素の排出の100%をオフセットする初の大規模オンライン買い物サイト」になることで、カーボンニュートラルも達成した。[*35] ほとんどの公開企業では、重役や経営会議の議席を占めるのは男性ばかりだが、エッツィはジェンダー平等を誇り、また従業員も女性が多い。[*36] 同社はまた、社会的インパクトの注力三分野についての目標にコミットし、その業績について自発的に報告するようになった。シルバーマンが述べたように、エッツィは本当に以前も社会的インパクトを実現しようと頑張っていたが、外の世界はそれを確認させろとは言わなかった。リストラのおかげで、同社は商業的業績を改善しつつも、計測可能な利得を実現した。

理想化されたウィン=ウィンのソリューション(繰り返すが、重要なトレードオフのないもの)は目指す価値があるが、それをあまりに硬直したドグマ的な形で追求してはいけない。実現する価値があるのは、商業活動と社会活動を完全に一致させる意思決定だけだとか、あらゆるステークホルダーに便益を与えるものだけだとか思い込んではいけない。それをやったら、身動きが取れなくなり、株主価値最大化に逆戻りしてしまい、企業が道徳的に行動するなど信用できないと主張する人々にエサを与え、企業はそもそもそんなことをやろうとすべきではないという人を力づけるだけとなる。ステークホルダーの利益を短期と長期にわたり苦労して折り合いをつけさせ、完璧を目指すために、不完全ながら本当の進歩を犠牲にするという作業は遠慮しておこう。研究によれば、利潤と社会的パーパスという二君に仕えることは可能だ。社会目標を追求する企業は財務業績も改善することが多い（その理由は少なくともパーパス・ドリブン企業の場合については、第3章で検討しよう）[*37]。だが最高の長期的結果をあらゆるステークホルダーにもたらすためには、とにかく不完全さを受け容れねばならない。袖をまくり上げ、頭を悩ませるトレードオフをできる限り調整して、ウィン＝ウィンに向けて、不完全ながらも意味ある形で推進しなければならないのだ。

実務的理想主義の心構え

シルバーマンのようなディープ・パーパス・リーダーは、トレードオフを単純に受け容れるのではない——それに没頭し、「実務的理想主義」とでも呼べるような心構えを採用する[*38]。集団としてのこうしたリーダーたちは、恥じることなく理想主義的で、自社の存在理由に対する実存的な認識に動かされ、あらゆる行動や決断でパーパスを息づかせようと決意している。同時に彼らは、ビジネスは健全でなければ善行もできないと理解しているので、商業システムの内部で動き、勝利する必要があることを知っている。利潤を挙げる必要性を嘆いたり、それを必要悪と捉えたりするかわりに、彼らは商業的論理を、企業がもっと高い水準で活動するよう強制する、価値ある制約として賞賛するのだ。パーパスに動かさ

図3　ビジネス意思決定の類型

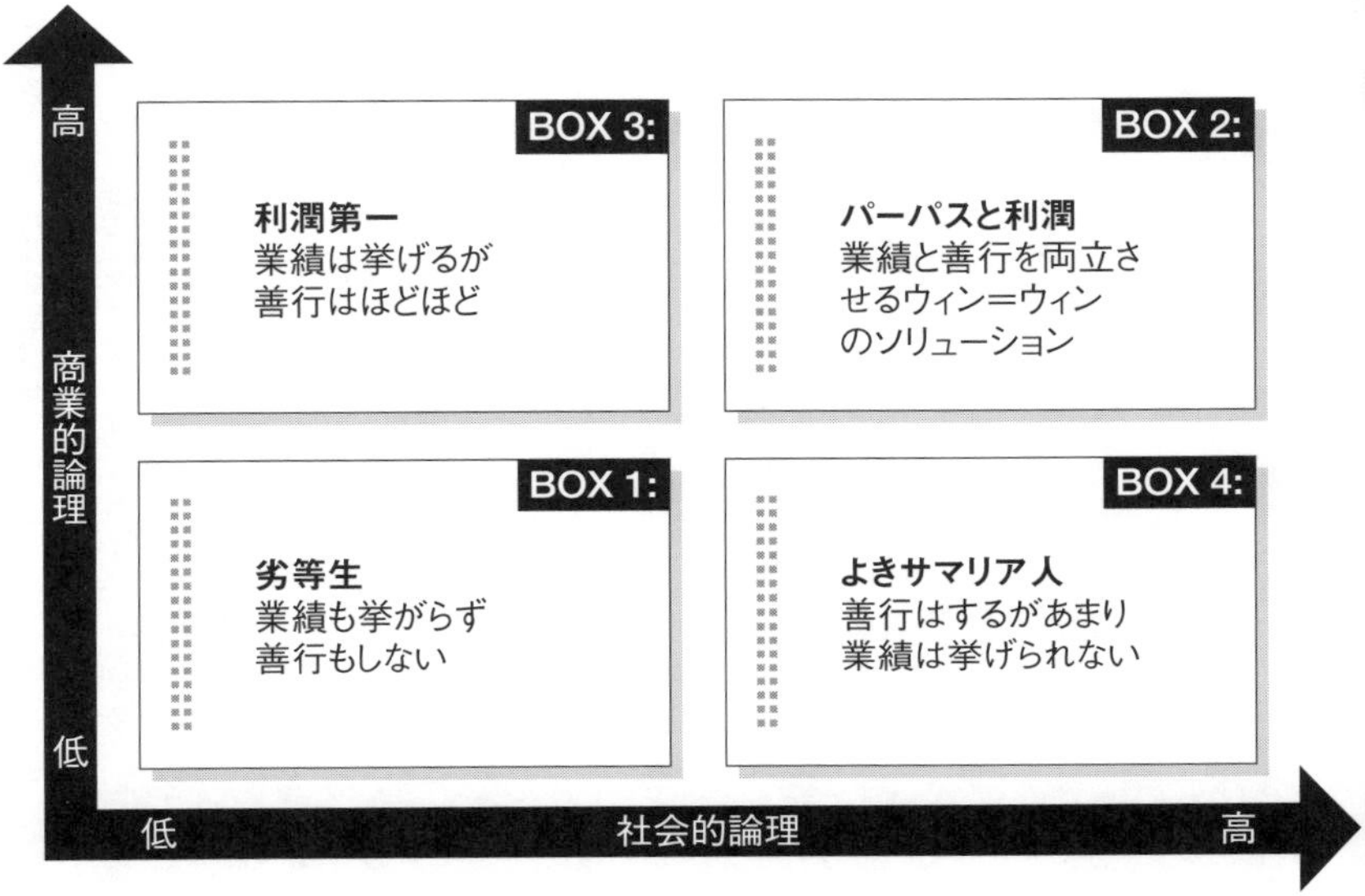

れた商業活動は、社会的善を実現するための価値ある道となる。

実務的理想主義とその意味についてはっきり理解するため、個別のビジネス意思決定を視覚化した上の図を考えてほしい。

X軸は社会的な考察がリーダーの意思決定を左右する強度をあらわす。Y軸は、リーダーたちが商業的な配慮に基づいて決断する強度だ。

商業的論理は通常は、株主と顧客の利益への直接的な配慮を意味し（そして従業員やサプライヤーへの配慮は間接的）、社会的論理に従うリーダーは、そのビジネスにもよるが地元社会、環境、従業員、顧客などへの配慮を示すかもしれない。[*39]

ではそれぞれの箱に移ろう。Ｂｏｘ

2は、私が「パーパスと利潤」と呼ぶものだが、商業的論理と社会的論理の両方を満たすウィン＝ウィンの意思決定を示す。こうした動きは、財務的な結果と、他のステークホルダー向けの便益との両方を提供したいと思って行う動きだ。

これは理想化されたウィン＝ウィンのソリューションと、全体としては財務便益と社会便益の両方をもたらすが、ある程度のトレードオフは発生するものの両方が含まれる。スペクトラムの反対側の極（Box1）にあるのは、可哀想な「劣等生」意思決定で、だれにも何もよい結果を出さない。株主は損をし、社会も損をする。

Box3と4は「利潤第一」と「よきサマリア人」で、企業は株主か社会のどちらかに利益をもたらそうとするが、両方に利益は出せないという選択を行う。一部の都合のいいパーパス企業は「パーパスと利潤」を目指すかもしれないが、彼らがどのようにリソース配分を行うか見ると、ほとんどの時間は「利潤第一」の領域で過ごし、主に利潤ばかりを追求しているのがわかる。こうした企業はポートフォリオアプローチを採るかもしれない。ビジネスの一部は社会的論理に従って運営し、その他は商業的な論理で運営するのだ。

複数のステークホルダーアプローチに忠実な企業は、パーパスと利潤にたどりつく場合が多いかもしれないが、利潤第一が彼らにとってはベースラインで、社会と商業の論理をなんとかうまく融合できなければ、落ち着くのは利潤第一だ。こうした善意の共有価値企業は、利潤第一から出発し、脱出速度になんとかたどりつこうと頑張るが、重力によって繰り返し地上に引き戻される。善行をしたいが、利潤を犠牲にしないと無理だとわかり、結局は金儲けだけで満足することになる。

実務的理想主義を定義づけるのは、パーパスと利潤のボックスにずっと居続けられるというディープ・パーパス・リーダーの能力ではない（とはいえ私の研究によれば、彼らはこのボックスに他者と比べてずっとひんぱんに到達するが）。それは利潤第一からだろうとよきサマリア人からだろうと、パーパスと利潤のボックスに何が何でも到達しようとする実存的な意図なのだ。特によきサマリア人からの到達が顕著だ。

ディープ・パーパス・リーダーたちは、実務的理想主義の三つの原則に従う。まず、彼らはパーパスと利潤を常に目指す。パーパスを実存的な意図として献身する彼らは、万人に価値を創り出すために必要なむずかしいトレードオフに没頭する。単に善行を目指すだけでなく、善行をしつつ業績を挙げるというむずかしい作業をやろうと自ら挑戦する。商業的論理と社会的論理との間に生じる対立を維持し、そうした論理を体現する個別ステークホルダー間の対立も維持する。

第二に、ディープ・パーパス・リーダーたちは、商業的利得しかもたらさず社会的便益の見込みがない利潤第一の決断を避ける。だが、いつの日か社会的善につながるかもしれない儲かる決断やソリューションがあれば、それを引き受けて、その決断やソリューションが投資家だけでなくもっと広いステークホルダーの利益になるように、できる限り適応させようとする。

そして第三に、ディープ・パーパス・リーダーたちは大胆だ。もしいずれは儲かりそうなよきサマリア人的ビジネスアイデアがあれば、リスクを負ってそれを実施する。そしてそのアイデアが財務的に成立するように全力を尽くし、成立しないと会社の将来が脅かされることも理解している。

実務的理想主義の三つの基本原則

原則その1：よきサマリア人を超えてパーパスと利潤にこだわれ

原則その2：社会的価値をもたらさない利潤第一ソリューションは避ける

原則その3：よきサマリア人ソリューションをパーパスと利潤に変えられると思ったら、それを大胆に引き受けろ。さもなければやめよう

実務的理想主義の勇敢な追求

原則その3に注目しよう。ディープ・パーパス・リーダーたちは、理想主義的なパーパスに基づくプロジェクトを開始しようとし、それがうまくいくように力を尽くす。これは実務的理想主義の見事な表現だ。ほとんどのリーダーや企業が投資家を重視する中で、よきサマリア人のボックスから出発するにはすさまじい勇気が必要だ。というのも投資家をなだめ、いずれ財務的収益が出るまで待てと説得しなければならないからだ。社会に便益をもたらす製品、プロジェクト、決断を採用してそれを進め、いずれ自分が有利な経済性を実現すると信じる（だが確信はできない）ときの信念の跳躍を考えてみよう。[*40]投資判断をするのに、ほとんどのリーダーがやるように厳しい財務分析に頼るだけでなく、揺るぎないパーパスの感覚と、社会的影響を持ちつつ利潤を挙げるという願望から進むのだ。ディープ・パーパス・リーダーたちは自分のパーパスの実存的認識に啓発され、常にこの立場に自らを置く。機会と時間さえもらえれば、よきサマリア人をパーパスと利潤にシフトさせる方法を見つけられるという、驚くほどの自信を感じている。

リクルート・ホールディングス社は、メディア、人材派遣、事業支援、広告に子会社を持つ時価何十億ドルもの日本のコングロマリットだ。1960年にリクルート情報を広める雑誌「企業への招待」を刊行し、新卒者の雇用市場を創り出すことで、当初の成功をおさめた（それまでは、日本の大学でトップ級の才能を簡単に採用できるのは大企業だけだった）。同社は着実に成長し、各種の産業や職能ごとに個別の雑誌を創刊し、重要な社会的課題に取り組むという目標を掲げて新市場に参入した。しかし1988年は、リクルート社の歴史の新しく、あまり好ましくない章の幕開けとなった。同社は日本の政治経済エリートを震撼させる大スキャンダルに巻き込まれたのだ。リクルート創業者江副浩正は、同社が上場する前にエリート層の有力者たちに自社株を提供したのだった。このスキャンダルは日本中に衝撃を走らせ、主要紙の一面で大きく取り上げられた。これは日本の内閣総辞職につながり、さらに何十人もが辞職して、中には刑事訴追を受けた者もいた。[*41] さらに事態を悪化させたのは経済情勢の低迷で、売上は2割も下がった。それでも同社は切り抜け、1990年代半ばには倒産寸前までいったが（投資の失敗と、インターネット台頭に伴う競争圧力のため）、やがて堅実な成長路線に戻った。

このスキャンダルは、体験者たちに拭い去りがたい印象を残した。「これで会社はおしまいだと思いました。私たち全員がそう感じていました」。元上級執行役員、CHRO（最高人事責任者）、取締役池内省五はそう回想する。[*42] 同社の未来が危うい中、リーダーたちは消費者たちや雑誌の出稿企業や日本国民の信頼回復に奔走した。ソリューションを上から言い渡すかわりに、従業員に提案を求めた。幾度にもわたる劇的な深夜会議も含め多くの議論の後に、リーダーたちはまず、株主への責務だけでなく、社会的役割や責任にもっと敏感な、新しいリクルート社を創り出すことで、傷ついた信頼を回復すべきだと決めた。同社は「企業理念」を採用し、「常に社会との調和を図りながら新しい情報価値の創造を通じて自由で活き活きした人間社会の実現を目指す」意図を述べた。[*43]

この理念にあわせて、同社は新しい経営の三原則を掲げた。「新しい価値の創造」「個の尊重」「社会への貢献」だ。こうした理念は、それまでの企業理念とかなり似ていたが、一つ大きな例外があった。「新しい価値の創造」はそれまでの「商業的合理性の追求」に取って代わった。この以前の理念ははっきり商業的論理を掲げるものだった。同社が指摘するように「『商業的合理性の追求』は企業の存在にとって必要不可欠ではあるものの」「わたしたちが社会に必要とされる理由、私たちに出来る社会への貢献とは何かを議論した末に」この原理を変えたのだった。リクルート社は「いつも私たちは社会に受け容れられ、社会とともに歩む良心的で誠実な会社」でありたいという願いを強調しようとした。[*44]その後の数十年で、同社はこの基本的な経営理念を更新し、最新の2019年版では、三原則はそれぞれ"wow the world," "bet on passion," and "prioritize social value." となった[*45]［訳註：日本語での経営理念は変わっておらず、英語のみが変わっている。もとの理念を意訳した、とのことであり、理念そのものの変化ではないとのこと］。

「社会的価値を優先」とはどういう意味なのか？ 同社は財務業績など度外視して社会的価値を追求するのか、それともその逆なのか（それぞれよきサマリア人のボックスと利潤第一のボックスに収まることになる)。池内が私に保証してくれたように、リクルート社は商業価値しかもたらさないプロジェクトには「決して絶対に」資金を出さない。同社のパーパスに違反するからだ。だが社会には奉仕するが商業的な見込みのないプロジェクトにも資金はつけない。「30年以上もリクルート社で働いてきた経験からすると、社会パーパスだけを念頭に意思決定をしたことはないと思います。いつもいつも、私たちは社会的価値と経済性とのバランスを念頭に置いていました」と池内。リクルートがやるのは、はっきりした社会的価値を持つが、不確実な商業的見通しを持つプロジェクトに資金をつけることだ。同社がいずれ、そのプロジェクトに商業性を持たせられると期待してのことだ。リクルート社は勇敢によきサマリア人のボックスから出発し、賢い思考と頑張りにより、パーパスと利潤に到達できるという信念を抱いている。そういった種類の社会志向のリスク負担こそ、リクルート社のいう「社会的価値を優先」なのだ。

2020年現在、リクルート社はその事業の一つ、オンライン学習の「スタディサプリ」に、いずれ黒字転換を期待して8年にわたり出資している。2012年に開始したスタディサプリは、低所得や地方の学生が、エリート大学への進学を左右する標準試験でよい成績を挙げるチャンスを提供するものだ。こうした試験は日本の学校で教えない内容を扱っているので、生徒たちは成績を上げるために予備校に通わなければならない。こうした講義の費用を家族が出せなければ、あるいは予備校の授業がある都心から遠くに住んでいたら、もう絶望的だ。スタディサプリは当初、生徒たちが60ドルほどでオンライン授業を受けられるようにしていた。同じくらいの対面講義の四分の一程度の価格だ。2013年に、スタディサプリはその価格を変えて、10ドル程度のサブスクリプションで、オンライン講義をいくらでも受講できるようにした。また過去問などの追加教材は無料でアクセスできる。

２０１８年には、50万人近い会員がスタディサプリの有料サービスを使っていた。このサービスはさらに広がり、個人指導やもっと若い生徒への講義も含むようになっていた。高校受験勉強ビジネスは利益を出していたが、全体としての事業は赤字続きだった。[*46] これはどうやら2年後も続いたようで、同社は新規登録者の月額料金を2倍に引き上げた。[*47] 池内は語る。「かなり辛抱させられました。（事業を立ち上げて伸ばすには）予想したよりも投資も資金もかかりました」。辛抱を示すにあたり、リーダーたちは単に手をこまねいて、売上が増えるのを待っていたわけではない。「『どうすればもっと売上を出せるのか』と自問しましたよ。激しい議論をして、この事業を伸ばす方法を論じました」

商業的論理を強く推進する一方で、リクルート社はスタディサプリの社会的インパクトについて極度の配慮を示し、経済的論理が実体化するまでに異様なほどの忍耐を示した。池内も認める通り、リクルート社の重役でスタディサプリの創業者である山口文洋が、この事業と見通しについて実に熱意を感じていたこと、そしてリクルート社が従業員の熱意と起業家的情熱の育成と活用に向けた文化を持っていたことも、その一因だった。だが最終的にリクルート社は、短期的にはあまり儲からないが、潜在的には長期的に収益性を持ち、明らかな社会的価値を提供するビジネスに賭けた。これは同社がそのパーパスに異常なほど強いコミットメントを示していたからだ。池内が指摘するように、「私たちは社会的価値を最重視します。１９８８年スキャンダルからの教訓を学び、私たちは中核価値を更新し続け、ビジネスがそれを体現するようにしているのです」。

トレードオフの妙技

ゴッサム・グリーンズ社の新鮮な産物を買ったら、それが使い捨てのプラスチック容器に入っているのに気がつくはずだ。これは環境にはひどいものだ。なぜ農業をもっと持続可能にして汚染を減らすよう再発明するのに献身している同社が、もっと地球に優しい包装を使わなかったのだろうか？ これは見落としではない。創業者ヴィラジ・プーリが回想するように、創業時点でチームは別の選択肢がないか調べ、やがてきわめて魅力的な、堆肥化可能な繊維でできた包装に行き当たった。「我ながら得意になり、こんな立派な仕事をしたことと、それが今後もたらす影響を自画自賛しましたよ」

労働者たちがレタスを収穫してこのエコ包装に入れるとき、製品の賞味期限を決めるために試験を行った。包装に賞味期限を書かねばならないからだ。ところが、この繊維製の包装に入れた野菜は数日しかもたず、プラスチック包装だと2週間はもつのだった。繊維が除湿剤になってしまい、野菜の水分を吸い取るので、しおれて枯れてしまうのだ。プーリとそのチームは困った立場に置かれた。社会パーパスを妥協して、プラスチックを使うべきか？ それとも別の解決策を考案できるだろうか？

チームはこう考えた。産物をスーパーに無包装で販売し、スーパーは消費者にそれを、包装なしの状態で売ればいいのでは？ そこでチームはスーパーの青果買い付け担当者のところに行って、このソリューションを提案した。担当者は承知したが、ゴッサム・グリーンズ社の発注量を大きく減らすと述べた。需要がないのだという。買い付け担当者によれば、消費者たちは未包装の野菜を敬遠し、地元産の包装された野菜を買うようになっていた。そのほうが清潔で、品質も維持され、安全だからだ。

徹底した調査の後で、チームは環境に優しい包装とフードロスとの間に本質的な緊張関係があるのに気がついた。プーリによると「完全なライフサイクル分析をすると、フードロスが大きな影響を持つ」のだ。[*48] 消費者たちが実際には使わない産物を育てるために、天然資源を無用に使うことになるし、本当なら食べられた産物を廃棄するのに関連した追加の排出もある。他の包装ソリューションは、その主要な機能を充分に果たせない限り、喧伝されるほどグリーンではないとチームは結論づけた。その機能とは、中の食品を貯蔵保存するというものだ。商業的に成り立つ産物を販売するには、プラスチック包装を使わざるを得ないと認識したプーリは、使えるプラスチックの種類を研究し、環境への被害が最も小さい選択肢を探した。リサイクル可能なプラスチックや再生プラスチックは、比較的持続可能なソリューションとして魅力的に思えたが、それが通常のプラスチックより高価なのが懸念された。一時は生分解プラスチックが天の助けのように思えた。ゴッサム・グリーンズ社は自然に生分解して土の養分となるプラスチックで包装を作ればいいかもしれない。

だがこの選択肢についてもっと調べるにつれ、生分解プラスチックは思ったほど持続可能ではないとチームは結論づけた。業者は補助金を受けた遺伝子組み換えトウモロコシを使ってそれを製造しており、地元に堆肥化施設のある消費者でないとそれを堆肥化できない。生分解プラスチックのほとんどは埋め立て地に入ることになるし、消費者はそれをリサイクルに出してしまい、リサイクル施設の運営効率を下げてしまうことさえある。そういう施設は、生分解プラスチックはリサイクルできないからだ。

何ヶ月にもわたる調査と分析の挙げ句、プーリとそのチームは、#1PETプラスチックで産物を包装することに決めた。これはリサイクル施設で最も普遍的に受け容れられる種類のプラスチックだ。

「DNAの一部として天然資源保全に根差すESG（環境、社会、ガバナンス）企業として、これは私たちにとってきわめてむずかしい、心乱れる決断でした。でも10年たった今も弊社はプラスチックの箱を使っています」とプーリは語る。長い賞味期限をもたらし、消費者が期待する製品の品質を提供できるような「まともな代替品が商業的に市場に出ていないからです」。

この決断を遠くから、事情を知らずに見た懐疑論者は、ゴッサム・グリーンズ社のパーパス遵守を疑問視し、社会的論理よりも商業的論理を選んだのだと結論するかもしれない。だが情報をもっと集めると、ちがった様子が見えてくる。ゴッサム・グリーンズ社は継続的な持続可能包装チームを持ち、登場する新技術を把握して、絶えずもっと持続可能な選択肢を探している。プーリは、持続可能で機能も高く、消費者が雑貨を買えるように手の届く値づけの代替エコ包装が存在しないからこそ、店頭の雑貨売り場でこんなにプラスチックがあるのだと考えている。「頑張ってはいますが、ゴッサム・グリーンズ社は小企業で、包装業界への影響力も限られています。この様子を変えるためには、消費者がもっとよいものを求める集合的な行動を起こし、大企業がサプライチェーンに影響する約束を行うこと、そして政府が適切なインセンティブや市場力学を創り出すことで、イノベーションを促進し、改善をもたらす必要があります」

プーリたちは実際、充分な消費者需要と投資家の関心を持つまともなビジネスを創り出すために、環境への悪影響にもかかわらずプラスチックを使うことにした。だがそれをやったのは、自社がその製品を正して売上と地理的な範囲を増やし、農業を再発明するという大きなビジョンに成功したら、その社会的環境的便益は、プラスチック包装による被害をはるかに上回るものとなるからだ。包装技術が進歩したら、真にグリーンな代替方式に切り替えたいと彼らは考えている。

世界は決してきれいな場所ではない。ゴッサム・グリーンズ社の包装との格闘は、実務的理想主義を掲げる企業やリーダーたちが、意義あるパーパスと利潤のソリューションを実現するためにどれほど頑張らねばならないかを示している。そして、そうした手だての多くがいかに不完全かもわかる。ある製品や戦略が、明らかなパーパスと利潤のソリューションを全体としてあらわしてはいても、実践での個別の決断は、利潤第一やよきサマリア人のところに位置づくかもしれない。ゴッサム・グリーンズ社の場合、リーダーたちはステークホルダーたちのニーズに対する完全なソリューションには到達できなかった。そんなソリューションが存在しないからだ。だが、他の選択肢ほどはひどくなくて、企業が全体としてはパーパスと利潤のボックスにとどまれるようなソリューションを見つける努力はできるし、実際にそれを彼らはやった。まともな代替品がないのでリサイクル可能なプラスチックを使うことにしたとき、同社は投資家、末端消費者、スーパーマーケット、環境の利益を調整するために最善を尽くした。そして同社の今日に到る全体的な社会的商業的インパクトを見ると、こうした努力は充分に価値があるものだった。

この例から、重要な主題が出てくる。パーパスはリーダーがトレードオフを調整するときに役立つのだ。包装を選ぶ何ヶ月にもわたるプロセスの中で、プーリとそのチームはあらゆる曲がり角で、会社のパーパスに導きを求めた。存在理由についての明白性は、優先順位の明白性につながった。ビジネスとして、同社は顧客を喜ばせる商業的論理を遵守せざるを得なかったし、それを経済的に実行した。だがパーパスを持つビジネスとしては、その意図は明白だった。この例のようなきわめて戦術的な決断ですら、同社の野心と道徳的ビジョンを支えるものでなくてはならなかったのだ。この心の奥深くにある実存的コミットメントは、パーパスに宿され、商業活動のガードレールとして機能し、絶対にダメな選択肢や、できるだけ避けるべき選択肢を示す。私の研究で、多くのディープ・パーパス・リーダーたちはパーパスについて、方向を見極め、トレードオフ調整の複雑性を切り抜けさせてくれる「北極星」なのだと表現した。

パーパスはまた、動機づけの役割も果たし、普通なら避けるか、そもそもやらないむずかしいトレードオフにも立ち向かうよう、リーダーたちを啓発してくれる。ある学者が述べたように、リーダーはしばしばトレードオフに直面すると破滅論者となり「この問題は解決不能であり、単にビジネスの必要経費でしかないと宣言してしまう」。企業は「そうした対立に折り合いをつけるまで頑張れる」ように学習できたら、それだけ有利になるのだ。[*49] ゴッサム・グリーンズ社のようなディープ・パーパス企業は、実存的な意図としてパーパスにアプローチするので、あらゆる経営判断はどんな小さなものでも、自社の存在理由を実現し、パーパスと利潤を実現するための機会と見なす。他の作物会社であれば、他のみんなが使っているのと同じプラスチック包装を使ったかもしれない。ゴッサム・グリーンズ社は、その決断について、最高で最もパーパスに満ちた結果を意図的に得るため、激しい交渉を行う覚悟があった。

都合のいいパーパス企業は、まず別の包装を使おうとしてみて、代替品があまりうまく機能しないと知ったらすぐに、利潤第一のソリューションに戻っただろう。だがゴッサム・グリーンズ社は、そうはしなかった。同社の存在理由に啓発され、プーリとそのチームは何ヶ月にもわたり、この運用上の細部にこだわり、包括的な環境ライフサイクル分析を行ったうえで、最終的にプラスチックに戻ったのだった。今日に到るまで、彼とそのチームはいまだにもっと環境に優しい包装を探しており、技術が追いつけば切り替えると決めている。その間ずっと、チームはステークホルダーたちの「声」に耳を傾けたのだとプーリは述べる。意思決定プロセス全般について、彼はこう語る。「私たちは消費者を見ます。彼らが有用と思う製品を提供しているだろうか？　小売りチェーンや食品サービスのオペレーターたちが有用と思う製品を提供しているだろうか？　そして投資家も見なくてはなりません」——このすべてに加えて、さらに環境インパクトも見るのだ。

プーリとそのチームは、結局プラスチック使用に落ち着いたのだから、包装の研究など時間の無駄だったのでは、と思うかもしれない。ありとあらゆる決断について、そんな必死にパーパスと利潤を追求する価値があるのか？　ある。ウィン＝ウィンのソリューションを求めてトレードオフを調整する動機は、理想化されたパーパスと利潤のソリューションを実現する、予想外の機会につながることもあるからだ。

エッツィのジョッシュ・シルバーマンの話では、初めてCEOになったとき、同社はすでにオフィスをカーボンニュートラルにしようとしていたのだという。会社のパーパスに奉仕すべく、持続可能性をできるだけ精力的に追求しようと決めたリーダーたちは、サイト上で消費者に販売された製品出荷に伴うカーボンフットプリントも検討する必要があることに気がついた。分析により、これこそが同社最大の炭素排出源だとわかったのだ。シルバーマンは、同社がそれをオフセットするだけの費用を出せるか知りたがった。一つの考え方は、その費用を顧客に転嫁することだ。これはトレードオフということだ。顧客への価値を減らし、環境価値を高めることになる（全体としてはパーパスと利潤のソリューションだ)。同社は実験してみることにした。出荷で排出される二酸化炭素のオフセットのため、同社の負担を減らすべくいくら支払ってくれるか尋ねるのだ。

この実験を実施する前に、彼らはコンサルタントを雇って、注文一つあたりどれだけオフセット費用がかかるかを調べた。その回答はシルバーマンとそのチームに衝撃を与えた。小包一つあたりたった一ペニーだ。炭素のオフセットがこんなに安上がりだったから、エッツィはその費用を消費者に転嫁するより、自分で負担することにした。顧客と環境とのトレードオフに思えたものは、実は理想化されたパーパスと利潤のソリューションだったのだ。投資家への費用増加はわずかだし、二酸化炭素オフセットは顧客と従業員に対するエッツィの評判を高めることで、投資家に利益となる。このようにして同社は、「出荷からの排出の100%をオフセットする初の大規模オンライン買い物サイト」となった。[50] 2019年2月から2020年3月にかけて、同社は環境プロジェクトに投資することで17万トン以上の二酸化炭素をオフセットし、物流などのビジネス活動の脱炭素を声高に訴える存在となった。[51]

この決断は商業的にも賢明なものとなった。同社が行ったテストによれば、チェックアウトのときに出荷の二酸化炭素をオフセットしていると告げると、消費者たちの購入は増える。[52] リーダーたちはときに、真のウィン=ウィン機会を見つけられるが、それは頑張って探し、必要ならば厳しい選択を行う意思を持ち続けた場合だけだ。

パーパスがむずかしいトレードオフの調整をするリーダーたちに役立つ最後の方法は、それがかなりの組織的便益をもたらすということだ。すでに見たように、個別ステークホルダーたちは、ときに短期では損をすることで、いずれ長期にはみんなが便益を得られるようにする。最終的には最大の共有価値をもたらす不完全なソリューションを交渉するにあたり、リーダーは短期の損失に直面するステークホルダーたちを説得して、とにかく会社を信用してもらわねばならない。パーパスが提供する共有された意味の場は、信頼、理解、こだわろうという集合的な決意の基盤を形成する（この現象については次章で検討する）。パーパスは社会学者が「上位目標」と呼ぶものとなる。それは人々をまとめあげ、集団アイデンティティを創り出すものだ。

エッツィのパーパスに対する敬意のおかげで、投資家たちは同社が公開されてから1年ほどは、次第にしびれを切らしつつも見捨てなかった。シルバーマンが乗り込んだ結果、従業員のレイオフなどのリストラ活動のため、同社内外から批判が生じた。だが最終的には、従業員も買い手も大量に逃げ出したりはしなかった。その正反対だ。２０１９年エンゲージメント調査では、従業員の92％は同社を「すばらしい職場」と評した。全国平均は59％だ。そして96％は「ここで働いていると他の人に告げるのが誇らしい」という文に賛成した。[*53] 従業員たちはエッツィのパーパスを理解し尊重したので、それを実現するために犠牲を払う必要性も、尊重して理解するようになったのだった。

リーダーたちへの教訓

御社でパーパスをもっと深めるには、理想化されたウィン＝ウィンのソリューションだけしか意味がないという発想を捨てることだ。そして、辛抱強くトレードオフを交渉して、できるだけよいソリューションに到達するように方向を変えることだ。パーパスを意味あるものにするには、すべてのステークホルダーに利益を与えるという意図をもってあらゆる決断にアプローチすることだ。選択肢を慎重に調査、分析、試験して、様々な時点で、あらゆるステークホルダーたちに、できるだけ多くの便益を提供する形で行動する方法について、創造的に考えよう。考えの精度を高めるため、ステークホルダーたちと相談し、それぞれの求めるものを学び、彼らにとってどんな決断が絶対に容認できないかを知ろう。学者たちはトレードオフに使える枠組みの案をいろいろ提案している。[*54] どんなふうに決断するにせよ、熟慮の出発点としてパーパスを使うことで、パーパスを息づかせよう。組織の長期戦略を形成する場合でも、小規模な戦術的問題を考える場合でも同じだ。

トレードオフを固めたら、それがパーパスとどのようにつながり、どのようにそれを支援するかについて説明しよう。明示的になることで、ステークホルダーたちの行う犠牲に意味を与え、パーパスから出てくる意味の場をさらに強化し、一体性が構築される。従業員を味方につけて信頼を醸成するため、ジョッシュ・シルバーマンはなぜ不評なリストラ策が、エッツィとそれがディープ・パーパス企業として機能する能力を救うために必要なのか、説明しなければならなかった。「命がけで闘っていたんです。チームのみんながそれを充分に理解していたとは思いません」と彼は回想する。彼と仲間のリーダーたちは、会社が事業業績を改善できなければ、投資家たちがはした金でこの会社を買収しかねないと説明した。そうなったら、世界はエッツィを失敗と見なし、その失敗からは、会社が善行をしつつ商業的に成立することはできないという教訓が引き出されてしまう。「そこにはエッツィの運命以上のものがかかっていたんです。もちろんその運命も、たぶん200万人（のプラットフォーム上の売り手）に重要だと思いますけどね。でもそれ以上に、偉大な市民であることが、ビジネスとしての優秀さを増すのだ、というコンセプトがかかっていたんです」。従業員たちは、そこにかかっているものを理解し、レイオフなどの手段が同社のビジネスとしての健全性に貢献することを理解するようになって、変化を支持するようになった。

戦略を形成するときには、既存の事業や予定している事業が、さっき示したビジネス意思決定の類型でどこに当てはまるかを見極めよう。あなたの事業がよきサマリア人のボックスにあり、それを儲かるものにできると思うなら、それを実現するためにはっきりした期限を決めよう。経営者にどれだけ助走期間を与えられるかは、企業によってちがう——リクルート社のように、儲かるまで8年以上待っても平気という会社ばかりではない。非公開企業や、他にきわめて儲かる事業を持っている企業なら、経営者がよきサマリア人事業をパーパスと利潤に押し込むまで、もっと時間をくれるかもしれない。またいずれ生じる商業機会が大きいと見れば、余裕がもらえるだろう。

利潤第一の事業があり、それをパーパスと利潤に動かしたいなら、選択肢は二つある。まず、既存製品にパーパスを移植してもいい。たとえば運営をもっと持続可能で社会的に責任あるものにするか、あるいは製品をもっと安全でヘルシーにするのだ。第二に、ポートフォリオアプローチを採用し、既存製品はそのままにして、それを明らかにパーパスと利潤の事業として運営されるもので補うのだ。すさまじく成功した利潤第一の事業を持つ会社は、この第二のアプローチを一時的な戦略として採用したいだろう。そしていずれは利潤第一の事業への依存を引き下げ、ポートフォリオの中のパーパスと利潤の部分への投資を増やすのだ。こうすることで、都合のいいパーパス企業は次第に、もっとはっきりとしたディープ・パーパス企業へと移行できる。マーズ社やペプシコ社といった企業は、どちらもこうした戦略を採っており、重要な進歩を遂げている。ここでも、期限は決めねばならない。パーパスと利潤に向けて移動する明確な目標を設定し、進捗を測る定量指標を確立しよう。

リーダーたちはまた、「そうだ、そして」思考法を採用することで、パーパスを深められる。著書『今の勝利、後の勝利』で、元ハネウェル社CEOデヴィッド・M・コートは「一見すると対立する二つのことを同時に達成する」重要性を述べている。彼に言わせると「決められた指標を改善するだけなら、どんなバカでもできる――大した考えも創造性もいらない。最高のリーダーたちは、組織の中で絶えず生じる緊張を認識し、それらを解決するために深掘りすることで、もっといい結果を出すのだ」[*55]。コートは続いて、複数の対立する目標を同時に達成するという手法を育くむことで、ハネウェル社のリーダーたちが業績を改善しつつ会社の方向性を変えられるようになったという話をする。同様に、ディープ・パーパス・リーダーたちは善行により自己満足し、会社の財務業績の貧相さの口実として、これは社会便益を実現するための費用なんだと弁解したりはしない。さらにディープ・パーパス・リーダーたちは肩をすくめ、「リアリスト」の立場を採って「世界を救えたらいいんだが、事業を運営しなきゃいけないものでね」と言い放ったりもしない。ディープ・パーパス・リーダーたちは、社会便益と傑出した財務的成果を両方実現するよう自らに挑戦する。これはとんでもなくむずかしい。この目標の片方だけを目指すよりずっと困難だ。そして万人にとって常に完全に満足できる結果は出せないだろう。だが社会に貢献しつつ繁栄するビジネスを構築するという理想には近づけるのだ。

資本主義の最近の実績を見て、高次のパーパス談義をおめでたく、見当違いで、自己満足で、収奪的なものとして一蹴するのは簡単だ——バカげた理想主義、というわけだ。チャールズ・ディケンズは『二都物語』で「善行という輝かしいビジョンは、しばしば実に多くの善意の、楽観的な幻影なのだ」と述べている。[*56] だがビジネス業界の私たちは、もっと多くの理想主義を本当に必要としており、それを減らすべきではない。ディープ・パーパス・リーダーたちは、最高の理想主義者であり、自分の追う夢をリアリストの厳しいエッジと融合させようと果てしなく苦闘しているのだ。「現実」を注入しても、理想主義が汚染されるわけではない。むしろ立派な理想を持つ人々が、本当に人間存在を改善できるようにするのだ。そしてここに最大のパラドックスがある。理想主義を曲げて、商業の混乱と不完全性に対応させることで、ディープ・パーパス・リーダーたちは最終的に、本当に万人にもっと多くの価値を生み出すのだ。こうした価値創造を理解し、徹底的に追求することで、人生にパーパスを与えるというつらい、果てしない、だが最終的に満ち足りた作業に向けて、ますます多くのリーダーたちに力を与えることができるのだ。

第3章
優れた業績の四つのレバー

多くのリーダーたちは形式的にしかパーパスを追求しない。パーパスへの献身がどのようにビジネスの業績を改善するか充分に理解していないからだ。ディープ・パーパス・リーダーたちは、パーパスが組織を活気づけて突出した業績を生み出す仕組みをもっと赤裸々に把握している。彼らは四つの便益カテゴリーを指摘する。戦略立案の焦点を定める能力、顧客との関係構築、外部ステークホルダーへの対応、従業員啓発だ。

部族主義、憎悪、不信、誤情報まみれの世界にあって、少なくともある大企業はもっと平和と調和を広げようと頑張っていると知れば心は安まる。２０１７年にこの会社は、人々の分断を癒やそうという意図を明確に述べた新しいパーパスを発表した。同社は「人々にコミュニティを作る力を与え、世界を結びつけるために」存在しているのだ。

この新しいパーパスを導入した同社の創業者兼ＣＥＯは、人間がグローバルな問題を解決したいなら、共通の人間性についてもっと明確な理解を得るべきだと情熱的に論じた。「インドや中国やナイジェリアやメキシコの人々についても、このアメリカの人たちと同じように気にかける世界を創らねばなりません。そうすれば人類最大の機会を実現し、今後の世代のために求める世界を構築できるのです」[*1]。この創業者は、顧客が安全で健全な独自コミュニティを形成するのに使えるツールを提供することで、このパーパスを実現するのだと約束した。こうしたコミュニティが形成されるにつれ、世界は気候変動やパンデミックといった全身性の問題についても進歩を遂げるのだという[*2]。

この新パーパス発表から数年が過ぎた。この会社は人々を結びつけるのに役立っただろうか？　そうでもない。コミュニティを構築して憎悪を減らすために多少の手は講じたが、その方針の多くは部族主義や憎悪、不信、誤情報を増すのに貢献した。多くの観察者にとって、同社は世界の中で邪悪な存在になり、解決すると主張した社会の解体をまさに促進する存在に見えた。２０１９年末に行われたある調査では、同社が社会にプラスの影響を持ったと答えた回答者はたった40％で、72％は同社が世界に対して力を持ちすぎていると感じていた[*3]。

この会社はもちろんFacebookで、都合のいいパーパスの見本だ[*4]。Facebookの新しい存在理由は、２０１６年アメリカ大統領選でフェイクニュースが多く流れ、世間の反発が高まった中で登場した。このタイミングだけでも「パーパスロンダリング」の疑惑をかきたてるが、同社自身の行動——またはその不在——もそれを強めるばかりだ。２０１８年には、FacebookのWhatsAppプラットフォーム上でのまちがった噂によりインドでリンチが生じ、政府は怒りを表明した[*5]。同年、国連は、ミャンマーで仏教徒ナショナリストたちがFacebookを使い反イスラムのヘイトスピーチを広め、同国のイスラム教徒ジェノサイドに貢献したとしてFacebookを糾弾した。委託した独立レビューを受けて、Facebookは「私たちのプラットフォームが、分断を促進してオフラインの暴力を引き起こすのに使われるのを防ぐために、充分な手を講じなかった」と認めた。[*6]

2019年に活動家たちはFacebookが、テロリストや性的人身売買、ドラッグ販売などの逃げ場になっていると糾弾した。[*7] 2020年の報告によると、Facebookは白人優位主義者集団まみれだ――創業者兼CEOマーク・ザッカーバーグは、そうした集団をプラットフォームから排除すると2018年に誓ったのに、それがその後も続いていたのだ。[*8] 同じく2020年に、ザッカーバーグが当時のアメリカ大統領ドナルド・トランプの議論の分かれる投稿を禁止するのを拒否したことで、従業員たちはFacebookを公然と批判し、大小の企業が広告出稿を引き揚げた。[*9]

ヘイトと分断に取り組んだときですら、同社の活動は気合いに欠けていた。2020年10月、Facebookはサイト上でホロコースト否定に関係したものを禁止すると発表した。ある元Facebook社員が述べたように「ザッカーバーグがやっと、(名誉毀損防止同盟などの)反ヘイト集団からの訴えの後で、ホロコースト否定が露骨な反ユダヤ戦術だと受け容れたのは、もちろん良いことです。こうした組織のほうが自分よりも経験があり、主張も理解しているという事実を受け容れるのにこれほどの時間がかかったというのは、危険です」。[*10] この発表と同じ月に『ニューヨーカー』誌は、ヘイト浄化をめぐる同社のやる気のない取り組みを詳述する長い暴露記事を載せ、Facebookが本当に改善を目指しているのかを疑問視した。[*11] 全米黒人地位向上協会のCEOデリック・ジョンソンはこう述べた。「社会に奉仕する企業組織が、これほど聞く耳を持たないのは見たことがない。Facebookとは多くの対話をしてきたが、彼らは人々を安全にして民主主義を保護するという基本的な問題に取り組むのを拒否してきた」[*12]

ザッカーバーグとFacebookは、有害コンテンツ対策を強化しない弁明として、中立的なプラットフォームだからと述べ、言論の自由を守る決意を挙げた。[*13]また別の時点では、プラットフォーム上の有害コンテンツについて謝罪し、改善を約束し、対策が進んでいると主張して、ヘイトスピーチと誤情報対策への何十億ドルもの投資を指摘した。[*14]Facebookに好意的な人々は、コンテンツ関連の判断を下すにあたり、同社が激しく対立する圧力をステークホルダーたちから受けており、ズバリ何がヘイトスピーチや誤情報なのかを決めるのはむずかしく、あらゆる問題投稿をすぐに見つけるのは作業的に困難だと述べるかもしれないし、Facebookのような革新的な企業はまちがいを犯してそこから学ばせねばならないのだ、と論じるかもしれない。だが同社の批判者の多くにとって、こうした議論はどうでもいい。Facebookが中核製品で社会に被害を与え続けているのは、単純な理由からだ。パーパスより利潤のほうを気にかけているからなのだ。

2017年に掲載された『USAトゥデイ』紙の論説で、Facebookの初期の投資家ロジャー・マクナメーは、プラットフォームが両極化を煽る傾向を持つのは「利潤増大を目指すために行われた、Facebookによる無数の決断の結果だった」と主張した。[*15]マクナメーはその後、同社の広告に基づくビジネスモデルは本質的に欠陥を持ち、公共の善を犠牲にして利潤を生み出すものだと述べる。主要収入源である広告費を獲得するために、このプラットフォームは利用者の関心を維持しなければならない。利用者がフィードでどのニュースを見るか決めるFacebookのアルゴリズムは、彼らをできるだけエンゲージさせて興味を持たせようとする。「関心を操作する最高の方法は怒りと恐怖に訴えることだ。これはエンゲージメントを増やす感情だ」とマクナメーは語る。[16] 政治広告モニタリング担当だった別の元Facebookリーダーも同意し、本当に有害な発言への対応を強化したいなら、ビジネスモデルを見直す必要があると指摘した。Facebookは、アルゴリズムを変えて、誤情報とヘイトスピーチをばらまいている連中があまり目立たないようにできる。だがそれには、利用者のエンゲージメントを最適化しない形でアルゴリズムを調整することになる――同社はそういう動きはやりたくないらしい。[17]

考えてみると、そのきわめて儲かるビジネスモデルという祭壇でパーパスを犠牲にしようというFacebookの決意らしきものは不思議だ。株主に価値をもたらすのに関心を持つ企業が、なぜパーパスを無視するのか？　本書ですでに述べたように、最近ますます増えている研究によれば、パーパスを追求すると財務業績が向上するらしい。複数のステークホルダーアプローチを採用した公開企業の一群を分析したある研究は、それが10年にわたりS&P500よりも8倍も高い業績を挙げたことを指摘する。[18] EYと『ハーバード・ビジネスレビュー』の報告によれば、最も十全にパーパスを追求した企業は、他の企業よりも過去3年で急成長を報告する確率が高かった。[19] ジョージ・セラフィムらの研究によれば、中間管理職がパーパスを強調した企業は「会計上、および株式市場での業績が系統的に高かった」。[20]

そしてパーパスと利潤が相容れるというのは、極秘事項などではない。広く読まれている2019年のCEOへの手紙で、ブラックロックCEOラリー・フィンクは「パーパスとは利潤だけの追求ではなく、それを実現するための原動力である。利潤はパーパスと相容れないものではまったくない――それどころか利潤とパーパスは不可分に結びついているのだ」と述べた。[21] CEOアンケートはさらに、こうした見方は過激でも周縁的でもなく、むしろレベッカ・ヘンダーソンが述べるように「常識に近い」[*22]。

どうしてFacebookなど実に多くの都合のいいパーパス企業は、明らかな財務便益があるのに、利潤を追求してパーパスを軽視するのだろうか？　経済学者アレックス・エドマンスが述べる通り、研究は全般的にパーパスと業績のつながりを支持しているが、それを否定する証拠もある。さらにこのつながりは、いつもあらゆるプレーヤーに均等に当てはまるものではないかもしれない。[*23]だが何十人ものリーダーと会話をしてみた結果、私はもっと基本的な力学が働いているように思う。リーダーたちが形式的にしかパーパスを追求しないのは、うわべは熱心に見えても、パーパスへの献身が事業の業績をどのように拡大するのか、充分に理解していないからだ。結果として、パーパスは業績を拡大するものではなく、ビジネスの重荷と思えてしまうのだ。株主価値最大化の倫理はあまりに深く根づいているので、リーダーたちは過去に利潤をもたらした伝統的なレバーこそが、今も利潤を達成する最高の方法だと思い込んでしまう。パーパスにつながった別のレバーが、強い利潤にとどまらず傑出した利潤を生み出すかもしれないなどとは、想像もできないのだ。

ディープ・パーパス企業とリーダーたちを研究すると、彼らはパーパスが組織を活性化し、突出した業績を生み出す根底の仕組みについてもっと厳密に理解しているのがわかった。なぜパーパスへの献身がよいビジネスを生むか説明するにあたり、リーダーたちは主に四種類の便益を指摘する。方向的、関係的、評判的、動機的な便益だ。こうした便益を理解することで、ディープ・パーパス・リーダーたちは大胆になり、努力を方向づけられるようになった。都合のいいパーパス企業とはちがい、ディープ・パーパス企業はこの四分野それぞれにおいて、パーパスから最大限の便益を搾り取ろうと頑張った。こうした「パーパスのレバー」のそれぞれを検討し、あるディープ・パーパス企業、スイスの工場設備メーカーであるビューラー・ホールディングがそれらを使い、持続的な高業績と成長を達成している方法を見よう。[*24]

方向的：ディープ・パーパスは「北極星」となり、イノベーションを方向づけるのに役立つ。
関係的：ディープ・パーパスはエコシステムのパートナーたちの信用と信頼を維持し、長期関係を確立できるようにする。
評判的：ディープ・パーパスは、顧客の親近感、忠誠、信頼を構築するのに役立つ。
動機的：ディープ・パーパスは仕事を昇華させ、従業員の動機づけと啓発を可能にする。

成長を導く「北極星」（パーパスのレバーその1：方向的）

Facebookがパーパスを真剣に捉えていたらどうなっただろうか？　何をしただろうか？　明らかにアルゴリズムや方針を変え、ビジネスモデルを多少は阻害しても、ヘイトスピーチや誤情報を最小限にするよう、もっと積極的に監視を行っただろう。だがFacebookがパーパスにもっと没頭していたら、さらに先へ進んだはずだ。パーパスのために活動家となり、世界で実現したかった変化を先導しただろう。存在理由を戦略の基盤として、パーパスを歪めるような戦略は放棄するか変えたはずだ。

自社だけではオンラインのヘイトスピーチと誤情報という全身性の問題を解決できないと認識して、Facebookは社会運動を引き起こし、そのエコシステムすべてを「人々にコミュニティを作る力を与え、世界を結びつける」という課題に集中させたはずだ。Facebookは公然と、ヘイトスピーチと誤情報削減について、大胆で一見すると不可能な目標さえ設定し、顧客や戦略的パートナーと革新的なソリューションについて協働しただろう。イノベーションに資金をつけてそれを称揚し、安全で調和の取れたオンラインコミュニティ確保を、ステークホルダーとの会話すべての基盤にしただろう。パーパスが自社のビジネスにとって持つ価値を理解したら、批判者に要求されるまでもなく、そのパーパスに肩入れし、どんなトレードオフが必要になろうとも、会社が躍進すると自信が持てただろう。

パーパスにここまで極端な献身をするのは、Facebookのような大企業では非現実的だという反論もあるだろう。社会運動を主導するのはややこしく、おそらく成果も出ないし、いずれにしても企業の活動範疇を超える。パーパスのためにそれほどの努力をかけると、Facebookは事業から目をそらし、業績が悪化する。Facebookはパーパスのためにもっとやってもいいが、ここまではやらなくていいのでは？

実は、あるパーパス・ドリブン企業は大きく複雑な社会問題解決への広範な取り組みをやっている。そして業績と成長を犠牲にするどころか、この極端なパーパス献身はそれを加速している。この会社とはスイスの多国籍食品加工設備メーカー、ビューラー社だ。同社は過去10年にわたり、世界食品産業のすさまじいカーボンフットプリント削減に専念してきた。

ビューラー社をご存じだろうか。この一族所有の会社は、グローバル食品サプライチェーンで重要な役割を果たし、毎日20億人もの人々が食べるのを手助けしている。リンツ・チョコレートからバリラ・パスタまで、ビューラー社の機械は世界最大の食品会社などが所有するあらゆる工場で生産している。総じてビューラーの機械は世界穀物収穫量の65%を処理し、世界パスタの40%、世界朝食シリアル供給の30%を作っている。[*25] ビューラー社は2010年代に、顧客に対して機械だけでなく、製造関連サービスも販売するという戦略で、食品ビジネスを世界的に成長させた。ビッグデータとアナリティクスを使うことで、ビューラーのサービスは顧客が工場内で生産を最適化し、食品安全性を改善して、新しい食品製品を開発するのに貢献した。

1860年の創業以来、ビューラー社は今日の私たちがディープ・パーパスと考えるような啓発的な形で経営されてきた。だが2010年の同社150周年記念祝典は重要な転換点で、リーダーたちがこの会社の本質と、重要性を維持して成功を続ける手段について、深い内省を促した。熟慮の末、ビューラー一族からの強い後押しも受けて、重役たちは同社のパーパスとして「よりよい世界のためのイノベーション」を採用した。これはかなり漠然としたフレーズに聞こえるが、ビューラー社の中では豊かな意味を持ち、緊急の人道的、環境的問題の解決のため、食品生産を世界的に考えなおすという同社の決意を捉えたものとなっている。

リーダーたちは、世界の食品サプライチェーンの改革が創り出せる、莫大な社会、環境、商業的価値を理解していた。ビューラー社の元主任人材担当官ディパック・メインによると、世界のエネルギーの三分の一は食料生産に使われ、地球二酸化炭素排出の四分の一は農業からきており、あらゆる食品の三分の一は生産と流通で無駄になる。もしビューラーが食品サプライチェーンすべてで無駄とエネルギー利用を減らす技術を創り出したら、気候変動への取り組みに貢献し、顧客にお金を節約させ、自社も寿命を延ばし続けられる。ビューラー社は、食品生産バリューチェーンの中心的な位置にいたから、大規模に食品生産を変える独特な機会を持っていたのだった。

存在理由を明確にしてから、ビューラー社はそれを実現すべく大胆に動いた。２０１１年に同社は持続可能性報告を実施し、この報告を自社設備だけでなく、顧客にかわって設立した施設もカバーするよう広げると述べた。[*26] ２０１２年にビューラー社は、顧客の工場におけるエネルギー利用を８年で四分の一減らすという目標を公表した。[*27] ２０１６年に同社はさらに歩みを進めて、２０２５年までに顧客のエネルギー利用、廃棄物、水利用を30％減らすという意図を発表した。[*28] ２０１９年には、国連の気候変動に関する政府間パネル（ＩＰＣＣ）の２０１８年報告や、食品生産の大きな環境的影響についての認識に刺激されて、同社はますます野心的な目標を発表した。こうした分野における顧客の生産プロセスの50％削減を２０２５年までに実現するという。[*29]

ビューラー社をはじめ、私が研究した多くのディープ・パーパス企業にとって、パーパスはビジネス成長を動かす明確でしっかりした基盤となった。[*30] あるパーパス研究が示唆するように、パーパスは一種のリトマス紙として機能することで、戦略的意思決定を明確にしてくれる。もしある戦略や戦略と関係したプロジェクトや活動がパーパスと整合していれば、リーダーたちはそれを受け容れたがるはずだ。そうでなければ、それを拒否する。[*31] すでに述べた通り、私が話をした多くのリーダーたちはパーパスを、複雑で激変するきわめて競争的な市場において自社を前進させ、意思決定を単純化する「北極星」と評した。

他の研究も、パーパスが戦略立案と執行を全般的に強化できることを示している。ある研究が示すように、パーパスを最も十全に追求した企業の中で、半分はパーパスのために戦略を変えたと述べ、三分の一はビジネスモデルも調整したと指摘する。[*32] ハイパーパスな企業は吸収合併、新規市場参入、新製品発表、地理的拡大などの各種成長活動において成功率が高いと報告している。投資家たちはますます、長期的な成功の方向性を決めるときのパーパスの価値を認識するようになっている。ある調査によれば、投資家のほとんどすべて――93%――の企業は「価値を生み出す長期的なビジネス戦略を設定するため」にパーパスが必要と感じているという。[*33]

パーパスは単にビューラー社にとっての「北極星」となっただけではない。同社がイノベーションを絞るのを支援することで、戦略を改善したのだ。[*34] 将来を考えるにあたり、企業はしばしば追求可能な無数のビジネスモデルや技術から、どれを選ぼうか苦闘する。リーダーたちの視野を狭めることで、パーパスはイノベーション予算の配分に役立つ。この集中で企業はさらに、その狭い範囲でもっと広くホーリスティックに考えられるようになり、システムアプローチを使うことで、検討しようと思いもしなかったイノベーションに到達したりする。これはパラドックスだ。狭く考えることで、ずっと広がりを持ち、影響力も高まる。この意味で、パーパスは企業が協働的なソリューションを必要とする複雑な、あるいは「邪悪な」問題に取り組めるようにしてくれる。[*35]

ビューラー社の場合、「よりよい世界のためのイノベーション」は同社が儲けるだけでなく、生産のエネルギー効率を高めて持続可能にするソリューションを開発するように方向づけた。この方向性の中で、ビューラー社は食品生産バリューチェーンを広く見て新技術やビジネスモデルを探した。こうしてビューラー社は、たとえば大規模に昆虫を収穫して栄養上のニーズを満たしつつ、土地や水などのリソース使用を最小化する可能性を調べるようになった。昆虫は廃棄物を食べるので、それを動物の餌として使うと循環型の持続可能な経済が支えられる。２０１9年にビューラー社は、昆虫タンパク質メーカーのプロティックス社が、動物飼料用タンパク質を作る専用の産業規模工場を開設する支援を行った。[36] ビューラー社の昆虫技術ビジネス部長は語る。「いまや弊社が昆虫からタンパク質粉、脂質、肥料を作り、しかも産業規模でそれを行っているというのは目新しい活動です。１５０年前に現代の紡績装置が始まったのはこんな形だったのかもしれませんね[37]」

パーパス・ドリブンな企業が、的を絞ったイノベーション追求のおかげで、予想外の領域で機会を探すようになった例はいくらでもある。「テクノロジーを通じた豊かな暮らし」を求める小売業者ベストバイは、モバイル技術を使って高齢者が在宅生活の中でヘルスケアニーズを管理するビジネスモデルに先鞭をつけた。グレートコール社のヘルス技術を２０１８年に買収したのだ。[38]「健康の世界を進める」というパーパスに啓発され、医療機器メーカーのベクトン・ディッキンソン社は２０００万ドルを投じてオドンというデバイスを開発した。これは発展途上国での出産関連の死亡を劇的に減らせる。[39] 急成長企業28社のある研究が示すように、パーパスに支援された企業は「競技場を定義しなおす」ことでイノベーションを実行して成長し、パーパスの制約の中で「エコシステム全体、複数のステークホルダー間のつながった利害や関係が機会を増す場」を考える自由度が高まる。またそれは彼らが、もっとしっかりして集中した意義深い形で価値提案に対応できるようにしてくれる。[40]

緊密なエコシステム（パーパスのレバーその2：関係的）

ビューラー社のCEOシュテファン・シャイバーは、自社にパーパスが必要だと思いついた瞬間を覚えている。それは1986年、彼が21歳で大学を出たばかり、ケニアのナイロビでビューラー社に勤務していたときのことだった。スイスで快適に育ってきたシャイバーにとって、アフリカにいるだけで驚きの連続だった。ある日、彼は同国の僻地にいる顧客を訪ねた。彼の一行がサヴァンナを車で進むと、ブッシュから出てきた子供たちに遭遇した。

シャイバーによれば「私は彼らに、手元に残っていたわずかな食べ物をすべてあげました。この出会いはあまりに鮮明に記憶しています。そのときにこう思ったんです。よし、ここに私がいる。だれかの人生に貢献しようとしている白人だが、これはまったくの偶然だ。ならそれを使命にしよう。そしてそれが33年前の出発点でした[*41]」。

この瞬間はいまだに、リーダーとしてのシャイバーの個人的なパーパスの原点であり、意思決定とステークホルダーとの関係においては社会的な善を追求するように啓発している体験だ。またそれは、ビューラー社の組織的パーパスを構築して実施する原動力となった。2010年にシャイバーは、同社の正式なパーパス・ステートメント「よりよい世界のためのイノベーション」を考案した社内作業部会に参加した。その後、前CEOカルヴィン・グリーダーの下で、彼はこのパーパスを社内に植え込み、公的な持続可能性目標を決定する同社の最初の活動を推進する支援を行った。2016年に自らがCEOとなると、シャイバーは同社のパーパスへの献身を深め、発展させ、ビューラー社を持続可能性を核とした社会運動のリーダーとして位置づけた。彼の考えでは、ビューラー社が世界の食品システムを再発明するために必要な、画期的な新ソリューションは自社だけでは開発できない。バリューチェーン全体が無駄の多い非効率なものであり、問題は単一の企業や地域や業界だけではないのだ。ビューラー社がその新しい野心的な目標を達成し、パーパスを実現したいのであれば、各種のパートナーと協働しなければならない。これは業界リーダー、学術界の専門家、新興企業、さらには競合他社すら含むものとなる。

シャイバーらはこの業界の「ダボス」となる集会を作ろうと思いついた。2016年に同社はネットワーキングデイズという3日にわたるコンファレンスと業界展示会を企画して、顧客、サプライヤー、新興企業を集めて持続可能性について議論した。当初、リーダーたちは業界がどう反応するか確信が持てなかったし、そもそも来てくれるかもわからなかった。だが心配は無用だった。ネットワーキングデイズは驚くほど人を集めた——750人近い出席者たちが、世界人口の半分近くの食品を加工する企業から集まってきた。[*42] ビューラー社は3ダースほどの新製品やサービスを発表したが、そのプレゼンテーションは営業トークを超えるものだった。基調講演でシャイバーは、食品産業が直面している膨大な課題を述べ、参加者に道徳的な訴えを行った。ビューラー社主任技術担当重役イアン・ロバーツが報告したように、ほとんどの顧客はそれを聞いて大喜びだった。顧客は、こうした問題についてだれかがリーダーシップをとってほしいと思っており、食品生産におけるビューラー社の中心的な立場から見て、彼らがリーダーシップをとるのが論理的な選択だったのだ。ロバーツによると「手紙をくれた顧客もいました。食品会社のCEOが『御社は（私たちの関係を）取引的なものから変革的なものへと移行させたのです』というのです。（中略）顧客からきわめて強い支持が得られています」[*43]。

ビューラー社はシャイバーが「招集力」と呼ぶものを使い続け、その後数年にわたり、もっと小規模なネットワーキングデイズイベントを開催し続けた。２０１９年には「共に明日を創る」というモットーの下で第二回のフルスケール版ネットワーキングデイズを開催した。自社や他の企業による、人工知能やデジタル技術を取り入れた大量のイノベーションを紹介しつつ、同社は業界パートナーみんなに対し、個人、企業、業界のレベルでのソリューションを見つけるために、力をあわせようと呼びかけた。ここでも反応は肯定的なものだった。アメリカの食品企業ハーシーズ社のある重役が述べたように「このイベントには実に多くの業界が参加しており、実に様々な企業がちがった視点を持っています。こうしたアイデアについていろいろ聞いて、共同で開発できるソリューションについて知見を高めるのは、きわめて啓発的です」[*44]。

ビューラー社の経験が示すように、パーパスは関係的な便益をもたらし、組織が外部のステークホルダーたちと緊密なつながりを形成できるようにしてくれる。そうしたステークホルダーには、顧客、サプライヤー、ＮＧＯ、地元社会なども含まれる。パーパスはそれを二つのやり方で実現する。まず、サプライヤー、起業家などとの長期パートナーシップを構築する論理を提供してくれる。パーパスはそうしたパートナーシップの基礎をもたらす。それはネットワーキングデイズのような正式なイベントという形もあるし、市場プレーヤーの非公式な接触という形もあるが、それが成熟して正式なビジネス関係になる。それは共有された「上位」目標（実現するために協働が必要な大目標）を定義することで協働を促進する。パートナーたちはそれに合意して、その旗印の下に結集できるのだ。またそれは、企業がパートナーとしてずばりどの企業に頼れるかを見極められるようにする。パーパスがないと、潜在的なパートナーとしては、御社と協働すべき理由もやり方もきちんと理解し支援しにくいかもしれない。

だがパーパスは、パートナーシップの基礎となる論理を提供するだけではない。それは信頼と仲間意識を醸成することで関係性の質を向上させる。企業が社会的パーパスを追求すると、ビジネスを単なる商業論理から昇華させて、長期目標追求にこだわりたいという意図を伝えられる。潜在的なパートナーたちは、パーパス・ドリブン企業ならパートナーシップ全般についてもっと気高い見方をして、あらゆるステークホルダーを敬意をもって扱い、みんなが勝利するようなソリューションの考案を手伝ってくれるだろうと思って安心する。一部の学者が指摘したように、社会パーパスを受け容れる企業はサプライヤーなどのステークホルダーと歩調をあわせて活動する傾向が高く、万人にとって最高の結果を実現するために密接に交渉し協働するのだ。[*45] パーパスはまた社会問題を気にかけ、協働を歓迎する人々を雇用しやすくすることで、信頼性を促進する。[*46]

単にパーパスを述べただけでは、信頼構築には不十分だ。企業はそのパーパスを生きるための行動を採らねばならない。パーパスが本物だと伝えるためには、企業は統合報告を採用したり、インセンティブをパーパスと整合させたり、Bコーポレーションになるといった外部認証を受け容れたりといった行動を通じ「シグナル」しなくてはならない。[*47] ビューラー社は本物だとシグナルするために各種の行動を採っている。たとえば「イノベーションデイズ」への継続的な投資、強気の持続可能性関連目標の採用、統合報告の採用などだ。

顧客への評判強化（パーパスのレバーその3：評判的）

パーパスをうわべだけ採用すれば、Facebookが顧客からのポイントを稼げるとマーク・ザッカーバーグが思ったのなら、それは大まちがいだ。2020年に「ストップ・ヘイト・フォー・プロフィット（利潤目的のヘイトを止《や》めろ）」という活動が、有力な公民権組織の支援を受けて、このプラットフォームに最終的に変化を強制する手段として、Facebookでの広告出稿を30日にわたって止めるよう企業に訴えた。千以上のブランドがすぐに参加した。そこにはコカコーラ社、フォード社、マイクロソフト社、スターバックス、ユニリーバなどの大広告主も含まれる。[*48] このキャンペーンの財務的な影響はかなり些末なものではあったようだが、[*49] 近年のFacebookがパーパスを遵守できていない様子は、このプラットフォームの顧客（広告主）とエンドユーザーたちにとっての、このブランド評判のさらなる低下を引き起こした。アメリカで最も目立つ企業100社のあるランキングでは、Facebookのランキングは2018年から2019年にかけて、50位から94位に下がった。[*50]

このソーシャルメディアの時代では、うわべだけのパーパス追求は、ブランドの評判を落としかねない。だが逆もまた真なり。パーパスに忠実なら評判が大いに高まることもある。今日の顧客は、10年、20年前に比べると、企業の存在理由やそれが体現する道徳的価値に基づいて購買決定をしたがるようになっている。特に若い顧客は、自分の信念を共有し、世界に善行をしたがる企業から購入するよう惹かれている。消費者たちはまた、よい社会パーパスを実施していると感じる企業にもっと忠誠心を示す。大量のアンケート調査などの研究が、この有名な論点を裏付けている。[*51]

こうした研究の多くは、消費者向けブランドについてのものだが、ビューラー社の体験が示すように、パーパスはB2Bブランドの顧客に対する評判も改善する。ビューラー社はそのパーパスをウェブサイトや年次報告書などの企業コミュニケーションで取り上げている。もっと重要な点として、存在理由は似たような意図と価値観を持つ顧客との新しい関係を構築し、既存の関係を深める基盤となる。ビューラー社のパーパスは、共有価値に基づくコミュニティを創り出し、またビューラー社と顧客との正の力学を生み出して、お互いの理想主義が相手をさらに高めつつ、同時に商業的にも取引できる状態が生まれる。シャイバーが述べるように「私たちがビューラー社の物語として行い、語ることは、私たちの顧客の多くの物語を反映したものであり、またその逆も成り立ちます。私たちの行動の多くは、そうした企業の価値観の反映であり、それが何かしら私たちの活動に反映されるのです。そしてなぜか、それは車輪のようです。先方が私たちを啓発し、私たちが先方を啓発する」。

その一例として、同社の何十年にもわたる、ブラジルの食品メーカーM・ディアス・ブランコ社とのパートナーシップがある。これは同国最大の小麦粉メーカーであり、ビスケットなどの消費者向け食品も製造している。ビューラー社と同様に、M・ディアス・ブランコ社は財務的に業績を挙げるのに加え、地元社会と環境に恩恵をもたらそうとする。「彼らは昔から、自分の価値観に基づいてこれをやってきていました」とシャイバーは語る。ビューラー社がせっついたからそういう活動をしているわけではない。戦略的買収を通じ、ビューラー社はいまや、同社のビスケット製造プロセスすべてをカバーする設備を製造し、M・ディアス・ブランコ社での莫大な効率性と持続可能性の利得を改善できるようになった。ビューラー社はまたM・ディアス・ブランコ社の工場で、もっと持続可能な製造を主導するイノベーション開発のための実験も行っている。[*52] M・ディアス・ブランコ社とビューラー社がどちらも一族所有の企業だと指摘するシャイバーに言わせると「私たちは自分自身の価値観を、このすばらしい会社の価値観の中に見ているのです。そして似たような話はもう何十件もお話しできますよ」。

別の顧客、北米の製粉会社アーデントミルズ社のリーダーたちが話してくれたことだが、ビューラー社のパーパスは、この両者が信頼に基づく長期的な信頼を育むのに役立ったという。同社のCEOダン・ダイと話したとき、彼の会社が品質、サービス、イノベーションを受け取れるのでビューラー社との協働にはすさまじい価値があると述べたが、同時にビューラー社との「文化的な整合性」も重要なのだと言われた。「生まれてきたものは（中略）このパーパス部分を中心としたリーダーシップ、持続可能性を中心としたもの、地球に変化をもたらし、ビジネスでよいことをするもの、そしてイノベーションへの情熱だったと思います。そしてそうしたものがまとまった（中略）私たちはうまく整合したと思う」。[*53] 別の顧客は、ペットフードのメーカーだが、ビューラー社と組んで、生産プロセスの重要な部分をイノベートすることで、エネルギー消費を大幅に減らした。この会社の重役が語ってくれたことだが、同社は過去何十年は、単に設備を売ろうとするだけだった。だが最近では、ビューラー社のエネルギー効率への懸念のおかげで、顧客の製造ライン全体の効率性について、もっと広い見方をするようになった。パーパスに動かされて、ビューラー社は顧客の戦略的な製造パートナーとなり、生産の多様な側面で改善の支援を行った。その結果、持続可能性の高い生産能力ができただけでなく、費用効率的にも改善された。[*54]

パーパスが評判を改善するからといって、それがあらゆる顧客を惹きつけることにはならない。パーパス追求はしばしば、その価値観を共有しなかったり、競合しそうな発想を抱いたりする顧客にとっては、むしろ魅力を引き下げる。ビューラー社の顧客のいくつかは、ネットワーキングデイズが気に入らず、同社が過剰に道徳的になって、こちらのビジネスのやり方に「お説教」を垂れようとしていると感じた。こうした顧客は、持続可能性に注力することで、ビューラー社がビジネス価値の提供から目をそらしかねないと感じたのだ。[*55] もっと一般的には、エマージング市場の顧客はもっと価格に敏感であり、ビューラー社の持続可能性強調に懐疑的だった。彼らを次の段階にたどりつかせたいなら、ビューラー社は機械やサービス提供について、魅力的な経済性を用意しなくてはならない。

実は、これはあらゆる顧客に対するビューラー社の課題だ。先進国の顧客でも変わらない。ある大規模顧客の従業員が語ってくれたように「だれもそこにすわって『こいつはすばらしい、これは完全に持続可能な会社だから、株主のお金をあと何パーセントかそこに注《つ》ぎ込もうか』なんてことは言わない。持続可能性だけでは不十分なんだ[*56]」。ディパク・マネの話では、ほとんどの顧客にとってビューラー製品やサービスに投資するという決定は、核心のところでは厳格な経済性に基づく合理的な意思決定だ。入札プロセスの最終候補になるためには、ビューラー社は品質、長もち、価格といった「ハード」な面についても数字を出さねばならない。だがビューラー社がショートリストに残ったら、同じくらい魅力的に思える製品やサービスの仕様を持つ競合他社とビューラー社とが差をつけるのに、パーパスが役立ったという。パーパスは見込み顧客に深い情緒的なインパクトを与え、ビューラー社選定を正当化するのにそれが役立つ。

ビューラー社のリーダーたちは、すべての顧客にパーパスを納得させたわけではないことは認めているが、いずれは進歩が見られるという期待は捨てていない。社会パーパスに加えてしっかりした経済性も提供する必要性については、彼らも文句なしに同意している。シュテファン・シャイバーは述べる。「価値は何だ？　持続可能だろうと、この質問に答えられなければ、それはダメです。いい製品ではない。それは弊社の製品マネジメントが成功しなかったということです。（中略）だから私たちは常に、そうした持続可能性の側面と同時に、経済的なしっかりした評価のレンズでも見るのです[*57]」。マイケル・ビーアなどの意識の高いリーダーシップセンターの同僚たちが述べたように、パーパスがあっても、顧客に優れた価値を提供するという伝統的な責務で傑出する必要性から逃れられるわけではない。それどころか、企業がパーパスで述べた気高い野心を実現するつもりなら、リーダーたちは「高い業績への集合的献身」を育む必要がある。[*58]

関係的な便益と同様に、企業は単にパーパスを宣言するだけで、似たような価値観を共有する顧客が行列をつくるなどと思うわけにはいかない。あるビューラー社顧客が語ったように、行動は言葉よりもはるかに雄弁だ。「パーパスを語るとき、単にご大層な主張をするだけの人間はたぶん信用されません。でも長期的な顧客との関係の中で、維持してきた価値観にこだわる人は、おそらく信用されます。しばしばこれは、いちいち口に出す必要もないし、少なくともそんなに多言を弄する必要もない[*59]」。同様に、企業がパーパス・ステートメントを行動で裏付けなかったり、その行動が存在理由と矛盾しているように見えるとき（Facebookの場合など）、彼らは不正直、あるいはパーパスロンダリングで消費者を手玉に取ろうとしているのだと思われかねない。[*60]

従業員を惹きつけ啓発（パーパスのレバーその４：動機的）

Facebookは、パーパスのうわべだけ、または都合のいい利用のために、別の課題に直面する。最高の才能をリクルートし、彼らが成果を挙げるようにやる気を出させるという課題だ。メディア報道にあるように、同社は最近の悪評のおかげで、新規採用者の面でかなり打撃を受けている。ある若い計算機科学の学生は「驚いたことに、友人の多くはいまや『Facebookでなんか働きたくないなあ』みたいな」。[61] 別の学生は「とにかくあの製品を信じられないんだよ、だって、Facebookだと、やることすべての基本線というのが、もっとみんなに広告を見せること、みたいな」。[62] Facebookがパーパス実現に苦闘していることで、社内の士気とやる気にも影響しているらしい。[62] 最近ではリーダーや従業員たちが抗議で辞職し、Facebookの共同創設者クリス・ヒューズは公然と同社の解体を呼びかけている。[63]

リーダーや企業は、従業員を惹きつけてやる気を起こさせるにあたりパーパスが有用だというのを理解する傾向にある。そして企業がパーパスを実現できないときに生じる負の影響もわかっているらしい。それでも、ほとんどの従業員は自社のパーパスと切り離されているように感じ、仕事にやりがいを感じられない（一部の専門家に言わせると「パーパスの危機」だ）。[64] だから従業員が相手だとパーパスがなぜそんなに重要なのかを、振り返っておく価値はある。

企業は、野心的な戦略目標を立てるだけでは、内在的に労働者たちを動機づけることはできない——つまり従業員とその仕事、そして雇い主との間に強い感情的なつながりを作り上げることはできない。[65]

もっと大きなものや超越的なものに貢献することで自分を高めたいという、内在的な人間のニーズにも訴える必要がある。意味維持モデルという心理学理論によれば、人はみんな人間としての生活に意味やパーパスを求める。他人との関係を理解するのに意味を参照し、自分で意味を創り、世界観が攻撃を受けたら、すぐに新しい意味の形を探し出す。[*66]

学者たちはさらに、人間はパーパスのある仕事が必要であり、仕事を個人的な存在理由と統合できることが必要なのだと指摘する。人間はまた、自分自身についての見方と仕事を含む生活での行動との間に一貫性を確立しなければならない。[*67] ある学者によれば「人が自己をすべて仕事に注ぐ前に、まずは自分の人生の価値観、信念、パーパスを認識しなくてはならない。自己感覚はまた、自分の可能性に到達しようと絶えず頑張り、その可能性に到達できると信じ続けることも含んでいる。そしてそれは、人生のパーパスと仕事のパーパスとの整合も含む[*68]」。これから見る通り、パーパスは共有されたアイデンティティの感覚を生み出す。それは共有コミュニティに属することに根差した感覚だ。そのアイデンティティはこんどは内在的な動機を湧き起こせる。[*69]

今日の従業員――特に若者――は、仕事に就くときには給料以上のものを求めるという大量のデータがある。彼らはもっと高い意義を求め、自分自身の個人的な存在理由や、重視する価値や信念とつながる仕事を追求する機会を目指す。[*70] ディープ・パーパスを追求する企業は従業員にこの意義を提供し、彼らが仕事と組織との間で持つ関係の性質を変える。仕事は契約の連鎖ではなく、聖なるもの、誓約の連鎖に変わるのだ。[*71] このシフトが持つビジネスへの影響は深遠なものだ。パーパスは従業員ブランドの大きなセールスポイントとなり、給料と同じくらい、いやそれ以上に重要となる。[*72] さらに、パーパスはチームワークと協働作業を強化する傾向があり、「士気の接着剤」として機能する。[73]だが顧客の評判と同じく、パーパスを通じて従業員を動機づけられるかどうかは、パーパスについて語るだけでなく、行動する能力次第となる。ある研究では、企業がパーパスについて語ると従業員の取り組みは下がるという。意味ある行動をすると、取り組みは急上昇する。[74]

ディープ・パーパス組織のリーダーたちは、取り組みだけでなく、従業員たちが最高の仕事をしたいと思わせる力がパーパスにあると確認してくれた。2014年の創業以来、消費者デジタルヘルスプロバイダのリヴォンゴは、「慢性症状を持つ人々にもっとよい健康な暮らしができる力を与える」というパーパスを追求してきた。同社のリーダーが語ってくれたことだが、彼らがパーパスに一心に取り組んだことで、はるかに大規模なシリコンバレー企業と競争して、最高のデジタル人材を獲得できるようになった。従業員たちはいったん採用されると、パーパスに完全に酔いしれて活力を得た。それはおそらく、彼らが個人的なレベルでパーパスに共感したことも大きい（2019年には、従業員の三分の二が親族に慢性症状を持つ人がおり、三分の一は自分が慢性症状を持っていた）。

パーパスをめぐる興奮は、さらに仕事への献身の高まりをもたらす。創業者のグレン・タルマンは、職場環境は厳しく、多くの従業員はパーパスを実現するために人生の他の部分を犠牲にしているという。「会社を成長させ、業界を変えて世界を変えているなら（人生の各種の部分の関係は）完全にバランスの取れたものになりません」と彼は語る。[75]もちろん、だれもがその種の労働体験を求めるわけではないし、リヴォンゴのパーパスに納得したわけでもないが、パーパスが従業員の献身とやる気に与えた影響はまちがいない。

GE（ゼネラル・エレクトリック）の元グローバル人材担当シニア副社長ラグー・クリシュナムールティは、パーパスを「行動したくなり、与えたくなる秘密のエネルギー」になぞらえた。[*76] 多くのビューラー社重役は、同社のパーパス強調が従業員に活気を与え、最高の努力をして、同社でのキャリアを長く維持しようとし、従業員としてこの会社を探し求めるようになると語ってくれた。ビューラー社の主任人材担当者イレーネ・マーク＝アイゼンリンクは語る。「人々は、私たちが気にかけていると認識するので、この会社で働くのが大好きなんです。私たちは、よいものを創ります。手っ取り早く稼ごうとしているのではありません」[*77]。同社の給与水準は、業界平均程度でしかないが、毎年の社員の入れ替わりはきわめて低く、毎年6％程度にとどまる――パーパス強調の直接的な便益だ、とリーダーたちは考えている。同社はまた、「最高の職場」ランキングで最近大躍進を遂げている。

ビューラー社は、パーパスが従業員やそのやる気に正の影響をもたらすのを、手をこまねいて待っているわけではない。同社はパーパスに身を乗りだして、それを人事の通信や活動に埋め込む。若い従業員を参加させるため、ビューラー社はジェネレーションBという活動を創り出した。これはあらゆる水準の従業員が、同社で意見を述べて、自分をわくわくさせて同社のパーパスを促進するプロジェクトを追求できるようにするものだ。同社はまた、世界中の地元チームやビジネスに対し、自分自身のカーボンフットプリントを計測するための指導、ツール、奨励を提供し、それを記録してビューラー社のパーパスを実現する努力に参加できるようにしている。ビューラー社はパーパスの議論を、社内候補者の採用活動にも組み込んでいる。そして同社はその広範な研修プログラムを刷新し、同社のパーパスや価値観にもっと集中させるようにしている。

リーダーたちへの教訓

多くのリーダーは、パーパスをあまり深掘りしない。それを新しい価値生成の道とは考えていないからだ。統合的ソリューションや共有価値についていろいろ語りはするが、株主価値の発想にとらわれたままで、自社が多様なステークホルダーに価値を提供しつつ、株主に儲けさせられるかどうか、懐疑的なままだ。リーダーはパーパスを社会的責任と同一視して、運営に必要な税金や免許程度のものとしか考えない。だが本章で見た通り、パーパスは単に、企業が創り出す既存の経済的価値を山分けするための、目新しい社会的に受け容れられやすい手法ではない。それは生成的で、万人にとって価値を高め、外部のステークホルダーや株主も恩恵を受ける。パーパスの四つの主要レバーを理解し、そうしたレバーを引っ張ろうと活発に努力すれば、それだけ御社は効果的で儲かる企業になる。

ディープ・パーパスの追求は継続中ながら、ビューラー社は大幅な成長と業績の向上を体験している。2010年から2019年にかけて、売上は19億スイスフランから32億スイスフランに激増し、従業員の数も7800人から1万2700人に増えた。ビューラー社の純益は1・58億スイスフランから2・02億スイスフランに増え、研究開発支出は7900万スイスフランだったのが1億4900万スイスフランに増えた。[*78] 同社は近年、その優秀性によりいくつもの賞を受賞した。たとえばスイス主導雇用者賞（同国のトップ1％企業に贈られる）や、企業への女王賞などだ。

シャイバーは、パーパスの真摯な追求が同社の業績を押し上げたと確信している。「(パーパスに関係した)一部の領域で妥協していたら、短期では費用を削減しても、長期的には市場での差別化を失い、それは確実に利潤低下につながると思います」。彼の考えでは、同社の見事な短期的成果は、パーパスがビューラー社をいかに将来の成功に向けて整えてくれたか裏付けている。

パーパスと業績への取り組みを深めるためには、あまり使われていないレバーを探し、それをもっと強く、あるいはうまく引っ張る方法を考えよう。ほとんどの企業は、片寄ったレバーに集中しているはずで、もっとパーパス関連の業績向上をもたらす余地があるとわかるはずだ。引っ張るレバーが増えるほどよい。というのもそれらはお互いにシナジスティックに働くからだ。

存在理由のおかげで顧客への強い評判を享受している企業は、それが自然にもっとやる気ある労働力を生み出すことに気がつくし、その逆も成り立つ。あるいは戦略的パートナーとの関係強化を享受していて、戦略的なパートナーシップを結ぶ能力が拡大していることがわかるはずだ。もっと広く言えば、こうしたレバーすべてで実現される業績改善は、第2章で述べたトレードオフを扱いやすくし、万人にとって価値を増し、部分的には勝つが部分的には負けるという可能性を減らす。これがさらに、パートナーシップを強化し、業績をさらに改善する。

パーパスのレバーを最大限に活用するためには、リーダーシップについての考え方を変え、自分の道徳的な立場とステークホルダーとの相互依存の両方を認識するということだ。社会学者エミール・デュルケムは宗教を、共有された「信念と慣行」に根差す「道徳的コミュニティ」だと考えている。[*79] 同様に、あなたの仕事は単に、御社が顧客や投資家に経済的価値をもたらすようにすることではない。ビューラー社の事例で見たように、それは単なる参入の値段だ。パーパスを中心にもっと大きな道徳的コミュニティを創り出すべきだ。それは自社だけでなく、その顧客、従業員、戦略的パートナー、家族などのステークホルダーを包含しなければならない。宗教や拡大家族や市民組織といった社会制度は、人々の生活における意味とアイデンティティの源として地位を低下させている。だからその隙間を企業が埋める機会が出現しているのだ。

ステークホルダーたちを、パーパスが生み出す共通の意味の場に連れてくれれば、取引だけだった関係を信頼できるパートナーシップへと高められることで業績も改善する。パーパスはステークホルダーたちとの間にある手に負えない問題を解決はしてくれないが、新しい、もっと生産的な会話の基盤にはなるし、それが相互に有益な価値創造をもたらす。

自社のパーパスに関連した明確な道徳的立場を示し、さらにその道徳的立場を裏付けるつらい選択をしない限り、道徳的コミュニティは作り上げられない。ディープ・パーパス企業やリーダーは、人を怒らせる気はないが、世界についての明確なビジョンを伝えない限り、統合された道徳的コミュニティを創り出して、パーパスの業績的な便益をすべて実現はできないとは気がついている。多くの顧客、従業員などステークホルダーたちは、ナイキが広告にコリン・キャパニックを採用したときに賞賛したが、そうしなかった人も多い。立場を明確にすることで、ナイキはそのパーパスに命を与え、その意味を強化して、ナイキというブランドに関連した道徳的コミュニティを活性化させつつ、顧客側の自己選択を促した。パーパスに関連する長期的な業績改善は、おそらく短期で同社が失った売上低下を完全に埋め合わせられるはずだ。

四つのパーパスレバーを最もうまく引っ張るために、CEOはパーパスに関連した主要な問題について、活動家として発言することに慣れる必要がある。最近は活動家的な態度を取り、各種の社会問題や環境問題について立場を述べる重役が増えている。リーダーたちはアクティビズムを強化して、それが本気で意味あるものと思わせねばならない。たまに論説を書いたり、自社のウェブサイトにブラック・ライブズ・マターのステッカーをつけたり、Facebookの広告を数週間止めたりするのは簡単だ。一貫性を持って発言し、個人的に大義を掲げ、その大義に関連するイニシアチブにお金をつけるとなると、話はまったく変わってくる。

リーダーたちはアクティビズムを深めるのをためらってきた。いつ態度をはっきりさせるべきか、どの大義を支持すべきか自信がなかったからだ。ここでパーパスが価値あるガードレールとなる。企業がパーパスを使ってイノベーションの分野を絞り、その分野内でもっと広く深く進めるようになるのと同様に、リーダーたちはパーパスを使って、世の中の気高い多くの大義の中から、深く広く支持すべき少数の大義を選《よ》り分けられる。自分や自社が追求するパーパスに基づいて、重要となる問題に強い立場を採ろう。それ以外のものは決然と避けよう。強い道徳的コミュニティはそのようにして構築されるのだ。善行をしつつ利潤を挙げるようなコミュニティがそれだ。

Facebookのような企業から顔を背けるかわりに、そこから教訓を引き出そう。社会での自分の役割を見直すのに遅すぎることはない。あなたとチームが感情的に共鳴し、気高く思える啓発的なパーパスを見つけたら、そのパーパスをやってみてはどうだろうか？　ディープ・パーパスは理想主義的すぎて不可能だと近視眼的に主張する連中は脇に押しやろう。逃げ口上はやめよう。ウソの約束をするのはよそう。取り組んで深入りしよう。そうしないと、自分の組織やそのステークホルダーたちだけでなく、業界全体にも損をさせていることになる。Facebookのパーパスとの苦闘は、ハイテク部門全体の評判と収益に損害を与えるが、ビューラー社のパーパス追求は食品バリューチェーン全体を引き上げる。あなたの残したいレガシーは何だろうか？

ここまで私たちは、リーダーや企業がパーパスに深入りするのを妨げる定義上の問題に注目してきた。リーダーはパーパスについての発想を変え、意思決定へのアプローチも変えるべきだと論じた。だが私の研究が示すように、ディープ・パーパス・リーダーたちはまた、大半のリーダーたちに比べ、組織内でパーパスを活性化するのもずっとうまい。リーダーたちが通常は頼る、標準的な変化マネジメント技法を超えて、ディープ・パーパス・リーダーたちはもっと細やかな戦略を活用し、存在理由を核としてプロセスや構造をはるかに十全に配備するのだ。

こうした戦略の最初のものは、パーパスそのものの表現に関係する。パーパスはどこから来るのか？　組織はどうすればそこに聖なるものの感覚を吹き込めるだろうか？　ここで私たちは、道徳的コミュニティという概念に立ち戻ってヒントを得られる。宗教はしばしば、信仰や慣行を豊かな歴史的伝統に根差したものにすることで、信者たちのために意味を創り出す。ディープ・パーパス・リーダーたちも、かなり似たことをやる。パーパスのおかげで、組織が望んだ未来へ向けて自信を持って先を見られるようになるなら、ディープ・パーパス・リーダーはパーパスを自社の過去に根差したものにすることで、その正真性を高められる。それは組織を、自分自身の最も根源的で、活性的で、時間を超えた部分と再びつなげるのに貢献する。その部分とは彼らの不滅の「魂」だ。

第4章

パーパスの真の源：前を見ながら振り返る

パーパスを定義するとき、ディープ・パーパス・リーダーたちは過去を振り返り、創業者や初期の従業員たちの意図に入り込んで、企業の不滅の魂や本質を捉える主題を探す。この歴史への注目で、パーパスにさらなる重みが生じ、結果として感情的なつながりが深まって、存在理由への献身が高まる。パラドックスめいているが、それはまた未来への橋渡しにもなり、リーダーたちが意味ある一貫した地に足のついた道を描き出すのに役立つ。

前に飛ぶが、不思議なことに宙を舞いつつ後ろを見る鳥を想像してみてほしい。ガーナの民間伝承はまさにそんな生物を描いている。サンコファという神話上の鳥だ。体は前を向いているのに頭は後ろ向きというサンコファは、過去の叡智《えいち》が将来に取り組むのに役立つことを象徴している。[*1]

サンコファは、ディープ・パーパス組織とそのリーダーの心構えについて重要な点を捉えている。それを理解するには、そうした企業の一つとそのパーパス追求を検討しよう。

あるシナリオから始めよう。遠からぬ過去に、あなたは幼稚園の先生として、子供たちに手をあげておもちゃをお互いに共有するよう教えていた。それに満足できず、あなたは経済学の博士号を取り、数年はコンサル業界で働いた。それからおもちゃ会社の戦略トップになった。それから3年、大金持ちの創業一族が大ニュースを持ってくる。あなたにCEOになって、会社を好きに経営していいと言うのだ。弱冠35歳で。

スゴイ話、ですよね？

そうでもない。同社はすでに百年近く存在しており、世界で最も認知度の高いブランドの一つだが、もはや死に体だ。過去10年にわたり、新種のビデオゲームや電子おもちゃへと子供たちの興味が移るのに追いつこうとして、同社は方向性を見失い、あまりに多くの方向で機会を追い求め、利潤をないがしろにした。利益率は激減し、同社は初の赤字を出した。既存CEOは所有者一家の御曹司だが、その職にとどまりつつも、低迷企業を回復させるので有名なリーダーを連れてきて（メディアは彼を「企業修理屋」と呼んだ）、COO〔訳註：最高執行責任者〕にして大きな変化を行う権限を与えた。残念ながら、この新COOの手法――レイオフ、製品デザインの中央集権化、生産の合理化、顧客への直販方式の開発――は不十分だった。あなたがCEOになる前年、売上は26％暴落し、同社は3億ドル以上の損失を計上した。

企業修理屋をクビにしてあなたを採用したとき、所有者一家は過激な動きをした。大企業を率いるよりも、子供の鼻水を拭く経験のほうが多い人物に会社の命運を託したのだ。外部の野次馬たちは信じられない思いだった。所有者一家は気でも狂ったのか？　そうかもしれないが、すでに決まったことだし、いまやこの大企業と何千人もの従業員の運命はあなたの手中にある。会社の業績を回復させられなければ、一家は同社をグローバルな競合他社に売却しなくてはならず、あなたはコンサルに逆戻りか、幼稚園の先生に戻る羽目になりかねない。さあ、どうする？

ヨアン・ヴィー・クヌッドストープは、2004年10月にデンマークの企業レゴ社のCEOになったとき、この難問に直面した。[*2] 当初は戦略開発主任として雇われた彼は、それまでの数年を同社周辺の個別業務についてのコンサルとして活動し、さらに最近では、非公式にCOOの代役を務めていた。同社の直面する課題の規模を理解しようと苦闘する中で、それがいかに大事業かがわかってきた。1993年から2002年に、レゴは帳簿上では利潤を計上していたが「実際には経済価値を16億ドル失っていた」（低リスクの国債と実質収益率を比較した結果だ）。[*3] クヌッドストープがこれを取締役会に報告し、将来について厳しい予測を出したとき、これでクビになると思った。だが取締役たちや所有者一家は、現実に直面するしかなかった。ある従業員によれば、「事態がいかにひどかったか、ちょっと説明できないほどです。来年はもうレゴはなくなっているという感じがありました」。[*4] 彼をクビにしたり、その提言に従って事業を売却したりするかわりに、所有者一家は彼をCEOに任命して、会社を救うために絶体絶命の最終計画を考案する手助けをしてくれと頼んだ。

クヌッドストープはまず同社の安定化を図った。成長する前にまずは「生き残るために闘う」必要があると気がついたからだ。[*5] レゴ社の「問題の8、9割は、内部要因の結果」で外部要因のせいではなかった、と彼は回想する。製品が複雑すぎ、在庫が激増して損切りが増え、費用が激増し、効率が下がり、アカウンタビリティもない――このすべてが問題となった。[*6] クヌッドストープは製品ポートフォリオを大幅に単純化し、組織を単純化することにした。中核事業以外からは撤退し、製造プロセスを外部委託し（その過程で何千人もの労働者をレイオフした）、小売業者との関係改善に努めた。まずは同社の赤字垂れ流しを抑えることだ。これは成功した。２００５年末に、レゴは再び黒字になった。これはコスト節減だけのおかげではなく、同社の製品が単純化して売上が伸びたおかげでもあった。２００６年の利潤は前年比で3倍になり、売上も増え続けた。[*7]

ビジネスの経済面が落ち着いたので、クヌッドストープは同社を持続的な成長路線にのせるため、社内改革に乗り出した。２００６年には消費者とのつながりを改善し、イノベーションを増し、製造能力をオーバーホールして、同社製品にさらに単純性をもたらすため、戦略的・組織的なオーバーホールを開始した。だがクヌッドストープはまた深く目をやり、同社が掲げるパーパス、あるいはクヌッドストープが「精神」「本質」「アイデンティティ」と呼ぶものとのつながりを回復しようとした。「回復するにとどまらず、変革したいなら、ブランドの本質、独自のアイデンティティを見つける必要がある。（中略）そのアイデンティティを見つけるのは、人生のパーパスを見つけるのと同じだ——それを決めるのは自分ではないし、経営陣ではない。理性的な選択ではない。自分の天命は『決める』ものではない。感じるのだ」[*8]

クヌッドストープとそのチームは、同社を動かす精神を感じるために、知的発見の旅に乗り出した。彼は語る。「これは広告代理店といっしょに、すごい広告キャンペーンを意図してでっちあげたようなものではない。2年にわたり質問をする旅だった——そしてそれ以来ずっと、絶えず果てしなく『これは本当か？　私たちは本当にそんなことを信じているのか？』と自問する旅が続いている」[*9]。クヌッドストープが話してくれたところでは、このプロセスで大量の従業員だけでなく、何百人ものレゴ製品ファンの大人たちとも話をして、「このブランドと製品について彼らが本質的と考えるもの」に耳を傾けた。[*10] またMITメディアラボの教授ミッチ・レズニックなどの外部専門家にも相談した。クヌッドストープはレズニックを「遊びを通じた学習の理論においては神託者のような存在」と評する。[*11]

こうした検討と並んで、クヌッドストープは多くのイノベーティブで先見性を持つリーダーが驚きそうな方向も探究した。レゴ社の歴史に没頭したのだ。レゴ社が前に飛ぶ支援をするために、サンコファ鳥と同じように振り返ったのだ。組織研究者マイケン・シュルツやトー・ヘルネスが記録したように、レゴ社は以前も振り返りを行っている。2000年に同社は「私たちはなぜここにいるかを思い出す」というパンフレットを作り、読者に子供の創造性と学習への専念が同社の中核なのだと思い出させた。[*12] 今回、リーダーたちはレゴ社の歴史をさらにさかのぼり、この会社がそもそも何を目指していたかを理解しようとした。クヌッドストープは、一次情報を参照して「第3世代の所有者とかなり時間を過ごした。というのも彼はある意味で創業者だからだ。レゴが(1958年に)発明されたとき、彼は11歳だったんだ。私は彼の遍歴を理解しようと、かなりの時間をかけた」。また「製品設計で30年以上過ごした人々」と面会して、レゴ社の中核製品の根底にある発想を理解しようとした。[*13]

クヌッドストープは、同社の存在理由はレゴブロックといった個別のおもちゃよりはるかに広いものを包含しているのだと気がついた。それは創業時の発想である「よい遊び」の提供と関係していた。この概念はレゴ社創業時に展開されて、1950年代には「遊びのシステム」概念へと発達していた。1932年にオーレ・キアク・クリスチャンセンがレゴ社を創業したときには、自分の工房で手作りの木製おもちゃを販売していたが、子供たちに創造性と成長を可能にする遊びの機会を提供したいと考えていた（「レゴ」という名前自体が、「よく遊べ」というデンマーク語の単語二つをつなげたものだ）。[*14] クヌッドストープが気がついたように、レゴ社の持続的なパーパスは、子供が学習し、成長して、創造的かつ論理的に取り組む健全な機会を提供することで、人類に奉仕することなのだった。[*15] このパーパスは、クヌッドストープ自身も個人的に共感するものだった。彼はレゴ社本社近くで育ち、レゴのおもちゃで遊んでいた。それに加えて彼の家族も、エンジニアの父親（人生への着実で理性的なアプローチを強調）と学校教師の母親（自由闊達《かったつ》な創造性を育んだ）の組み合わせだったのだ。

クヌッドストープによる過去への旅は、同社の創業価値と使命に新たな光を当てた。彼も発見して大いに興味を惹かれたのだが、クリスチャンセンの息子は、同社とその仕事を導くように意図したお題目を木に自らの手で刻んでいた。「Only the best is good enough（充分よいのは最高のものだけ）」。[*16] クヌッドストープにとって、この一節は同社が使命を追求する精神や心構えをあらわすもので、同社の古参従業員が初期のエートスとして記憶するものに体現されていた。[*17] このフレーズはやがて、無用な完璧主義と手を加えすぎた複雑すぎる製品を意味するものと理解され、人気がなくなっていた。クヌッドストープの解釈はちがった。「私は、この一節は私にとって、絶え間ない努力、あるいは継続的な改善、あるいは弊社が子供たちに最高の遊び材料を提供するべきだという意味なのだと決めた。奉仕する小売業者にとって常に最高のサプライヤーになるべきだ。常に最高の職場であるべきだ。だから私にとってこれは、ただの良い会社ではなく、偉大な企業になれというこだわりなのだ」。[*18] クヌッドストープはまた「充分よいのは最高のものだけ」をもっと広く捉え、同社を「子供たちにとって充分よいだけでなく、ステークホルダーすべてにとって充分よい存在になる」という約束だと解釈した。[19]

このモットーは単なる器用な言葉遊びではなかった。パーパスと密接につながったこのモットーは、同社のイデオロギー的な核心でもあり、将来の繁栄の基盤でもある。つまりこれは、レゴ社固有の、サンコファ的な飛び方を開発する鍵なのだ。自社がその深い使命を見失ったと確信したクヌッドストープは、「充分よいのは最高のものだけ」を自分のリーダーシップにおける中心的な信条にして、それを制度化し、万人にその意味をわからせた。スピーチやメールその他のコミュニケーションで「充分よいのは最高のものだけ」を絶えず参照した。また彼は、創業者の家を買い取り、それを社史博物館にすることまでやった。またこのモットーを自分のオフィスに掲げ、創業者の家を買い取り、それを社史博物館にすることまでやった。「私は本当に人々に『1932年からまっすぐやってきたこの精神と会社の創業を忘れないようにしよう。そこに現代的な解釈を加えよう』と語る旅に出たんだ[20]」

パラドックスめいているが、レゴ社の過去についてのこの認識は、同社を未来に向けてさらに決然と前進させることになった。自社の歴史的なパーパスを再発見することで、従業員などのステークホルダーたちも活気づき、同社についての印象を改めて、その戦略への献身を強化した。自社を、独特で高度な「遊びのシステム」を提供する企業として理解したことで、レゴ社はその後数年にわたり、広範な成長戦略を追求することになった。顧客や小売業者との絆を深め、中核製品を取り巻くイノベーションを拡大し、社内生産に復帰し（かつて同社は生産を外部委託した）、複雑性に前よりうまく対応し、新たな情熱と決意をもって行動した。その結果は驚異的だった。2007年からの4年（これは2008年のリーマンショックも含む時期だ）、レゴ社の税引前利益は400％増え、ハスブロー社やマテル社といったライバルを圧倒した。

私が研究したディープ・パーパス・リーダーたちは、クヌッドストープのように、振り返ることで前に飛ぶサンコファ的な企業に自社を変えた。こうしたリーダーたちは自社のパーパス・ステートメントを自分で思い描いて恣意的に押しつけるかわりに、それを見出したり「検出」したりした。[*21] 自社の実存的な意図を定義するときには過去を見がちだった。ありがちなインタビューやグループインタビューや集会を開くかわりに、ディープ・パーパス・リーダーたちは創業者や初期の従業員の意図に没頭し、自社の不滅の魂や本質を捉える主題を探し求める。この歴史への関心がパーパスにさらなる重みと、神聖さすらもたらす。組織はステークホルダーと企業との間にもっと深い情緒的なつながりを創り出し、全員をしっかり定義され、整合的で啓発的な道徳的コミュニティに統合する。[*22] こうすることで、組織は望ましい未来に向けてかつてない力強さで動く能力を発達させるのだ。

道徳的コミュニティとしてのビジネス企業

ビジネス世界では「道徳的コミュニティ」という用語はあまり耳にしないので、しばらくこれについて考えてみよう。社会学者エミール・デュルケムは、小規模な前近代的非都市コミュニティをあらわすためにこの用語を使った。そこの住民はお互いに個人的な顔見知りで、共通の道徳意識を持っていた。[*23] 現代でも、探そうと思えば道徳的コミュニティは見つかる。小さな信仰集団で、信者たちは寄り集まり、お互いを支え、同じ基本的な信仰を熱狂的に共有している。あるいは共通の価値観を持ち、しょっちゅう顔をあわせ、信じてくれない人々に力をあわせて自分たちの見方を広げようとする、地元政治活動家たち。「共通の倫理的な約束を通じてお互いに結びつき」お互いの倫理的な対立を解決しつつ進む医療労働者たち。[*24]

道徳的コミュニティにいる人々は、世界についての共通の道徳的観点のおかげで、仲間意識と帰属意識を体験する。彼らは「聖なるものとの関係において統合された信仰や慣習の体系」を持つ。[*25] 彼らはまた「共通の道徳的目標追求において支え合う関係を示す」。[*26] そして彼らは、その集団と広い大義のみならず、起こりそうな個別の外部課題に取り組む活動においても共通の献身感覚を持つようになる。[*27] 道徳的コミュニティの参加者にとって、集団が直面する各種の苦闘は、何か抽象的な遠いものではなく個人的なものに感じられてくる。彼らから見ると、集団の成否は自分たちの成否でもある。

こうした執着が個人的だからといって、道徳的コミュニティが常に小さく親密というわけではない。もっと大きく匿名性を持つ状況でも道徳的コミュニティに近いものは見られる。たとえば前近代的な民族集団がそうだ。古代ヘブライ人たちは、神が他の民の中から自分たちを選び、エジプトで奴隷制から解放して、約束の地カナンに定住させたのだと信じていた。[*28] ナショナリズムの主導的な学者アンソニー・D・スミスによれば「選ばれるとは道徳的な責務の下に置かれるということである。選ばれるときの条件は、ある道徳的、儀式的、法的なコードを遵守するということだ。そしてそれを続ける限りにおいてしか選ばれない。選別の特権は、聖別された者だけに与えられ、ライフスタイルが聖なる価値の表現となった者だけに与えられるのだ」。[*29]

現代の国民国家もまた、神話づくりを通じてアイデンティティや道徳的コミュニティを創り出す。アイデンティティに関連した聖なる目的や使命を自分たちのために定義づけるのだ。スミスによれば「ナショナリズムは前近代の民族選別という聖なる神話の世俗的現代版なのだ。ナショナリズムは、ネイションになりたい人口群に自律性、統合、アイデンティティを求めるイデオロギー運動であり、その情熱、決意、強さを国民としての使命や運命についての信念から得ている。そしてこの信念はさらに、民族選別という強力な宗教神話に負うところが大きい」[*30]。お祭り、儀式、余暇、民謡、国歌などの発明された伝統は、国民コミュニティを過去に根づかせようとするものであり、集団アイデンティティに血肉を与えようとするものなのだ[*31]。

ほとんどの会社やビジネスリーダーは過去を無視し、未来に注目したがる。過去は組織の足を引っ張り、変化を受け容れにくくして、大胆に未来へ進めなくしてしまうのではと恐れる人もいる。国民や民族集団が、共有の歴史を通じて連帯感を構築するのはわかるが、ダイナミックで競争的な環境で生き残ろうと苦闘している組織にとっては、話が別だ。だが一部のリーダーは、組織の歴史に隠れた便益を見出し、国民国家がアイデンティティとそれに対応した道徳的コミュニティを構築するのとまったく同じように、神話づくりや想像された伝統に目を向ける[*32]。ビールのカールスバーグ・グループを考えてみよう[*33]。クラフトビールだらけの競争の激しい市場で繁栄しようとしたカールスバーグは、1990年代末に同社の初期の長老が採用したラテン語の一節を再発見した：semper ardens（常に燃えている）。この長老は、この一節を石に刻んで会社のモットーにしようとした。そしていまや、社内のチームがこの一節を、手作りのマイクロブリュー式ビールの新ライン名として使っている。

会社の社史倉庫に入りこんだ従業員たちは、同社の創業者、そのビール製法、さらに同時代人が彼を題材にしたアートのことまで学ぶことになった。この材料を使って、新製品を製造販売し、特注のボトル、レーベル、製法を作り出した。チームメンバーたちにとって、semper ardensのモットーを製品として復活させるのは、会社を創業物語や超越的な価値観とつなぎなおすということだった。一人が説明してくれたように、「情熱、誇り、献身、そういうのがSemper Ardensの教えてくれたことでした。そして伝統も教えてくれました。つまり老醸造人がどんなビールを意図していたかということです。だから私には、彼がこの会社をどうしたかったのかというもっと大きな図式と方向を揃えるという責務がありました。それもまたSemper Ardensの名前にはこめられているんです[*34]」。

10年ほどして、同社はsemper ardensを企業アイデンティティ説明文書に含めた。その文書では決意と挑戦の共通精神で結ばれた事業体とされていた。「Semper Ardens——常に燃えている——というモットーの下で創業された私たちは、決して止まることなく常に改善を渇望します。私たちがいっしょになると強いのは、最高のやり方やアイデア、成功を共有するからです。多くのブランドを持ってはいますが、一体となっています。挑戦し、試し、リスクを取る勇気により、私たちは常に目標を引き上げます。すごいビールの醸造で止まったりしません。もっと偉大な未来を醸造するのです——消費者や顧客のため、社会のため、人々のためにです[*35]」

このステートメントは、はっきりとしたパーパスは定義していないが、最後の一行はかなりそれに近い。意図を述べると同時に社会的な論理も示しているからだ。この社会的論理に暗黙に含まれているのは、道徳的価値観だ——「もっと偉大な未来」が何かという感覚だ——そしてそれを実現させるという約束もある。一部の従業員は実際、semper ardensをパーパスと受け止めた。一人はこう述べた。「パーパスは必要です、高次のパーパスがね。そして（アイデンティティ文書は）構築されていまや使われ始めた高次のパーパスなんだと思います[36]」

道徳的コミュニティは、通常は価値観だけでなく共通のパーパスを核として形成される、集合的アイデンティティの感覚を共有している[37]。ビジネスの文脈だと、アイデンティティとは組織の中で時代を経ても維持され、その組織を独特なものにする要素と考えられる[38]。この定義を念頭に置けば、アイデンティティとパーパスを別々に考えるのはむずかしい。アイデンティティは実存的な問題である「我々は組織として何者か？」に答えるし、パーパスは「なぜ我々の組織はここにあるのか」という質問に答える。自分の何たるかを考えると、会話は自然と将来に向かい、みんなをまとめあげる価値にあふれるミッションや意図が出てくる。同様に、パーパスを熟考し「我々はなぜここにいるのか」という問題を考えて答えようとする組織の人々は、しばしば独自性を感じ、自分たちをもっと大きく、持続的で独特なものの一部と感じるようになる。

パーパス・ドリブンなビール会社を、教会、寺院、シナゴーグに似た道徳的コミュニティと評するのはいささか大風呂敷に思えるかもしれない。だが広い社会学的な意味ではこれは成り立つ。少なくともその近くには到達できる。過去に踏み込むことで、カールスバーグ・グループは失われていた道徳的価値群と関連したパーパスを掘り起こし、それが従業員などのステークホルダーから見れば、聖なるもの、あるいは気高いものとして成り立つ。このパーパスとそうした価値観は、従業員などのステークホルダーが受け容れられるアイデンティティ基盤を形成し、社会にかわって行動を啓発できる。カールスバーグはもちろん実存的な明晰さや意味、焦点、パーパスを従業員の人生の隅々にまで与えられるような「教会」ではない。だがsemper ardensのおかげで、従業員がつまらない日常業務を超越して、他の人々と共同でそれを行える場として機能できるのだ。

過去に見出す聖なるもの

カールスバーグが試みたような神話づくりは、「正真性」をもたらすことで、ステークホルダーの目に会社を聖なるものへと高める傾向がある。「正真性」とは、創業者の初期の職人基準や道徳的価値観に忠実であり続けるという感覚だ。[*39] ディープ・パーパス・リーダーたちは正真性から生まれる聖性を理解しており、それをまさに存在理由に適用する。レゴ社のヨアン・ヴィー・クヌッドストープのように、こうしたリーダーは会社の歴史を精査し、会社の初期のミッション、ビジョン、道徳的価値観に関する創業的な真実を研究して、絶頂期にリーダーたちが、逆境を克服してビジョンを実現するために採用した英雄的な手法を記述する。ディープ・パーパス・リーダーたちは、可能ならば引退した創業者をこうした試みに引き込む（マイクロソフト社のCEOサティア・ナデラがビル・ゲイツと話すことでやったように）。ひとたび過去から抽出したパーパスを得たら、ディープ・パーパス・リーダーたちはそのパーパスを社内的に訴えるだけではない。会社にその過去を教え、創業者や初期の従業員が持っていた、正真な道徳的価値観や慣行や野心に対する畏敬の念を抱かせる。クヌッドストープがレゴ社でやったように、正真な物理的構築物と企業博物館を活用し、発信するもので個人的にも会社の過去の感覚を伝えようとする。

こうした活動は、強い情緒的なつながりを生み出しがちだ。カールスバーグでは、ある人事リーダーはこのモットーが人々を高めてお互いに結びつける力を持っていると示唆した。「とにかくみんな、自分が本当はどんなものの一部かについて、思い知らされたと思うんです。本当に大きなものの一部なんです。だからそういう感覚だったと思います。『スゲえ！』と言うんです」。極端な話をすれば、正真で歴史に根差したパーパスは、従業員と企業の関係を変えるのだ。この関係をただの取引で、非人間的で「厚みがない」と思うかわりに、従業員はそれを意味のある情緒的なものと見なすようになる。組織学者たちが昔から、企業が単なる経済的なつながりだけでなく、情緒的なつながりで人々をまとめられる可能性を指摘していたのはすでに見た通りだ。また、企業と従業員の間に存在する「関係的契約」の経済的な見方を超えて、敢えて「心理的契約」について語り、[*40]「仕事の構築」を通じて自分の仕事に個人的な意味を注入しようとする従業員を研究した。[*41]

企業が従業員にとって個人的なものと思えるのは、ここでことさら重要となる。情緒を喚起することで、「正真な」歴史に根差したパーパスは、組織との個人的な親密さが根づいて花開くよう奨励する。このようにパーパスは、潜在的には企業を非人間的な集団から、小規模で親密なコミュニティに近いものへと変革させるのだ。私とのインタビューの一つでクヌッドストープは、レゴ社のパーパスが社内で「これまでも今も、巨大なインパクトを持ち続けている」と証言し、従業員のやる気と「組織の雰囲気」を「一変させた」と言う。創業者との歴史的なつながりと「充分よいのは最高のものだけ」という発想は「まったくレベルのちがう同朋意識と帰属感と献身と情熱をもたらした。（中略）ブランドと会社とその正真性にとても強いつながりを感じている人をたくさん知っている」。[*42]同社従業員の献身スコアは、企業ベンチマークより一貫して高い。これは職場に存在する興奮の水準がどれほど高いかを示唆している。それは少なくとも一部は同社のパーパスと価値観のおかげだ。[*43]

第6章では、ディープ・パーパスがどのようにもっと親密で個人的なつながりを創り出すかを検討しよう。ここでは、こうした絆にはそれなりの費用がかかることは指摘しておこう。クヌッドストープはレゴ社従業員が彼や他のリーダーたちに、その歴史に内包された価値観に恥じぬよう期待していることを述べている。いまや同社は従業員たちにとって、実に大きな意味を持つ――パーパスにあまりに肩入れしている――ので、それを守りたいと思い、それをリーダーにも伝えているのだ。そしてむずかしい決断についての行動によれば、リーダーとして「やっていいことと悪いことがある。クヌッドストープ(中略)人々はそうした決断の中に、裏付けか反証を探し、それを遵守していないとすぐにシニカルになる」。また従業員たちは、ためらうことなくリーダーたちにも遵守を求める。「『別のやり方をすべきでした』とか『あのときの発言は正真性を欠いていたと思う』とか言う」。[*44] はるかな過去とつながると、パーパスはステークホルダーにとって、本気の話となる。リーダーたちは道徳的コミュニティとその価値観の守護者としての仕事を注意深くこなす必要がある。

未来を見つつ振り返る

これまで見た通り、ディープ・パーパス・リーダーたちは前に飛ぶが振り返る。会社の過去を純粋に懐古趣味的に解釈し、創業者や初期の従業員がみんな賢いと思って、その思考ややり方を複製したりするのではない。むしろ、存在理由を抽出するにあたり、過去とつながりつつ、決別しなくてはならないと認識している。パーパスを過去に根づかせつつ、それにとらわれないようにするために、ディープ・パーパス・リーダーたちが採用する三つの重要戦略を指摘できる。

戦略その1：過去の美化と邪悪化の緊張に特に注目

組織学者シエルク・イベマは、組織の過去との関係についてリーダーたちが語る、ちがってはいるが似たような二種類の物語を区別している。過去を美化する見方では、過去は「黄金時代」で、会社は残念ながらそこから道を踏み外したとされる。リーダーや従業員たちはしばしば、変化に抵抗して現代のアイデアややり方を非難するのにこうした見方を採る。二つ目のナラティブは、イベマが過去の邪悪化と呼ぶもので、過去は悪く、未来はよいものとされる。進歩的なリーダーはしばしば、現在に到る自社の制約や欠点を強調し、会社が衰退したのはそれが過去に根差していたからだとして、過去と決別して変化を実現できれば輝かしい未来があると述べる。伝統の足枷《あしかせ》を振り払い、大胆に前進するよう選択すれば、自社は独自の救済と贖罪《しょくざい》という壮大な物語を描けるようになる。[*45]

デジタルの攪乱と苦闘するオランダの新聞社内での熟慮を研究していたイベマは、新聞のアイデンティティや今の見通し、将来の方向性を議論する中で、職員たちが過去の美化と邪悪化の両方のナラティブを語ることに気がついた。同様に、私はディープ・パーパス・リーダーたちが存在理由を引き出すときに、両方のナラティブの要素を取り入れることに気がついた。彼らは自分自身を、過去と未来の橋渡しや、バランス役として描き出す。彼らの手の中では、過去が示唆するパーパスがもたらす未来は、伝統とは整合しつつもちがったものになる。

マイクロソフト社のサティア・ナデラが『Hit Refresh（ヒット リフレッシュ）マイクロソフト再興とテクノロジーの未来』で語るように、同社は彼がCEOに任命された2014年以来、伝説の過去（過去の美化）の単なる再興ではなく、面目ない過去との決別（過去の邪悪化）だけでもなく、会社を再生させる中で両方をやる活動の一環として、パーパスを検討していた。ナデラがマイクロソフト社変革の活動を回想した著書の原著副題そのもの──「マイクロソフト社の魂を再発見し、万人によりよい未来を想像する探究」──が、この過去の美化／邪悪化方程式の両辺を捉えている。ナデラが説明するように、彼はマイクロソフトを「モバイルファースト、クラウドファースト」の未来へと導こうと探究していた。だがこれをうまく実行するためには、マイクロソフト社がその戦略を内部から引き出し、テクノロジーを民主化して個人化するという会社の創業ミッションを再発見する必要があった。[*46] 同社は単に時の中で失った「魂」とつながるだけでなく、それ以前のものとはちがう「よりよい」未来へと目を向けねばならなかった。

マイクロソフト社の主任ピープル担当重役キャスリーン・ホーガンはパーパスを定義する9ヶ月のプロセスの中で、ナデラは進歩的な心構えと、マイクロソフト社の遺産への畏敬とをバランスさせようとしたのだという。彼は「過去に敬意を示しつつ未来を描き出したがった」[*47]。ホーガンは、この過去と未来への態度こそがこのプロセスから学んだ最も重要な教訓の一つだと述べる。彼女は、鍵となる要因はナデラ自身だったと言う。転回を率いる他の重役なら過去の規範や決断をすべて「ダメ」と決めつけ、自分の考えをそれに比べれば賢く正しいものとしたがるだろうが、ナデラはもっとバランスの取れた見方ができた。彼は過去に良い面も悪い面も見出し、そしてパーパスと、先へ進む広い道を描き出した。それはマイクロソフト社の過去とつながりつつ決別するものになったという。

戦略その2：過去についての批判的対話を育む

晩年のスティーブ・ジョブズは、社内で自分の遺産と知識を永続化させる方法を思案し始めた。興味深いことに、彼は公式の企業パーパス定義にあまり力点を置かなかった。従業員たちが会社のミッションを生きるかどうかを大いに重視していたが（彼はしばしばリーダーたちに「この惑星にぼくたちが置かれたのはこんなことをするためなのか？」と尋ねて挑んだという）、正式なミッションやパーパス・ステートメントを作って伝えるという活動は、彼にはまるで興味ないものだった。ジョブズは、もし従業員がそんなものを書き留めるような手間をかけたら、そこに含まれた発想の力が失われると感じたのだ。従業員たちはそのステートメントを壁に貼り付け、そのまま忘れてしまう。アップル社が最近で公式にミッション・ステートメントを広めるのに近いことをやったのは、COOティム・クックがどうやら突発的に、2009年の投資家との電話の中で、アップル社の運営を左右している基本原理をいくつか明かしたときだ（そこにはこんな一節もあった。「私たちは、自分たちがこの地球上にいるのは偉大な製品を作るためだと信じており、それは変わりません」[*48]）。ジョブズは、クックがこれを明かしたので、彼が同社の成功の裏にある「秘密のソース」を公開したのではと恐れて顔をしかめたという。

だがジョブズは自分の遺産と道徳的コミュニティを永続化させる方法について、他にも考えを持っていた。会社の存在理由について共通の理解を促進するのだ（彼がずっと以前に「情熱を持った人々」を重視して、彼らが「世界を改善するのを手伝う」と表現したもの）[*49]。2008年、膵臓がんにかかる数年前に、彼はアップル大学を始めた。これは同社の遺産を従業員たちに示す教材を作ったり、研修講義を実施したりする社内部門だ。ある元従業員の話では「スティーブは自分の遺産を重視していました。やりたかったのは、アップル社に独特のものを見て、そのDNAを次世代のアップル社従業員に吹き込める場を作ることです。自社をこれほど成功させたもののルーツに、ここまで深く検討を加えるための大学を持つ会社は、他にはありません」[*50]。

だがそれでも、ジョブズはこの場を、人々が「古き良き日々」崇拝に逆戻りするのを防ぐような形で設計しようとした。ディズニー社の経営会議にも所属していたジョブズは、リーダーたちがやたらに「ウォルトならどうしただろうか」と尋ねるのに驚いた。彼に言わせれば、リーダーたちはあまりに創業者を見上げるので、それがイノベーションを阻害する。彼は自分の後継者ティム・クックをコーチングして、自分、つまりジョブズならどうしたかなどとばかり尋ねずに、自分自身の道を描かせた[*51]。そして彼は、アップル社の他の従業員にももっと批判的でバランスの取れたアプローチを求めた。

かっちり定義されたパーパスを従業員の頭に直接叩き込んだり、ジョブズの深遠なる発言を一つ残らず崇拝したりするかわりに、アップル大学はもっと間接的なアプローチを採用した。ある観察者が述べた通り、同社はパーパスだけでなく「自分が人々の生活を変える最高の製品を作っているのだと信じる人々の独特な文化」を伝えようとした[*52]。このためアップル大学は従業員に、同社のリーダーたちが行った過去の行動や決断をいろいろ批判的に分析するよう求めた。[*53] 歴史的な事例研究を解釈して、従業員たちはジョブズの決断を脱構築して文脈化し、根底にある論理が現在直面している状況に当てはまる／当てはまらないか考えた。

ジョブズは、過去の決断やその根拠に従業員たちを埋没させることで、過激なまでの単純性やちがった考え方といった中核原理やパーパスを永続化させてほしいと思ったのだった。そうした原理のどれかから逸脱することにした場合も、少なくともどんなトレードオフをしているのか理解はできるはずだ。歴史との批判的な取り組みを育むことで、従業員は同社の独特でパーパスを含む文化にさらされつつも、過去の外側に知的空間を確保できる。こうしたものすべてから、従業員たちは同社のパーパスや中核価値を自分で抽出できるだろう。

戦略その3：パーパスをストレステストにかけよう

1943年にロバート・ウッド・「将軍」ジョンソン、製薬会社ジョンソン&ジョンソン創業者の御曹司は、同社を導く企業信条を作り上げた。この文書は、その後パーパスの企業表現として最も有名なものの一つとなったが、[*54] 第1章で述べたような、単一の包括的なパーパスや意図を掲げたりしない。むしろそれぞれのステークホルダーに対する同社への責務を概説している。[*55] 信条が明らかにしているように、同社は自分が主に顧客に責任を持つと考えている。「我々の第一の責任は、我々の製品およびサービスを使用してくれる患者、医師、看護師、そして、母親、父親をはじめとする、すべての顧客に対するものであると確信する」。一覧の最後にくるのが株主で、彼らに対して企業は「正当な報酬」をもたらす意図を宣言する。[*56]信条に加え、同社は最近になって正式なパーパス・ステートメントを採用した。現CEOアレックス・ゴースキー［訳註：現在はアップル社の取締役］はそれを次のように説明する。「私たちは人類のために健康の方向を変えるため、心と科学と工夫を混ぜます」[*57]

今日に到るまでロバート・ウッド・ジョンソンの信条は、ジョンソン&ジョンソン社では神聖なものだ。たとえばそれは、巨大な6トンの水晶と石灰石に刻まれ、同社のニュージャージー州にある本社に飾られている。[*58]だが信条は神聖不可侵にはほど遠い。1975年に新任CEOジェームズ・バークは、信条に今でも意味があるのか、それともそれをあっさり捨てるべきかを知りたがった。彼は社内で公式の会議を開き、そこでリーダーたちは信条の価値、特にその信条で言及されているあらゆるステークホルダーに奉仕する事業運営ができるのか、という点を議論した。その信条が150~200ヶ所の同社の施設の壁にかかっていることを指摘し、バークは「それがポーズとして存在しているだけなら、無価値どころかマイナスの効果しかないと思う」から排除すべきだ、と述べた。[*59]

バークの「信条の疑問視」の結果として、同社はその信条にもっと深く肩入れすることになったが、文書にわずかな変更は加えた（1979年と1987年に、環境配慮やジェンダーと家族に関連したもっと広い社会変化を反映するよう、さらに修正を加えることになる）。[*60]信条を検証する活動は、それがリーダーたちにとって持つ意味を明確にし、それに対するオーナーシップをみんなが持つようになった。信条はもはや、「昔からのやり方だから」と尊重するだけのホコリをかぶった文書ではなくなった。信条を検証することで、努力と献身を育む自己批判の倫理が信条に持ち込まれたようだった。バークの後継CEOの一人が述べたように「自分たちの価値観に恥じない活動をしているか絶えず考え、未来のために構築する方法を考えるということなのです」[*61]。

信条に改めて従うというバークの動きの賢明さは、10年もしないうちに同社が大惨事となりかねない危機に直面して明らかとなった。1982年にシカゴ地域のだれかが、ジョンソン&ジョンソン社製造のタイレノールに青酸をまぶし、いくつかの地元小売店の棚に交ぜておいたのだ。7人が死亡し、全国的なスキャンダルとなった。信条に導かれたジョンソン&ジョンソン社は、バークの指揮下ですばやく動いた。信条が求める通り、まず何よりも顧客の健康を気にかけた同社は、すぐさま全国の消費者にタイレノールの摂取をやめるように警告した。シカゴ地域の小売店からタイレノールをリコールしたことで、さらにボトルが二つ見つかった。汚染された製品が他の地域で見つかる可能性はほとんどなかったが、同社は念のため1億ドル以上かけて、全国的にこの製品を正式にリコールした[*62]。同社はまた、危機の間ずっと、しっかりと透明性をもって情報発信を行ったが、これまた信条の求めるところだった。6ヶ月以内に同社は、中身に手を加えにくくする新しい包装を導入した。今日、学者たちは同社の対応を「危機コミュニケーション史上で最もお手本のような事例」と考えている[*63]。

もっと最近では、信条を疑問視してから改めて献身するのは同社が道を踏み外してから回復するときにも役立った。2000年代にジョンソン&ジョンソン社は、いくつもの人気ある消費者向け商品で品質問題を経験した。たとえば子供用タイレノール、モトリン、ベナドリルなどだ。バーク時代のようにすぐに動くかわりに、同社は最初の品質面での苦情を受けてから、これら製品にリコールをかけるまで、2年近く手をこまねいたようだ[*64]。いろいろ問題はあり、中でも同社は製品の欠陥を隠すため、人を雇って小売店で、こっそりモトリンの怪しいパッケージを買い上げるようにさせていたらしい。[*65] 2010年の議会委員会は同社の上級重役を証人喚問した。数ヶ月後の二回目の喚問で、当時のCEOウィリアム・ウェルドンは議会パネルの前に立ち、同社のリコール遅れを陳謝し、「全面的なアカウンタビリティ」を認め、ジョンソン&ジョンソン社が「とても重要な教訓を学んだ」と主張した。[*66]

こうしたスキャンダルを受けて、同社の株価は低迷し、評論家は信条にいまや意味があるのかと疑問視した。一部のオブザーバーは、ウェルドンが信条を軽視して、何よりも利潤重視で経営を行ったのが悪いと述べた。このオブザーバーは語る。

「人々が本当に（この信条を）信じ、誇りに思っていたときがありました。でもそれははるか昔の話です」。むしろ「この信条の大きな機能は、ママのスカートに似ています――隠れ場所です――あるいはアメリカ国旗を体に巻きつけるようなものです。実際に起きていることから人々の目をそらすのです[*67]」。

2012年にウェルドンが引退すると、ジョンソン&ジョンソン社を回復させるのはアレックス・ゴースキーの役目となった。その初期の動きの一つは、同社をその信条に向けて集中しなおさせることだった――それを崇拝したりほめそやしたりするのではなく、それを批判的に評価し、それがいまだに意味があるかを見直すというバークのやり方に戻るのだ。2013年に、同社の70周年記念でゴースキーはジョンソン&ジョンソン社の関連会社250社の取締役たちに「信条に挑むセッション」を実施させ、信条を一行ごとに批判的に検討させた。[*68] 2017年に同社は社員2000人以上のグループインタビューを行い、信条を議論させて、それを改善するさらなる提案を求めた。この後者の議論が終わって、ゴースキーとそのチームは文書を更新し、患者への力点強化を反映させ、社内の包摂性と多様性の重要性を明確にし、職場のニーズ変化に対応し、「人々がより健康」でいられるようにする意図を表明した。[*69]

ジョンソン&ジョンソン社の歴史が示唆するように、企業はパーパスを疑問視させるようなジレンマや危機に直面する。実際、最近の同社のオピオイド問題への関与は、同社のパーパスの新たな試練となるものだ。こうした課題に直面して、パーパス・ステートメントはゴースキーが信条について述べるように「生きて息づく文書」でなくてはならず、「タイムリーだが悠久でなければならない」。[*70]この面で、パーパス・ステートメントは過去と未来の橋渡し役となれる。同社が過去に敬意を示し（過去の美化）、新しい道を描く（過去の邪悪化）のを両方できるようにするのだ。ゴースキーが同社の年次報告に書いたように「弊社の信条は、ビジネス上の決定を導くのに使う道徳的コンパスであり、私たちがどのように活動して世界を気にかけるか示す設計図なのです。私たちの信条は、現在と未来を形成し続ける豊かな遺産、活気ある職場文化、企業DNAをつなぐ『赤い糸』なのです」。[*71]

リーダーたちへの教訓

確立した企業が破綻寸前になると、しばしば部外者をCEOとして招き、こうした「改革名人」たちに新しい枠組みやアプローチを実施させ、自社の豊かな過去はまったく気にしない。こうした過激で、スパルタ的なアプローチは、そのときは賢明で、必要不可欠なシステムへのショック療法に思える。だが彼らはしばしば失敗する。クヌッドストープ以前のレゴ社の場合もそうだった。本章では、つまずいた会社を再活性化させる、別のもっと効果的な道筋を検討した。過去に根差すパーパスに改めて頼る、というものだ。クヌッドストープやナデラのようなディープ・パーパス・リーダーたちは、悠久で超越的で神聖に思える存在理由を見つけ出すことで、会社を回復させる。過去を未来への橋渡しとして扱うことで、企業の初期のエネルギーまたは「魂」を回復し、企業をいつの日か達成しようとする独特な使命に奉仕する道徳的コミュニティに変える。こうしたリーダーたちは深く、情緒的で個人的なつながりを創り出しつつ、組織に規律あるイノベーションと変化の道標《みちしるべ》を提供し、さらに未来へと跳躍する動機ももたらしてくれる。要するにそれは組織に対し、サンコファ鳥の独特な力強い飛び方を教えてくれるのだ。

御社のパーパスは、部分的にせよ全面的にせよ、過去から導かれたものだろうか？　自社の初期の歴史と、創業者の信念、信条、精神を調べるのに時間をかけたことはあるだろうか？　直感に反するかもしれず、いささか面倒にすら思えるかもしれないが、過去へ戻る旅こそは、既存パーパスの理解と献身を深めるか、あるいはまったく新しい、もっと意味ある、もっと正真なパーパスを開発するために、まさに御社が必要としていることかもしれないのだ。好調な時期には、そうした旅は組織をさらに高水準のイノベーションと業績に向けて押しやれる。1970年代のジョンソン&ジョンソン社がそうだったように、それは将来の危機に向けた回復力と対応力を改善できる。御社が2000年代初頭のレゴ社のようにすでに苦闘しているなら、ヨアン・ヴィー・クヌッドストープがやったように、過去の思慮深い探究を使って、自社の全面的で長期的な再生を内部から引き出そう。

過去を掘り起こすにあたり、単に歴史的事実をそのまま報告するべきではないし、過去に埋没してもいけない。むしろ、クヌッドストープがやったような取り組みをしよう。過去を能動的に解釈しつつ、常に片目で未来を見据えておくのだ。パーパス・ステートメントの形で述べることにより、いまなお啓発し、活気づけ、人々を未来に導き続けるような、初期ビジネスの要素を見つけたいのだ。それが組織に意味を与え、重要な使命のために選ばれたという感覚を与える必要がある。同時に、過去の失敗もしっかり見据えるべきだ。社史研究者でレゴ社歴史博物館を管理するリネ・ヘイハードが強調するように、同社は「充分よいのは最高のものだけ」というモットーを裏付ける啓発的な物語を語る一方で、過去のまちがいについても危機として語る。[*72] こうした率直さはレゴ社のイメージを悪化させない。それどころか組織とその創業者に人間味を与え、同社の過去との取り組み全体をもっと信頼できるものにしている。レゴ社博物館への訪問者は、同社の創業者や初期従業員たちが、不完全な人間でありながらも、逆境に打ち勝てたのを見ることで、個人的で意義深いつながりを築くのだ。
レゴ社の博物館は、ディープ・パーパス企業の歴史との取り組みが持つ別の面を示してくれる。それが継続的で終わることのないプロセスだという性質だ。クヌッドストープがレゴ社の歴史検討を始めてから10年以上にわたり、同社の博物館は重要な役割を果たし、消費者に同社の持続的な精神を伝え、新しい従業員を引き込む重要な地点となっている。自社のパーパスを定義しようという同社の活動も続いている。２０１９年にレゴはさらにその存在理由を深め、将来の方向性を研ぎ澄ますために、ミッション・ステートメント（「ひらめきを与え、未来のビルダーを育もう」）とその「精神」（「充分よいのは最高のものだけ」）と並んで「ビジョン」を定めた。このビジョンによると、同社はいまや「遊びを通じた学習の確立とイノベーションのためのグローバルな力」となろうとしている。[*73]レゴ社の過去認識に根差すこのビジョンは、同社が遊びを通じた学習を公然と支持することで、そのビジネス全域においてもっと広い社会貢献を強調するように促している。[*74]
レゴ社は今でもパーパス探究の恩恵を被り続けている。その売上は過去10年で激増し、２０１９年には51・6億ドルになった。２０１０年には22億ドルにとどまっていた（２０１７年には売上が激減したが、その後回復した）。[*75]純益は2倍以上になったし、[*76]同社は世界で最も有名なブランドの一つと認知され、あるランキングではディズニー、ロレックス、フェラーリといった企業を抑えて4年連続1位になった。[*77]クヌッドストープは２０１７年にＣＥＯを退き会長になったが、その後継者ニールス・B・クリスチャンセンの下で同社は今も、意思決定に強いパーパス意識をもって臨んでいる。

リーダーたちはひとたびパーパスを定義したら、当然ながらその存在理由を組織の中に埋め込まなくてはならない。それには、それをうまく伝えるのが重要ということになる。だがそうした伝達はあまりにしばしば平板で、社内や社外の聴衆から見て無理があり、わざとらしいと思われ、印象に残らない——またまた「ご立派」だが最終的には無意味なご託宣が、お偉いさんたちから出てきただけ、と思われるだけだ。組織に対してパーパスを伝えるのに、本当に心に訴え、聖なるものの強力な感覚を追認し、整合性ある道徳的コミュニティを保つにはどうすればいいのか？　その鍵はリーダーたちが、あの最古にして永続的な伝達手法を全面的に使うことだ。その手法とは、物語だ。

第5章 あなたは詩人？　それともただの作業員？

パーパスを伝えるにあたり、ディープ・パーパス・リーダーたちはスローガンやシュプレヒコール以上のことをやる。自社について、壮大で基盤となるような物語を語り、会社に深みと意義と、詩情さえもたらすのだ。この物語を伝えるとき、彼らは個人的な言葉でパーパスを論じ、共有のオーナーシップ感を確立し、現在において急いでパーパスを受け容れねばならないという焦燥感を引き起こす。物語を通じ、多様なステークホルダーを道徳的コミュニティとしてまとめあげ、彼らと会社との間に強い絆を創り出す。

世界的なヘルスケア企業のシニアリーダーになったと思ってほしい。あなたや世界中からの同僚200人が、豪華な南国リゾートに集まって、年次のリーダーシップサミットを開催しようとしている。やることは、食べ過ぎ、飲み過ぎ、交流し、前年の好業績を祝い、次年度の戦略を見ておくことだ。

開催セッションは、リゾートの大宴会場で壮大に開かれた。CEOが壇上に立って基調講演を始め、彼らの顔はスポットライトで照らされる。彼らは少し冗談を飛ばしてからみんなを歓迎し、前年度の結果がきわめて誇らしく、これから明かそうとする戦略についてどんなにワクワクしているかを述べる。と、ここで彼らの顔が急に真面目になる。「が、ここで、なぜみんな毎日会社にやってくるのかを、今一度思い出しましょう。本当に重要な人々にスポットライトを当てましょう。私たちの顧客です」

部屋中が静まり返り、彼らの背後の巨大なスクリーンが明るくなる。三十代前半の弁護士「サム」についてのちょっとしたビデオが映る。ナレーターによれば、数年前にサムはいろいろ不安な症状が出て、医者に診てもらったという。菜食主義者で自称「フィットネスマニア」として五回目のフルマラソン出場に備えるサムは、過去一年の大半にわたり、だるくて気分がすぐれなかった。当初は、ストレスの多い仕事と、わんぱくな2歳児の育児手伝いの疲れが残っているだけだろうと思った。医者に行く暇はなかったし、深刻な話があるとはまったく想像もしていなかった。

何ヶ月か過ぎてもだるさは収まらず、しばしば吐き気と便秘も伴った。サムはまた病気がちになってきたのに気がついた。月に一、二回は寒気と微熱で会社に行けなかった。それでも医者にかからず、たぶんちょっと不運なだけだと思った。いつものように「気合いで乗り切る」つもりだった。だがこの1ヶ月というもの、体がおかしくなっていた。三キロも走らないうちに、止まって息をつかねばならない。通常なら睡眠7時間で充分なのに、いまや9時間寝ても疲れが取れずに元気が出ない。

医師はサムに、一連の検査で「何が起きているのか調べましょう」と述べた。サムは医師の顔に浮かんだ心配そうな表情を見て同意した。翌日、医師の助手から電話があり、すぐに来てくれと言う。悪い報《しら》せだ。サムは珍しいがんにかかっていた。その週末に生検の結果が出て、かなり進行していることがわかった。余命2年に満たないという。

サムと、妊娠7ヶ月の妻は呆然とした。サムは仕事を休んで、なんとかがんに打ち勝とうと、いくつか標準的な治療を始めた。残念ながら効かなかった。6ヶ月後、サムはますます気分が悪くなり、いつも寝てばかりで全身に痛みを覚えていた。階段を下りるだけでぐったりしてしまう。検査を見ると、がんは悪化しただけではなく、医師の予想よりはるかに急速に広がっているのだ。年末までもちそうになかった。

ネットで調べたところ、サムはこのヘルスケア企業が考案し、現在フェーズ2の臨床試験に入っている革新的な治療法のことを知った。医者の後押しを受けて、サムは一時的に国を横断して引っ越し、この臨床試験に参加した。3ヶ月にわたって治療を受けた。ほとんど即座に気分が改善した。治療開始から1ヶ月で、街区を一周歩けた。3ヶ月たつと、運動できるほど元気になった。スキャンを見ると、がんはほとんど消えていた。6ヶ月の時点で、がんは検出不能になっていた。カメラに向かってサムはこう語った。「どんなに感謝してもしきれません。以前はあれほど病気だったのに、人生を取り戻せました」。ビデオの最後は、サムが居間で赤ちゃんと遊んでいるのを、感謝に満ちた妻が眺めている様子の映像だ。

そこでCEOが口を開く。「さあ、それではサムに登場していただきましょう」。日に焼けた、精力的な若者が壇上にあがり、腕には赤ん坊を抱えている。その妻が後に続き、幼稚園児の手を引いている。部屋中が立ち上がり、喝采する。声援と口笛があたりに満ちる。見回すと、強面の古参社員たちが目から涙をぬぐっている。あなたにもその気分が伝わる。ボスはおっかないし、組織は完璧ではないし、家族と過ごす時間も少ない。それでも、毎日出勤するのはこのためだ。このためにこそうちの会社はあるんだ。サムのような人を助けるために。

大企業で働いたことがある人は、たぶんこの「サム」物語のようなものに出くわしたことがあるだろう。公式の社員総会でこの手の話は何十回も聞いたし、それはヘルスケア企業に限ったことではない。ソフトウェア企業なら、大口顧客のCEOを連れてきて、会社の製品とサービスを絶賛し、それが弊社には欠かせませんと言わせるだろう。旅行業や飲食業などのサービス企業なら、顧客ニーズを満足させて揺るがぬ忠誠を得るために従業員がどれほど頑張ったかを述べる。製造業のコングロマリットは、エンジニアたちが創り出した最先端の技術の話をして、それが法人顧客や経済全体にまでどれほどの影響を与えたかを述べる。企業はまた、従業員たちがCSRイニシアチブの一環として行う社会的な善行を描くことも多い。恵まれない人を頑張って助け、危機に対応し、若い世代を助け、世界をもっと良い場所にした社員を賞賛するのだ。

企業がこうした話をするのは、理由あってのことだ。それが従業員などのステークホルダーにやる気を出させ、情熱と活気をもたらすからだ。みんな、世界にとってよいことをしていると感じたい。勤務時間を積み上げ、売上をたて、利益を増やしているだけとは思いたくないのだ。顧客や従業員をめぐる啓発的な物語は、組織を和らげ人間的にするし、自分たちが財務業績を超越した何かパーパスに奉仕しているのだと伝える。そしてこうした物語は、単に組織のパーパスを伝えるだけではない。それをドラマに仕立てる。効果的なストーリーテリング——時間を超越するいくつかの出来事についての描写という最も広い意味でのもの——は、パーパスが目の前で息づく様子を見せることで、人々にパーパスを感じさせるのだ。[*1]

従業員と顧客の物語は感動的ながら、通常はディープ・パーパスを感じさせない。つまり、組織のやるすべてを左右する実存的な意図までは伝えられない。ヘルスケア企業の重役なら、自社製品がサムのような人々を助けたのを見たら嬉しいだろう。だがそんなビデオを観ても、組織の実存的な意図はなかなか理解できないかもしれない。[*2] 弊社はあらゆる病気をなくしたいのか？　人を長生きさせたいのか？　病気のときに助けるだけでなく、健康を維持させたいのか？　世界にどんな深遠な変化をもたらそうとしているのか、そしてその意図を生み出したのはどんな価値観か？　そういう明晰性がないと、会社や同僚たちに対し、強い長続きする道徳的なつながりは感じられないかもしれない。みんな顧客を助けたいとは思っているだろうが、真の探究で結ばれてはいない。社会的および商業的な便益をもたらす、野心的な目標を達成するために協力しているのではないのだ。

ただのエピソードではない――大きな物語

これに対し、そこでシニアリーダーが介入すべきなのだ、組織の実存的意図を想起させ、それを強調すべきなのだ、という人もいるだろう。リーダーはなんとかして、個別の「いい話」を超えてもっと広い形でパーパスを伝え、会社を持ち上げ、多様なステークホルダーを道徳的コミュニティとしてまとめあげ、彼らと会社の間に強い情緒的な絆を引き起こすべきなのだ、と。リーダーたちは会社について、壮大で基盤となるような物語を語り、組織に深みと意味と、詩情さえもたらす必要がある。会社の価値観や軌跡、宿命を喚起して、人々の心に残るようにして、日常の経営的な現実を理解するための持続的な文脈を提供すべきなのだ、と思うだろう。

ディープ・パーパス・リーダーたちはまさにそれをやる。確かに一回限りの「いい話」もするが、説得力あるマスターナラティブ――私が「大きな物語」と呼ぶもの――も創り出し、会社として外部世界に自分たちがもたらしたい、一貫した野心的な変化を描き出す。[*3] このナラティブの一環として、彼らは現状を批判し（会社、業界、資本主義全体などが対象だ）、必要とされる変化の規模を確立する。道徳価値を反映した未来を想起させ、世界がどうあるべきかを述べる。そして結集の叫びを上げ、全社に結束して、こうした実存的な意図を実現するために勇猛果敢に闘ってほしいと言うのだ。現在と望ましい未来、および会社の遠き過去をつなげることで（第4章）、ディープ・パーパス・リーダーたちは会社とステークホルダーたちを、神聖で超越的な探究を行っている存在として描き出す。

彼らはステークホルダーたちを道徳的コミュニティとして描き出し、ある人が「道徳的潜在力」と呼んだものを解き放つ。これは勇敢に行動して気高い野心に奉仕し、挑戦に打ち勝つ能力を指す。[*4] 価値観を受け容れ、将来ビジョンに興奮したステークホルダーたちは、大胆で誇り高く、決然として統合される。単に集合的な探究の話をするにとどまらず、意味ある行動をしようと促される――力をあわせて。

ディープ・パーパス・リーダーたちは、未来についての大きな物語を広めるのを、リーダーシップの根本的な仕事と見なす。都合のいいパーパスのリーダーたちは、パーパスを中心とした人々の動員を短期的なブランド構築活動と見なしがちだが、ディープ・パーパス・リーダーたちは何年もかけてマスターナラティブの強化に献身し、それを彼らの任期の決定的な特徴に仕立てる。彼らは自分のナラティブの要素を各種の機会に繰り返して、大きな物語の基底部分を例示するような、もっと小さな裏付け話を語る。彼らはナラティブ構築者としての自分の役割にあまりに没頭し、大きな物語をあまりに完全に信じ込むので、それを自分のリーダーシップ全般に吹き込み、それに準拠した形で行動し、転回する変化の物語を支えるようにする。

パーパスにかなった成果

ビジネスのアイコンであるインドラ・ヌーイは人生で多くの障壁を突破してきた。保守的なインド家庭に生まれた彼女は、女子に開かれた機会が限られ、18歳までによい夫をつかまえることを期待する、伝統的な文化の中で育った。それでも彼女はティーン時代に女子チームでクリケットをやり、女子ロックバンドに参加した。数年後に彼女は両親に、アメリカに行かせてほしい、奨学金でイェール大学の院に行きたいと頼んだ。「良家の保守的な南インドのバラモン女子がそんなことをするなんて、前代未聞でした。そんなことをしたら、その子は結婚不能な商品になってしまうからです」[*5]

だがヌーイの両親は同意し、友人たちがアメリカで彼女の様子を見るのに同意するなら、イェールに行かせてやろうと言った。[*6] 彼女はやがて卒業し、すさまじく成功した企業キャリアを築いた。ボストン・コンサルティング・グループとモトローラ社にしばし勤めてから、彼女は1994年にシニアストラテジストとしてペプシコに加わり、2001年には同社のCFO兼社長となった。この役割についた彼女は、ペプシコのリストラを成功させる手伝いをした。その一環として、ピザハット、タコベル、KFCなどのファストフードフランチャイズを別会社（ヤムブランド）にスピンオフし、また2001

年にはクエーカー・オーツ社〔訳註：シリアルを製造するアメリカの企業〕を140億ドル近くで買収した。

その間ずっと、ヌーイは自分の文化に根を下ろし続けていた。その理由の一部は、彼女の人生で強力な存在である母親が、それ以外の道を許さなかったからだ。ヌーイの回想では、家族にCFO兼社長への大昇進を告げたとき、母親は最初はちっとも感銘を受けた様子がなかったという。娘の成果を祝い、誇りを表明するどころか、ヌーイに雑用を言いつけた。ヌーイが家に帰ると、母親はビジネスでの成功がどうあれ、彼女は相変わらず伝統的な女性の役割を維持しているのであり、「あのろくでもない王冠はガレージに置いてきなさい」と述べたそうだ。[*7]

ヌーイがガレージに残すべき王冠は、間もなくずっと大きなものになった。2006年にペプシコは、彼女を史上初の女性CEOにしたことで、全国ニュースの見出しを飾った。当時、フォーチュン500企業で女性CEOがいる会社は他に1ダースに満たず、インド生まれの重役は企業トップの中にはほとんど見かけなかった。オブザーバーたちはペプシコの決断を絶賛した。しかもそれは、単に多様性の大義を促進したから、というだけではない。[*8] 前任者のスティーブン・レイネムンドといっしょに、ヌーイはペプシコを率いて、すさまじい成功期に導く中で重要な役割を果たした。2001年から2005年、ペプシコの総売上と純益は激増し、時価総額は2001年に850億ドルだったのが、970億ドルに増えた。[*9]

だがそれまでのヌーイがどれだけ成功していたにせよ、その傑出した成長路線を彼女が継続できるかははっきりしなかった。アメリカなどの市場では、肥満などの慢性病の比率上昇についての抗議が高まりつつあった。公共保健担当役人などのオブザーバーたちは、スナックやソーダのメーカーを悪者視しており、彼らが顧客を脂肪、砂糖、カロリーで満ちた中毒性の食物漬けにしたのだ、と糾弾した。[*10] 消費者の嗜好も変わりつつあった。ペプシコの主力ソーダ製品は売上が下がり、もっと健康と思われているスポーツドリンクや水の販売が増えていた（ソーダ消費量は２００４年を頂点として減少を続けている）。[*11] 加えて、国内でも国際的にも、気候リスクが迫っていて、企業も政府とともになんとか対応しなければならないという認識が高まりつつあった。ペプシコでの仕事を引き受けるにあたり、ヌーイはこうしたトレンドを先取りしつつ、同社の宿敵コカコーラにも打ち勝たねばならなかった。

実はヌーイには計画があった。彼女はそれを２０１８年の引退まで掲げ続け、彼女はこれにより複数のステークホルダー資本主義の前衛に立つことになる。ＣＥＯになって間もない２００６年、「パーパス・ドリブン」「コンシャス資本主義」といった用語が主流になるはるか以前に、ヌーイはペプシコを「パーパスにかなった成果」という新戦略を中心に方向付けるのだと宣言した。[*12] この戦略では、ペプシコは事業モデルを、商業論理と社会的論理の一石二鳥を追求する形に作り直すのだ。

この新戦略のもとでは財務業績は相変わらず最重視された。だからこそ、戦略の名前ではまず業績がきて、パーパスは先にこない。だが同社の製品ポートフォリオを見直し、環境問題に取り組むための広範なパーパスも不可欠となる。それは従業員にプライドを持たせつつ、全社的に消費者ニーズ変化に対応できるようにしてくれる。だから、成果はパーパスに「かなった」というわけだ。

「パーパスにかなった成果」には四つの部分がある。「財務的持続可能性」（株主のための持続可能な財務パフォーマンス）、「人間的持続可能性」（同社の提供製品を滋養に富んだものにすることで、人間の健康支援を強調）、「環境的持続可能性」（事業運営を持続可能にする活動）、「人材持続可能性」（ペプシコの労働力への投資）だ。[*13] この戦略の一環として、同社はそのスナック製品をもっと健康にして、ナトリウム、砂糖、飽和脂肪を減らすようにした。だが同じくらい重要な点として、もっと多くの製品——たとえばクェーカーオートミール——つまりドリトスやフリトスのような「楽しい」スナックや、ダイエットペプシやベイクドドリトスのような「オリジナルよりは体にいい」製品ではなく、健康で「体に良い」製品をもっと提供しようとした。[*14] 同社はまた、栄養情報をもっと記載し、教育環境では砂糖の多いドリンクを売らないようにするなどの手を講じる。[*15]

ヌーイが後に説明したように、ペプシコのパーパスは、「私たちは社会で果たすべき重要な役割を持ち、自分たちが社会の建設的な一員となるようにしなければならない」という理解に根差している。[*16] この広範な形での主張は、同社の製品をもっと滋養あるものにして、生産が環境に優しいようにしつつ、全体として良いコーポレート市民であるようにする、という話に翻訳される。だがメッセージとしては魅力的ながら、これはペプシコの株主たちの間にかなりの議論を引き起こした。ペプシコのライセンスを受けた独立ボトラーたちが「パーパスにかなった成果」を聞いたときには、同社がもうソーダの販売を抑えて売上を減らすのでは、と恐れた者もいた。[*17] 投資家たちも、ペプシコは長期戦略にあまりに肩入れしすぎて、既存製品への投資を減らして迷走していると感じた。あるアナリストはペプシコに、「自分たちの核心は砂糖と脂肪まみれのコーラ会社であり、それを人々は好んでいるのだと認識せよ」と促した。[*18]

一部の健康支持者たちは、もっと責任ある行動をしたいというペプシコの活動を、今日の私たちならパーパスロンダリングと呼ぶものでしかないと糾弾した。[*19] 一方、一部の従業員は古い習慣を捨てて、新しいパーパスに基づいて意思決定をするのに苦労した。ヌーイは同社のオレンジジュース・ブランドのトロピカーナが、その名前の下で「砂糖まみれの炭酸オレンジドリンク」を導入しようと計画したときの話をした。「そのチームは、ペプシコはお菓子めいた製品の導入を抑えるべきだというのをまだ理解していなかったのです[*20]」

ペプシコの大きな物語を語る

この根深い抵抗に対抗するため、ヌーイはその在職中に、新戦略をずっと促進し、内外向けの通信であらゆる機会を捉えて、パーパスについて語った。グローバル消費者エンゲージメント向け主任マーケティング担当重役をかつて務めていたフランク・クーパーは、ヌーイがCEOとしての初のスピーチで「パーパスにかなった成果」を発表したとき、そのフォローアップでメールを送り、職場集会で戦略について議論し、オフィスにバナーを貼り、同社ウェブサイトにメッセージを送るなど、各種の通信でそれを語っていたと回想する（「パーパスにかなった成果」はどうやら、同社本社のスクリーンセーバーにも使われていたらしい[*21]）。彼女は彼ら自身に対する直接報告を、「パーパスにかなった成果」の促進に使い、それがそれぞれの事業にどう影響するのかを説明した。「それは完全なサラウンド音響パフォーマンスでした。だからいずれ、みんな『パーパスにかなった成果』を熟知しすぎて、短縮形のＰｗＰで呼ぶようになったほどです」とクーパーは語る[*22]。

ペプシコの新しいパーパスを伝えるにあたり、ヌーイはたとえば、ある消費者が同社のヘルシーな商品を消費してダイエットに成功したといった、一回限りの感動話を語っただけではなかった。むしろ彼女の「パーパスにかなった成果」のプレゼンテーションは、自社とその運命についてのもっと広い、根源的なナラティブに埋め込まれていた。この大きな物語の要点は、こんな感じだ。「私たちは昔から、責任ある、しっかり管理された会社で、責任ある行動を採ろうとしてきました。でも世界は変わりつつあり、弊社も社会的責任を新しい水準に引き上げねばなりません。これからの年月で私たちはちがった種類の会社になり、ポートフォリオを変えて製品をもっと健康的にして、中核的な事業活動を社会的な善を行うものに変えるのです[*23]」

根っからの戦略家であるヌーイは、その大きな物語をデータと分析で根拠づけた。自分のチームに、ペプシコのビジネスを脅かすグローバルなトレンドを研究するように頼んだ。たとえばもっとヘルシーな食事を求める消費者の願望、水の希少性などの環境圧力増大、従業員が仕事に求めるものの変化などだ。通信の中でヌーイは、こうしたトレンドを引用しつつ、自社が単にお金を寄付するだけでなく、お金の儲け方を変えねばならないのだと論じた。なぜ自社が存在するかという感覚を深め、単に世界にスナックやドリンクを供給するにとどまらない、ミッションを認識しなければならないのだ[*24]。ペプシコがそれをやれば、消費者にとって今以上に有意義となり、社会のニーズにもっと敏感な未来が創り出せるのだ。ヌーイが2007年のインタビューで述べたように、それはペプシコを「21世紀の最初の20、30年を決定づける企業の一つ」にするであろう[*25]。それは同社が売上のもっと大きな割合を健康な食品から稼ぎ、環境への影響を減らし、労働者のニーズを満たすためにもっと貢献する未来となるのだ。

ヌーイの大きな物語は望ましくて道徳的に心を打つものだったが、同時に実現可能なものでもあった。

ヌーイのチームがこの新しいパーパスを社内的に広め始め、具体目標を設定し始めたときに行われたこの2007年のインタビューで彼女は、自社が「パーパスにかなった成果」の気高い目標をすぐには実現できないことを強調している。たとえば環境的持続可能性となると、その分野での進歩と財務的な要求とでバランスを取らねばならない。だが慎重な計画と規律により、ペプシコは次第にしっかりした進歩を遂げられる。「計画を敷いて、意図的にそれを目指したいのです」と彼女は言う。[*26]

ヌーイはまた、パーパスと業績は短期の利潤と長期的な社会への善との間でむずかしいトレードオフを必要とするのを認めた。顧客や投資家の需要が上がれば、「それが起こるたびに、私たちはとてもしっかりとそれを考え抜き、長期パーパスを見失うことなく、どんな行動を採るべきか決めねばなりません。というのも、もし完全に諦めて、何より業績が大事だと言ったら、それはまちがっているからです。こうした地雷原の中を慎重に歩いて行かねばならないのです[*27]」。「パーパスにかなった成果」は繊細な仕事だが、一体となって頑張れば実現できる、道徳的に心に響くビジョンなのだ。

道徳的な響きを持つ大きな物語を語るのは、ヌーイに限ったことではない。ダノン社が「より多くの人に食を通じて健康をお届けする」というパーパスを発表するにあたり、同社の元CEOエマニュエル・ファベールは「食品革命」への声高な声明を発表した。たとえば2017年の業界団体コンシューマー・グッズ・フォーラムにおける演説で、彼は食品業界がいろいろいいこともやる、大量の人々に食品へのアクセスを与え、「世界中の多くの場所から飢餓をなくした」と述べた。その一方で、進歩は予想外の副作用をもたらした。「たとえば非伝染性の病気の爆発や、地球資源の枯渇などです[*28]」。長年にわたり、業界は自分が引き起こした被害を否定してきた。いまや世界中の消費者は変化を求めており、食品産業は選択しなくてはならない。消費者と闘うのか、それとも「自分の究極の目標が、食品についての人々の独立主権に奉仕することだ」と認識するのか？　ファベールによれば、ダノン社は遠大な「食品革命」の先導を支援する道を選んだ。彼は仲間の食品業界重役たちも消費者や自分の従業員たちに耳を貸してこの戦いに加わり、「万人に永続的な食品独立主権を創り出す」支援をしろと主張する。[*29]

食品革命の呼びかけはファベールの他の演説や記者会見、企業の通信、ソーシャルメディア投稿にもあらわれた。ファベールはパーパスを説明したりつながったりすることで、ステークホルダーたちに情緒的に影響を与えるような小話も語ったが、説得力あるマスターナラティブを支持した。望ましく、実現の可能性があり、道徳的に意味のあるものだ。彼は会社の実存的な意図をドラマ化し、それを過去と現在につなげた。

「大きな物語」の背後の物語

大きな物語は、簡単に数行でまとめられるが、そうしたナラティブは見た目ほど単純ではない。ディープ・パーパス・リーダーたちは、それをたゆまずに、長期にわたりちがった環境や形式で伝える。固定した台本にしがみつくのではなく、基本ナラティブは維持しつつも、状況に応じてそれを調整したり拡大したりして、一部の要素を強調し、別の角度からナラティブに迫り、個別の論点を新しい形で例示するのだ。最初は一つの大きな物語に見えるものが、実はよく見ると、似たような重なり合う、相互に関連したナラティブの星座なのだ。これは一見すると計画性のない通信へのアプローチに見える。語りなおしたり、リーダーたちが個人的な逸話や、組織とその歴史に関する話や、企業が直面する目下の課題の話などを組み込んだりする中で、細部が変わってしまう。

なぜディープ・パーパス・リーダーたちはそんな複雑性を導入するのか？　それは不正確なのではなく、大きな物語の動機づけ能力を高めようとする努力なのだ。伝達にたけたリーダーたちはしばしば、豊かできわめて視覚的な言語を使い、ステークホルダーたちの頭に組織パーパスの共有感覚を焼き付けようとする。[*30] ディープ・パーパス・リーダーたちは、感覚的な言語を使うが、大きな物語がその情動力をさらに拡大するような形で展開し発展するのを容認する。彼らの、一見するとバラバラな物語の説明は、聴衆との親密感を確立しつつ、ナラティブの道徳的側面を強調しドラマ化するのだ。ステークホルダーたちと個人的につながるディープ・パーパス・リーダーたちは、ステークホルダーたちを、パーパスを核とした活発で道徳的な意欲を持つ運動へと動員するのだ。

政治オーガナイザーのマーシャル・ガンツは、リーダーたちが感情をかきたて、人々をパーパスに満ちた行動へと駆り立てるナラティブの、強力な三部構成モデルを説明している。[*31] カリフォルニア州でシーザー・チャベスのような社会活動家と並んで農場労働者を組織した、公民権運動のベテランであるガンツは、「不満を抱いているが、おとなしい公衆が政治変化を要求するために立ち上がれる」方法を説明しようとする。[*32] そうした変化は「自然に起きるものではない」と指摘し、彼はナラティブを「不確実性の条件の下で選択を行い、主体性を行使する勇気を与えてくれるような、価値観にアクセスするために使う、言説的な手段」と描いている。[*33] ナラティブは価値観を伝えるが、それを直接的で情緒的な形で行う。特にガンツは、「公的ナラティブ」が人々を行動へと動機づけるには、三つのレベルで絡み合う物語を語ることだと主張する。「自分」「我々」「今」だ。私が見出したように、ディープ・パーパス・リーダーたちは独自の社会活動家として機能する。こうした三種類の物語を語り、ステークホルダーたちを動かして行動させるのだ。

自分

公的ナラティブを作り上げるとき、リーダーたちはしっかり自分に焦点をあわせ、自分の起源、動機、望む行き先を喚起しなくてはならない、とガンツは述べる。そうすることでリーダーたちの信頼性は上がり、自分の道徳的価値を伝えてフォロワーたちを啓発して、人間的な水準で彼らとつながるのだ。ガンツの言う自分物語とは、別に適当な自分語りをしろというのではなく、人生の中で行った、劇的で己を定義づけた決断の話をしろ、という意味だ。「課題に直面し、選択を行い、結果を体験し、道徳を学んだ瞬間を伝えるのだ。私たちは自分を動かす価値観を伝えるのに、そうした選択点を選び、そこで何が起きたかを伝えるのだ[*34]」

ディープ・パーパス・リーダーたちは同様に、彼らが直面した「選択点」の道徳的に己の何たるかをあらわにした物語をする。そうしたむずかしい瞬間を共有することで、彼らは自分の弱さを示すだけでなく、その選択を通じて自分の価値観や信念を明らかにする。２０１６年の卒業式のスピーチで、ダノン社の元ＣＥＯエマニュエル・ファベールは、ある悲劇——兄の統合失調症診断とその後の死——がリーダーシップについての自分の見方を一変させ、パーパスへの信念に拍車がかかったという話をした。

彼は精神病院を相手にして、ホームレスたちと時間を過ごし、やがて兄の死に直面できた。そのすべては彼の平常性の感覚に衝撃を与え、価値観を変えた。

つまるところ、ファベールは選択に直面した。兄に対する恥ずかしさや嫌悪で身をひき、彼を拒絶したり距離をおいたりするか？　あるいは人間として大きくなり、兄を受け容れ、気にかけて学ぶくらい彼を愛しているだろうか？　ファベールは立派なことに、後者を選んだ。通常の栄光、お金、権力への渇望のかわりに、ビジネスにおける奉仕の中心的な重要性を理解するようになったのだ。

ファベールが卒業生たちに告げたのは、リーダーの役目は「パーパスに奉仕する方法を見つけることです。あなたを真の自分にするパーパスです。最高の自分にしてくれるパーパス、自分でも知らない形で最高にしてくれるパーパスです[*35]」。

兄の病気にどう取り組むかというファベールの「選択点」は、彼の価値観と道徳的認識の深さを明らかにしてくれる。どちらもいまや、彼はダノン社のパーパスを促進する作業に適用している。ファベールのスピーチに出会ったり、他の場所で彼の物語を知ったりしたステークホルダーたちは、彼がダノン社のパーパスに軽々しく到達したのではないことを理解する――それは、彼がどういう人間かという核心につながっているのだ。だからおそらくは彼を、もっと信用できる存在と見なし、ダノン社の未来に向けた探究で彼についていく気になるだろう。

物語は、価値観を伝えるにあたり実際の選択点を描く必要はない。ペプシコのＣＥＯの任期中に、ヌーイはパーパスへの個人的なつながりを強調したが、必ずしも単一の道徳的なうちあけ話には頼らなかった。場合によっては、上水道へのアクセスがない家で育ったという子供時代の体験を引き合いに出し、そのおかげで企業は地元社会に責任ある形で行動すべきだという確信が得られたと述べた。2011年の会見で彼女はこう回想している。「毎朝、ママは朝3時か4時に起きました。蛇口から水が出てくるのを待ちます。水道公社は中央貯水池から水を流して、水がチョロチョロ出てくるからです。そしてママは、水を入れられるあらゆる壺や鍋を見つけてきて水を入れ、子供たちとパパに、容器三つ分の水を渡せるようにします。それが一日の割り当て量でした[*36]」

この状況だけでも厳しかったが、巨大な多国籍企業が市内に工場を建てていて、それが大量の水を使っていると知っていたから、それがなおさら容認できなかったとヌーイは語る。そうした企業は、地元経済を支えて職を作るという善行をしていたとはいえ、同時に地元コミュニティの利益と厚生に明らかに被害を与える形で運営できるというのは、正しいとは思えなかったのだ。

2007年のあるとき、ヌーイは子供時代に、世界を変えるために何をするつもりかと母親に尋ねられた話をした。「今日なら、その答えがわかります。世界にとってよい力となる会社を率いたい。強い財務業績を挙げつつ、やることすべてでパーパスを支持する会社です[*37]」。別の機会には、ヌーイは人生の早い時期に、多国籍企業とその活動について得た印象についてもっと広い話をした。「彼らが雇用を創り出し、技術をもたらし、生活の質を改善できるのを見ましたが、やってきて地元の国からリソースを奪うのも見ました。最悪の部分と最良の部分を見て、心の奥深くで、CEOになったら自分の会社はまるで命のない存在であるかのような活動はしてはいけないと思ったのです[*38]」。こうしたあらゆる形で、ヌーイはペプシコのバラバラなステークホルダーたちが、ディープ・パーパスを追求する彼女自身の個人的な動機を理解する手助けをし、価値観を伝えて道徳的指導者としての信頼性を高めたのだった。

我々

組織などの集団も「選択点」を体験する。集団のアイデンティティと中核価値を明らかにする瞬間だ。リーダーたちはそうしたエピソードを描き出し、「コミュニティとしての我々を動かす価値観」を喚起し、我々を部外者と区別するような「我々」の物語を語るのが重要だ。ガンツが述べるように、「『物語』のない組織は、説明して動機づけに使えるようなアイデンティティや文化、中核価値がない」[*39]。

ディープ・パーパス・リーダーたちは、大きな物語を構築する中で「我々」の物語を語り、集合体への帰属感をかきたて、その集合体のために行動する義務感を引き起こす。ペプシコの2008年年次報告書で、ヌーイは組織にとってつらい一年だったものをまとめている。不景気と、商品価格の乱高下、ペプシの株価への市場圧力があった。「総じて、これほど事件の多い厳しい年は思い出せないほどです」。それでも「我が社の創意工夫が再び発揮されました。傑出した人々による弊社のチームすべてが、『できる』精神と『やらねば』責任感を発揮して、経済的、市場の課題に正面から取り組んだのです」。さらに重要な点として、組織はパーパスから目をそらさなかった。「2008年は、ミッションをあっさり放棄してもよかった一年でした。それがすでに私たちの文化に埋め込まれていなければ、この異常な状況で確かにそれは放棄されていたことでしょう。ですから2008年に私たちは、背景が厳しくなっても信念に忠実であり続けたのです」

同社は選択点を経験し、その行動により、価値観をどれほど重視しているかがはっきり明らかにされた。ヌーイは最後にはっきりと、自社を共有価値で結ばれた道徳的コミュニティとして位置づける。

「偉大な会社は、人々が共通のパーパスを持って集まるところです。そのパーパスを定義することで、それをボトルに入れようとすることで、私たちは結ばれているのです。それがこの報告書のあらゆるページに見られるメッセージです」。驚異的なことに、ヌーイは逆境を、強く回復力を持った道徳的コミュニティとしての会社のアイデンティティを再確立する機会に変えてしまったのだ。報告書のカバーページは、一つの明確なメッセージですべてを語っている。「私たちはパーパスにかなった成果」[*40]

今

納得できる公的ナラティブを伝えるには、リーダーはその集団が今直面している課題の物語を語り、現在行動すればよい未来につながるかもしれないことを語れ、とガンツは論じる。「今の物語は、今我々が直面する課題、やるべき選択、正しい選択をする意義を説明する。今の物語は過去、現在、未来を舞台とする。課題が今だ。それに対して行動すべきなのは我々の遺産とそこから生じた自分のためであり、今採る行動は望んだ未来を形成できるのだ」[*41]。この説明が示唆し、ガンツも認めているように、今の物語は課題を克服するための戦略が埋め込まれているので希望を喚起する。集団は、希望を受け容れてその戦略を堅持しなくてはならない。それが手元にある、道徳的な意思を示す選択なのだ。そして決めるだけではダメで、すぐに行動しなくてはならない。

2017年のLinkedIn投稿「食糧は人権であり商品ではない」で、ファベールは今の物語と解釈できそうなものを述べている。対象となっているのは、様々な聴衆で、潜在的あるいは未来の従業員、消費者、他の食品メーカー、一般社会などだ。[*42] 気候変動、栄養失調、環境劣化、非人道的な労働慣行といった全身性の問題を挙げて、彼はそれらの相互接続性を指摘し、根本的な課題につなげる。つまり人々を食べ物やその生産方法から分断する「世界的な産業食品システム」だ。緊急性を引き起こす表現を使って、ファベールはこの食品システムが「限界に達しつつあり」、同社と世界を切迫した選択肢に直面させている。この課題を真剣に捉えて食品システムを改革するか、それとも無視し続けて全身性の問題悪化を許すのか？

ファベールはこの今の物語を過去と結びつけ、ダノン社自身の歴史が行動を促しているのだという。というのも同社の創業者アントワーヌ・リボーは「経済的な価値創造と社会進歩という二重のプロジェクト」を構想していたからだ。ファベールはまた進むべき道を示唆し、正式な戦略ではないが、ダノン社が採用し始めた一連の意味ある手段を紹介する。Bコーポレーションになるといった第三者認証を求め、進歩的な従業員の福利厚生や方針を採用し、地元コミュニティに恩恵をもたらす計画を考案し、カーボンニュートラルになろうと頑張るのだ。ファベールは、市場のシフトが食品会社に新しい圧力をかけており、それが彼らを短期の利潤最大化に向かわせるかもしれないと述べる。これは業界が直面する道徳的な選択に光を当てる。食品革命にこだわって、世界をもっと健康で持続可能な未来へと移行させるだろうか？

ファベールは業界や消費者に、食品革命に向けてもっと頑張れと呼びかける。関係する業界プレーヤーたちに「人々が食品とつながりなおすための変化をもっと広く支持し、その先導役となるときは今だ」。そして続ける。「別の世界が可能だ。私は毎日、食べたり飲んだりするたびに、自分が暮らしたい世界に投票できると信じる。そしてCEOやリーダーとして、会社の運営方法を調整し、ブランドがそのコミュニティと相互作用する方法を調整する責任がある。これはリスクと機会に満ちている。私たちのビジネスモデル、企業の組織は、ひっくり返るかもしれない。いや確実にそうなる。だが出口はこれしかない。他の道はない。食べ物を解放しよう」

ファベールは食品会社に、今こそ立ち上がって「変化の主導役」になろうと言う。そうすれば、消費者などのステークホルダーたちと共に働くことで、「我々は集合的に、経験の蓄積、破壊的テクノロジーへのアクセス、集合的な知性を活用して本当の永続する食品独立主権を世界のために創り出した世代として記憶されることだろう」。輝かしいビジョンで、意義深いものだし、潜在的に実現可能なものだ。今の物語を語ることで、ファベールは探究を定義してステークホルダーにそれを進めようと呼びかけ、社会運動を動員しているのだ——今この瞬間に。

ディープ・パーパスを伝えるには、マーシャル・ガンツの「自分＝我々＝今」の枠組みを使おう

自分について語ろう……

個人的な信頼性を確立、道徳的価値観を描き出し、道徳的に自分を明かす「選択点」を人生から選ぼう。

我々について語ろう……

集合的アイデンティティと道徳的価値観を喚起しよう。そうした価値観を明らかにしてアイデンティティを固める「選択点」を伝えよう。集団への情緒的なつながりを喚起しよう。

今について語ろう……

聴衆を目下の課題や選択点とつなげよう。今日問題となっているものを喚起し、希望の感覚を喚起し、課題を解決する戦略を示唆しよう。

大きな物語を具象化する

あなたが老後時代を享受しているところで、子供はみんな育って世界中に散らばっている。彼らも仕事があるし自分たちの若い家族を育てる必要もあるから、望んでいるほどしょっちゅう連絡はもらえない。みんな自分の仕事を重視しているのは承知しているが、どんな仕事をしているのかは漠然としか知らない。ある日、郵便受けを開くと私信がある。感謝カードだ。しかも驚くなかれ、子供が働いている会社のCEOからだ——世界最大の有名企業の一つだ。このCEOは丸一段落使って、会社にあなたの子供がどのように貢献しているかを説明し、そんな子供という贈り物を会社に与えてくれたことに感謝を述べる。そんな私信をもらったときに感じる誇りを想像してみよう。自分が育てて人格形成を手伝った子供が、世界によい影響を与えていると知って大喜びだろう。

ヌーイはペプシコの上級管理職たちの親何百人もに対し、そんな私信を何百通も書き、彼らの子供が自社にもたらす影響を述べ、親として彼らが果たした役割に感謝した。講演などでの話によると、そうした手紙は莫大な情緒的インパクトを持っていたという。それもその両親たちだけでなく、親が大いに喜んだのを見た重役たちにも大きな影響があった。[*43] ヌーイはこうした手紙を、２００６年のインド旅行の後で書き始めた。そのとき母親が彼女を居間に連れて行くと、そこには訪問者の長蛇の列ができていたという。「みんな母のところに行って『娘さんを立派に育てましたなあ。さすがです。ＣＥＯですからなあ』と言うのです。でも私には一言もない」。この一件を回想して、ヌーイは両親が成功の下地を整えてくれたから、彼らも正当な評価を受けるに値するのだと気がついた。[*44] そしてペプシコの上級リーダーたちの親にもそうした正当な評価を与えようと決意した。２０１７年時点でＣＥＯを退任する前に、彼女は「グラスドア」で75％の高評価を享受している。[*45]

ヌーイの手紙手法は、人々が職場に誇りを持ち、その誇りは会社が自分の愛する者たちを気にかけてくれると知ればさらに強まるというヌーイの認識を反映したものだ。ヌーイの手紙書きは、「パーパスにかなった成果」に戻ってくるし、特にその「人材持続可能性」と「関係者のすべてがよりよい生活の質を実現できて、企業としての弊社が彼らを大切にしていることがわかるような労働環境を作る」へのこだわりにつながる。[*46] 意図的かどうかはさておき、ヌーイの心に触れる行動はパーパスのこの側面を、忘れがたい方法で活性化させ、それが組織の他の部分のお手本となった。彼女は「パーパスにかなった成果」について話すだけでもないし、それをお話で例示していただけですらない。実際に行動し、しかも自分の行動を特に目立たせることもなく、明示的にパーパスと結びつけることもなかった。彼女の行動があまりに正真で自発的に思えたし、しかも彼女が一貫してそれを続けたので、それが彼女のリーダーとしてのアイデンティティの、一部にして内容となったのだった。
私が研究した他のディープ・パーパス・リーダーたちは、大きな物語を単に口頭で伝えるだけでなく、それを具象化する手だてを講じた。これは意外でも何でもない。リーダーたちはそのマスターナラティブを信じ、それを自分の個人的な価値観やパーパスと完全に整合したものと信じている。ディープ・パーパス・リーダーたちはまた、リーダーシップが実践的なものだと熟知している。ステークホルダーたちが注目していて、その行動や言葉からヒントを得て、一貫しない部分があればすぐに説明を求めるのも知っている。説得力ある有効なスポークスマンであり続けようとする彼らは、大きな物語を自分個人に投影するので、ステークホルダーたちは彼らをごまかしがなく、信用できて、熱心にその物語の旗を掲げているものと受け止める。
一般的なマネジメントの枠組み用語を使うなら、ディープ・パーパス・リーダーは大きな物語を単に理解（知的に理解）するだけでも、やる（それに準拠して行動する）だけでもなく、大きな物語そのものになろうとする。[*47] 大きな物語をできるだけ充分に生き、自分自身の最も奥深いところを探る。究極的に、彼らはビル・ジョージが「正真なリーダー」と呼んだものになる。自分の最も奥深い信念や価値観、原理を熟知していて、それと密接につながり合っている存在だ。[*48]
ダノン社のファベールが、CEO退任前に語ってくれたことだが、彼はパーパスに関する発信を、戦略的な発想で行ったことはなかったという。出発点は、単に自分の最も深く内面的な確信とつながろうとすることだった。「私は自分のすべてで語っている。何かすてきなチームがいて『ねえボス、持続可能性の話をしたほうがいいですよ』と用意してくれた台本を読んでいるのではない。そんなことはできない。そういうのはすごくヘタなんだ。本当に信じていることを話しているだけなんだ」[*49]。確かにファベールは、このオープン性や正真性に注目を集める必要はなかった。私が自分の目で見た通り、それはすぐに明らかだった。そしてそのために、彼は組織のパーパスを強力に具象化しているように見えた。

同様に、ヌーイは、聴衆を惹きつけるのはメッセージの中身だけではなく、彼女がそれを内面化できるからなのだ、と示唆している。彼女は言う。「もしCEOが変化を感じられず、単にそれについて話をするだけなら、みんなすぐにそれを見抜きます」[*50]。ヌーイが確かに「パーパスにかなった成果」を感じていたのは明らかに見える。あるとき、ペプシ生誕地であるノースカロライナ州のニューベルンに傷痍軍人がいて苦労していると知ったヌーイは、あまりに感動したので現地のペプシ従業員に、同社製品を帰還兵の一家に送るように命じ、そこに個人メモを添えた。そのペプシ従業員もそれで感動し、ペプシのような会社で働けて誇りに思うと述べた。もしその従業員がパーパスに対するヌーイの献身が誠実なものかどうか疑ったなら、話はそれっきりだっただろう[*51]。

ディープ・パーパス・リーダーたちはナラティブ構築を、存在理由を埋め込むことについての熱意と真剣さをシグナリングするようなマネジメント行動で補う。ヌーイが「パーパスにかなった成果」を採用したとき、新しい戦略を拒否したリーダーたちを追い出して、何人か重要な重役を雇ったことで、真剣さを誇示してみせた。新規採用の中には元メイヨークリニックの内分泌科医もいて、それがペプシコの新しい科学担当重役となり、また世界保健機関（WHO）の元長官が、グローバル保健政策の副社長となった。彼女が指摘したように2008年不景気の真っ最中に、新任の科学担当重役の下で新しい研究開発活動に出資しようとしたことで、「パーパスにかなった成果」が「このまま変わらないのだというメッセージを組織内の到るところで強化した」[52]。

リーダーシップの特性は、道徳的な敏感さと判断力だけの話ではない――行動を採って、道徳的勇気を示す意志も必要だ[53]。行動を通じて実存的意図を実現することにおいて、ディープ・パーパス・リーダーたちは追随者たちの目に、意義ある個人的リスクを取ることでそのパーパスを具象化してみせる。研究によれば「自己犠牲的なリーダーシップのスタイルは、追随者を結集させる。ただしそのリーダーがあまりに専制的な行動をしなければ」ということが判明している[54]。一部のリーダーは、チームメンバーを犠牲にして横で見ているのを好むが、ディープ・パーパス・リーダーは突撃を率いて、自分でも勇気を示し、その中でチームメンバーに対する独自の信用を構築するのだ。

ヌーイは2010年代初頭に、投資家が同社の短期的な結果の低迷に不満を述べたときに勇気を示した。当時の『エコノミスト』誌は同社のアプローチを「健康にはよくても株主にはよくない」とまとめ、「インドラ・ヌーイの仕事次第だ」と報じた[55]。ヌーイは活動を控えるようにはしたが、「パーパスになった成果」にはしつこくこだわり続けた。これで彼女はパーパス主義者としての地位を固め、ステークホルダーたちにとってそれを具象化する存在と見なされるようになった。何年もたってヌーイのアプローチが商業的にも見返りをもたらすようになると、投資家もアナリストも彼女がその路線を堅持したのは正しかったと認めるようになった。

リーダーたちへの教訓

組織理論家ジェームズ・マーチらは、リーダーシップの「精査」と「詩情」を印象的に区別してみせた。[*56] リーダーたちは日々のビジネス運営で、合理的で経済的な決断を下して効率性と最適なパフォーマンスを達成しなくてはならない――それが「精査」、つまりビジネスの専門的、運営的な側面だ。だが、意義、価値観、パーパスも考えねばならない――それがビジネスの「詩情」だ。

他の学者たちがその後述べたことだが、「つまりリーダーたちは組織の社会構造に価値観やパーパスを組み込まねばならない」。そしてそれに対する組織のコミットメントが本物で持続的なようにしなくてはならず、一過性の上っ面にとどまらないものだと示さねばならない。[*57] 目標は、パーパスと価値観を徹底的に深く埋め込んで、ステークホルダーたちがそれを内面化し、自発的にそれを実現しようとすることだ。

私のディープ・パーパス研究は総じてリーダーの役割が持つ「ソフトな」情緒的、道徳的な側面を深掘りするものだが、本章ではディープ・パーパス・リーダーが文字通りクリエーターとして活動し、組織に実存的な意図を伝えようとする様子を示した。パーパスについて詩を書いたりはしない（少なくとも私の知る限り）。だがマスターナラティブは語るし、組織に呼びかけて気高い探究を行い、道徳的コミュニティとして機能するよう訴えるのだ。[*58]

自分のリーダーシップを見直して、組織の物語の主任語り部となっているか考えよう。そう、パーパスを説明するためにお話はするかもしれないが、大きな物語を伝えているだろうか？　そうしたナラティブの概略やエッセンスを伝えたとして、そのナラティブを毎年、リハーサルして、適応させ、ふくらませ、詳述しているだろうか、そして厳しい反対にあってもそれを続けているだろうか？　そして政治の啓発的なリーダーたちのように、あなたの道徳的価値観を喚起し、ステークホルダーたちが道徳的コミュニティに属していると感じさせ、いますぐ道徳的行動をするように備えさせるような、各種の下位の物語や埋め込まれた物語を語っているだろうか？

大きな物語への献身と親和性については正直になろう。物語は短期的なブランド構築活動だと考えているのか、それとも自分の役割の中核部分だと考えているだろうか？　大きな物語をどこまで本気で信じているだろうか？　それはリーダーとしての自分の本質を反映しているだろうか？　そもそも、自分の本質を理解できるほどの思索をしてきただろうか？　あなたの大きな物語が本当にあなたの中核的な信念に根差しているなら、マスターナラティブやその奥にある価値観について、ステークホルダーたちへのお手本となるような形で一貫した行動をしているだろうか？　他人はあなたを組織のパーパスを具象化した存在と見ているだろうか？

もしそうだとしても、パーパスを伝える仕事は決して終わりではない。一般性と具体性との間の基本的な緊張関係にも注意しなくてはならない。ある学者によれば「リーダーたちが組織の究極的な野心を伝えるのに使うメッセージは、パラドックスを含む。究極的な野心を意義あるものにする性質そのものが、従業員をして日常的な業務がそれとどう関わるのかを理解不能にしてしまうのだ」[*59]。パーパスが遠大なものになれば、それだけ個別従業員とその仕事には縁遠いものに思えてしまう。

似たような話が、マスターナラティブ構築活動についても言える。大きな物語は、道徳的な用語で探究と立場を定義づけるが、それが個人にとって持つ意味を完全には伝えてくれない。それをやるには、個別の聴衆に向けてメッセージをカスタマイズしなくてはならず、彼らの課題やニーズと直結させねばならない。私がインタビューしたディープ・パーパス・リーダーたちは個別の事業部や地域を相手に話すときには大きな物語を少し変え、彼らに理解できるような言葉や主題を使った。長期的には、こうしたリーダーは一般性と具体性、滑空するものと現実的なもの、詩と散文との間での慎重なバランスを育んだ。

ヌーイは自分の伝達活動を堅持し、「パーパスにかなった成果」をCEOとしての12年間にわたり維持した。彼女は一貫して、同社がビジネスを緊急に変換させねばならないと主張し、食生活と環境についての広範な懸念を利用しつつ、ビジネスの社会的役割に対する期待の高まりも活用した。株主や活動家からは相変わらず疑念を抱かれ続けたが、従業員や取締役会はそれを支持し、おかげで同社は戦略を立派に実践できた。あるリーダーによると、「本当に『パーパスにかなった成果』が会社の本質に編み込まれ、いまやそれが導きの呪文になっています――従業員みんな、それを誇りに思っています」[*60]。ヌーイの任期中に、同社は売上が80％増加し、総株主収益率は、S＆P500を上回るものだった[*61]。今日のペプシコは決してヘルスフード会社ではないが、2006年に比べると、より健康的な食品のポートフォリオの、売上に占める割合が2017年には上がっている（かつてはたった38％だったのがいまや50％）[*62]。食べて楽しいスナック製品も健康的になった（ヌーイが2019年に述べたように、レイズのポテトチップスは、「10年前に比べて塩分が20〜25%減りました」）。[63] 水の使用量も四分の一減らし、2200万人に安全な飲料水アクセスを提供して、リーダーシップの役職をもっと多様にした（女性トップマネジャーは2018年には40%近くを占めていた）。他にも成果はある。[64] オブザーバーたちは、ヌーイの人気をかなり好意的に見ており、一人は彼女が「染み一つない評判」を持ち、「大いに誇ってよい」という。[65]

大きな物語は組織に詩情を注入できる。人々を実存的な意図のまわりに結集させられるのだ。だが人々を日常業務の中で組織的なパーパス実践に向かわせるためには、リーダーはそれを従業員たちの個人的パーパスとつなげねばならない。そうすれば彼らも、それを自発的に内面から、正真で自然に思える形で引き出せるようになる。ディープ・パーパス・リーダーは、これをやるために他のリーダーよりも、自分が使えるある重要なマネジメントツールについて熟考する。そのツールが、文化だ。

第6章 パーパスの中の「自分」

ディープ・パーパス・リーダーたちは、組織のパーパスをチームメンバーの個人的な発展と成長に結びつけ、内在的な動機に火をつけて、はるかに高い水準の献身と業績を実現する。ディープ・パーパス・リーダーたちは、自己表現、成長、個人のパーパスを強調する、人道的で包摂的な文化を作り上げる。さらにそうしたリーダーは、個別従業員に対して、彼ら自身の個人的な存在理由と結びつけることで、組織のパーパスを彼らに体現させるのだ。

ナショナル・フットボール・リーグ（ＮＦＬ）は、年次スーパーボウル決勝戦の前に「メディアデー」を設け、対戦するチームの選手たちがジャーナリストと、最大1時間面会できるようにする。このイベントは一大スペクタクルで、あるオブザーバーに言わせると「エンターテインメントのサーカスとさえ言える」[*1]。選手たちは個性をのぞかせ、ジョークを語り、刺激的な発言をして、試合の興奮を盛り上げるようにする。

2015年の第49回スーパーボウル前のこのイベントは、シアトル・シーホークスとニューイングランド・ペイトリオッツの対戦で、ある一つのやりとりのおかげでことさら印象的なものとなった。ビデオ映像を見ると、スーパースター選手が混雑したアリーナの奥から姿を現している。筋肉質でドレッドロック頭の黒人であり、白いプラスチックのフレームをしたサングラスをかけ、平らで幅広の日よけがついた野球帽と、重たいチェーンを白のスエットシャツの上にかけている。

群集をかきわけて彼が演台にやってくるまでに数分かかる。一歩ごとに、ジャーナリストが写真を撮る。演台に彼が近づくと期待が高まる。「驚くような答えがもらえるか見てみましょう」とあるコメンテーターが言う。

この選手はマイクの前にすわり、開始時間だと告げる。マイクに身を乗りだして、サングラスで目を隠したまま、彼は言う。「よお、オレが今日ここに来たのは、罰金くらわないためだけだから。みんなそこにすわって好きなだけ質問してくれていいけど、答えは全部同じだから、せいぜい始めてくれ。ここに来たのは罰金くらわないためだ」

ジャーナリストたちは質問を叫び始めた。しかし、毎回その答えは「ここに来たのは罰金くらわないためだ」の変種だった。4、5分にわたり29個の質問が出され、29回にわたり「ここに来たのは罰金くらわないためだ」という答えが繰り返された。そして彼はさっさと立ち去っていった。[*2] 最も華々しい記者会見ではないが、みんなの印象に残ったのはまちがいない。

アメリカンフットボールのファンなら、この選手がシアトルのマーショーン・リンチなのは知っているはずだ。その年のメディアデーで、他の選手も登場して期待通りの応答を見せた。ペイトリオッツのスター選手ロブ・グロンコウスキーは、かつてテレビスターのパメラ・アンダーソンにぞっこんだったと語った。シーホークスのマイケル・ベネットは、自分がデンゼル・ワシントンに次ぐ世界で二番目にハンサムな男だと宣言した。だがリンチは、記者の問いに対して意味ある答えを拒否した。彼の何百万ドルもの契約条件として、メディアに対応しなければならず、NFLはレギュラーシーズンの間に会見に応じなかった彼に、10万ドルの罰金を科した。[*3] メディアデーをさぼったら50万ドルの罰金だとNFLに脅されたので、彼は形式的には契約条件を満たす迂回方法を考案したのだった。[*4]

こういう天の邪鬼な行動はリンチの典型だった。その攻撃的で、非常に肉体的なプレースタイルのため「ビーストモード」とあだ名をつけられたリンチは、NFLの傑出したランニングバックの一人だ(アメフトファンではない人のために説明すると、ランニングバックはボールを受け取り、タックルを避けながらそれを持ってフィールドを走る選手だ)。[*5] リンチは文字通り、2010-2011年プレーオフゲームの勝利をもたらした「ビーストクエイク」のランで文字通りの地震活動を引き起こした――シアトルのファンたちの歓声があまりに大きくて、地震計にも記録されてしまったのだ。[*6] 2014年には、デンヴァー・ブロンコスを撃破し、史上初のスーパーボウル制覇へとシアトルを導いた。

だがリンチはフィールドでは驚異的だったが、メディアはフィールド外の行動について彼を罵倒し、ルールに従おうとしない騒乱型プレーヤーだと決めつけた。バッファロー・ビルズに所属していたNFL最初の3シーズンで、彼はポジションでよい戦績を挙げたが、二回逮捕されている。2008年にはひき逃げ、2009年には無許可の武器所有の罪だ。[*7] ビルズとメディアは彼を、あるジャーナリストの放言では「がっかりさせられる存在で、いささか負担だ」と感じた。[*8]

シアトルでは、メディアを避けるというリンチの謎めいたやり方は、一部の人にはきわめて不遜なものと思われた。[*9] あるオブザーバーはこうこぼした。「ちょっとばかり答えてやればいいだけなのに。決まり文句を二言、三言。それでお役御免だ。そんなむずかしい話じゃない。ところがリンチの不遜な行動は、ますます彼に注目を集めるだけだ。いまや彼の試合後の行状がニュースになるほどだ」。[*10] またオブザーバーたちは、彼がタッチダウンのスコアを祝うとき、自分の股間をつかむという習慣も感心しないと考えた。おかげで彼は、何万ドルも罰金を払うことになる。[*11] メディアの中には、彼の前科をまちがいなく念頭に、彼を「チンピラ」と呼んだ。[*12]

リンチのふるまいをあまり気にしていないような人物が一人いた。シーホークスのコーチ、ピート・キャロルだ。リンチの「ここに来たのは罰金くらわないためだ」に続いて、彼はリンチの行いが「苛立たしい」かどうか尋ねられた。キャロルは笑って「いや別に苛立たしくはないよ。彼らしいことをやったまでだ……我々には負担でもなんでもない」と答えたという。[*13]

「自分」を解き放つ

キャロルの答えは、シーホークスのチーム文化と、きわめて成功したキャロルのリーダーシップ方式の核心から生じたものだ。アメフトのコーチは普通、専制主義的で、軍隊式とさえ言えるアプローチを採用することで業績を挙げる。厳しい規律と従属を選手たちに求め、ヘマをしたら厳しい罰則をかけるのだ。これに対してキャロルは正反対だった。彼は選手たちの個性をほめて支持し、それが天の邪鬼な行動につながっても平気だ。もちろん限界はあるが、その範囲内なら、彼は、人々が公然と自己表現するのを歓迎する包摂的な組織文化を作り出す。

キャロルが述べるように、チームの業績は個人の業績から始まる。チームメンバーが人間として花開くように解き放ち、創造力を行使して成長するよう自由にさせれば、集合的な目標促進も支援してくれる。「我々の文化は、個人の持つ驚異的な価値を実現することと、その発達を全面的に支援することだ[*14]」。

このためにキャロルは、選手たちを個人として見ようとする。典型的なアメフトコーチよりもはるかに、選手たちと継続的な対話に取り組み、個人的な哲学やパーパス感覚についても話し、個人的なニーズや願望を満足させようとする。ある選手はこう証言する。「彼は我々とすばらしい会話ができた。何か個人的な問題を抱えていると、必ずきてくれるし、それもフィールドに連れ戻そうとしている相手のようには思えない。何を考えているか理解して、何が起きて、どういう気持ちか理解しようとしている感じだ[*15]」

キャロルは、選手たちと信頼し合える個人的な関係を構築しようとした。それが彼らの成長を育み、その自己表現を支え、最適な業績の基盤を作る。選手たちはもちろん、頑張って厳しい業績要求には応えねばならないが、キャロルは優しさと共感を示す価値も理解している。彼が話してくれたことだが「自分の居場所で落ち着けて、受け容れられ、帰属感があると、自分の最高の能力表現を自分に許していい、最高のポテンシャルを発揮していいと感じる。(中略)その手の、自分がいちばん得意なことに打ち込む能力を発揮しやすい環境を構築しようとしている[*16]」。

個性と個人的な関係の文化を育むというキャロルの力点は、ディープ・パーパスを埋め込もうとするリーダーにとって重要な意味を持つ。キャロルが語ってくれたように、集合的なパーパスを核として彼らを活気づけるにあたり、組織として従業員の個性を育もうとする意欲は重要だ。「本当の姿や意欲が理解されたと思ってくれたら、彼らを集合的なパーパスに導入するつながりが拓けたことになる」[*17]。組織として、単にチームメンバーの個性を承認するだけでなく、自分が何者かについて、個人的なパーパスも含めて探究し深める支援をすることが重要だ、とキャロルは指摘する。これまで本書では、組織のパーパスについて語ってきたが、個人にもまた独自の個人的な存在理由がある。世界に与えたい影響について、心の奥底から感じている深い考えがあるのだ。その考えがさらに、彼らの仕事での活動に意味を与える。

個人のパーパスと組織のパーパスとの生産的なつながりは、明確なガードレールを与えつつ、個人の表現を賞賛する文化により固められる。キャロルは、組織文化が個人のパーパスと組織のパーパスをつなげることで、莫大な動機力を解き放てることを理解していた。彼に言わせると、組織がチームメンバーに対し、自分の個人的な哲学、アイデンティティ、存在理由をもっと深く理解できるよう支援すると、それだけチームメンバーは組織のパーパスにも貢献できる。キャロル自身も、個人哲学を発達させるようになって、コーチとしてはるかに成果を挙げられるようになったという。組織が人々に対し、自分の個人的な情熱、自己理解、成長の欲求を、共通の組織的な野心と整合させるようにインスパイアすると、「魔法」が起こると彼は言う。

ディープ・パーパス・リーダーたちはこの魔法を重視して、それを解き放とうとする。多くの企業は、パーパスを支援するために厳格な文化変革プログラムを導入する。これは文化と存在理由が密接につながっていると考えるからだ。だがディープ・パーパス・リーダーたちはさらに先を行く。彼らは、最強のトップダウン文化ですら、組織パーパスを核に労働力を動員するには不十分だと理解しているし、管理職の伝達により、組織の中でパーパスと文化を「カスケード」させて浸透させるという通常のステップも不十分だと知っている。文化を従属強制の手段と考える伝統的な見方を打ち破り、こうしたリーダーたちはもっと人道的で包摂的な文化を作り出す。それは自己表現、成長、個人のパーパスを強調するものとなる。また個別従業員が、組織のパーパスを自分自身の個人的な存在理由とつなげることで、組織のパーパスを実践するための具体的な機会を提供する。従業員の最高の野心と会社の野心の、ありえなさそうな融合をつくり出すことで、ディープ・パーパス文化は人々が仕事で深く充実感を感じつつ、個人的に会社の大きな物語にコミットするようにできるのだ。

「自分らしく、率直に、親切に」

何世代にもわたる学者たちは文化を組織内部の強力な統制システムとして見てきた。個性を抑え、従属性を確保する手段と考えたのだ。[*18] 文化は行動を統制する安上がりで非公式なやり方を提供してくれる。そしてそれは、従業員の心の中で起こり、仕組みとしてはまわりからの圧力に頼るので、なおさら有効性は高まる。[*19]

ある学術論文によると「いっしょに働く人々を気にかけ、共通の期待を持っていると、彼らが近くにいるときには『コントロールされている』。受け容れられたいと、相手の期待に応えようとするのだ[*20]」。

強い文化を持つ企業では、行動規範が強く、管理職が絶えず監督しなくてもその規範が広く受け容れられている。個人は自発的に自己統制し、文化と衝突する行動は避ける。過去数十年にわたり、多くの企業リーダーは、ステークホルダーたちのために組織を定義づける強い文化を構築しようとしてきた。さらに彼らは、そうした文化の具体的な中身にも注目し、戦略実行に関係ある具体的な行動を引き起こすようにそれを形成してきた。イノベーション、品質、成長、顧客サービスの卓越性といった目標を支援しようとして、サウスウエスト航空やＩＢＭはその細かく調整された文化で有名になった。多くの人は、それを彼らのビジネス成功の鍵だと考えている。[*21]

だが最近になって、「強い」文化の制約が注目されるようになった。[*22] 従属性は重要ながら、リーダーや企業は組織の業績が、従業員が個性を職場に少なくともある程度は投影できるかどうかにかかっていることを認識した。組織は、もっと多様で平等で包摂的な場所にならねばいけないと理解し、ちがった背景を持った存在として人々に手を伸ばし、彼らの条件で対応し、彼らに動く余地を与えねばならないと理解している。さらに組織は、あらゆる労働者にやりがいとやる気を感じてほしいし、そうした労働者に問題解決に向けて創造性と多様な視点を活用してほしい。労働者たちが自己表現の余地を与えられていれば、啓発されてもっといい仕事をしようとする――ボスがニンジンや鞭をかまえているからではなく、彼ら自身が傑出したいという内的な欲求を感じるからだ。

だが問題は、どうやって職場にもっと個性を導入しつつ、混乱を抑えるか、ということだ。一部の企業やリーダーは、個性やそれに関連した正真性、創造性、多様性／包摂性を既存の従属主義文化に移植しようとしてきた。結果は必ずしも納得できるものではない。そうした組織文化はミスマッチして矛盾しているようだ――フロントドアを別の色に変えた車のような感じだ。だが他の多くの会社は、個性を導入しようなど試そうともしていない。企業の自社文化に関する公式ステートメントを調べた研究によると、ほとんどは個性に関係した概念を中核価値として宣言していないという。「多様性」を公式価値観として挙げたのはたった22％、「創造性」を挙げた企業は11％、「大胆さ」は8％、「正真性」を挙げたのは3％でしかない。[*23]

私が研究したディープ・パーパス・リーダーたちは、古くさい従属的な文化を変えようとするのではなく、組織文化を個性の要塞としてもっと完全に作り直そうとする。反対の極にとびつき、組織が個人主義的な、「自分らしさ」と称して何でもありの場所になるのを容認するのではない。むしろ、従属性と並んで、個性のための余地を空けるのだ。そしていささかパラドックス的な立場さえ採用する。集団的な整合性を生み出し、個性を通じた従属性の一種を確保しようとするのだ。彼らは個人がリーダーの定めた範囲の中で、独自の独特な形で共通のパーパスに貢献するよう奨励する、インクルーシブな文化を発達させる。同時に、個人が厳しい業績の期待に応えるものと期待する。こうした文化は仲間意識を強く強調し、個人の発展において、どんな背景を持つだれであろうと、みんながチームメイトを助けるべきだという感覚を養う。

ボストンを拠点とする女性ハイテク企業オヴィア・ヘルス社は、アメリカの女性や家族のための先進デジタル健康プラットフォームで、1400万人ほどの女性が自分や子供の健康改善にそのモバイルアプリを使っている。[*24] オヴィア社は劣悪な母体健康結果を改善しようとする。特に有色人種の女性や子供にそうした影響が大きいのだ。同社はその実存的意図を「あらゆる女性、親、子供」に対し「平等なケア、長期的な支援、命を救う介入」の提供で彼らが「健康で幸せな家族」を享受できるようにすることだとしている。[*25] その文化を構築するにあたり、同社は従業員の個性を認知して肯定することにしっかり注目している。オヴィア社の中核価値の一つは「自分らしく、率直に、親切に」というものだ。これを発展させて、社内文書では「私たちはアジャイルで想像力豊かで分析的な個人のチームです」と述べている。[*26]

オヴィア社CEOパリス・ウォーレスは、アメリカで最も豊かな地域、カリフォルニア州マリン郡で政府補助を受けながら育った。育ててくれた母親はシングルで障害者だったが、彼は地元のエリート校に合格し、奨学金をもらって通学した。ウォーレスが語ってくれたところでは「自分がちがっているのは常にきわめて明らかでした」。それは家族が貧しかったからだけでなく、彼が数少ない黒人生徒の一人だったからだ。[*27] ウォーレスと数分も話せば、彼が自分のちがいを異様なほど気にせず、自分の個性の表現をまったく恥じないのに気がつく。彼は情熱的かつ直接的に話し、自分の個性を見せて、弱みをさらすのを恐れない。

だがウォーレスは、会社のみんなにそういうふうに感じて行動してほしいと思っている。彼が認識しているように、自分のアイデンティティや個性の重要な部分を出さないようにしていたら、従業員としては組織のパーパス――いやはっきり言って、仕事に関係するどんなことでも――と全面的に取り組むのはきわめてむずかしい。「毎日、仕事が終わるのが待ち遠しくてたまらない人々、5時ちょうどに会社を出る人というのは何者でしょう？　なぜ会社を出るんです？　だれか別の人になるため、ですよね？　それしか考えられない。もし一日中ゲイでないふりをしたり、訛りを変えようとしたりしているなら、5時になったらさっさとそんな場所は離れたいわけです」

ウォーレスは、職場の個性を簡単にモデル化したりできないのは知っている。それは文化に組み込むしかない。結果として、オヴィア社はあらゆる面で個性を賞賛するし、それは採用活動から始まる。「面接でも、その他全般でも、弊社の中核信念の一つは自分らしくなれ、ということなんだというのをはっきりさせます」とウォーレス。[*28] それと関連して、同社は包摂性を大いに強調する。COOのモリー・ハワードが指摘するように、面接官はあらゆる志望者に、ジェンダーアイデンティティと使うべき代名詞について尋ねる。「この質問は発端から、従業員を個人として重視しようとしているのだと告げるんです[*29]」

日々の会議や伝達で、リーダーと同僚たちは多様な意見の価値を促進し、あらゆる従業員は組織に関わりを持つのだという概念を広める。また人々を引き出して、受け容れられていると感じられるようにして、同僚たちがもっと深くお互いを知り合えるようにする。コロナ禍の間、同社はあらゆる会議の終わりに、出席者たちに人生の「喜びの瞬間」を語り合うように奨《すす》めた。従業員の中には、人生に生きる価値を与えてくれる、ちょっとした日々の喜びを語った人もいる。また中には、その機会にきわめて個人的な告白をした人もいた。ある例では、女性従業員が乳がんで何ヶ月も治療を受けていたと告白して、同僚たちを驚かせた。まさにその日、腫瘍専門医にがんが寛解したと言われた。それが彼女の喜びの瞬間だった。

オヴィア社は人々が、私生活を仕事に持ち込むよう奨励するだけでなく、重要なビジネス問題についての意見も共有するよう奨励している。ウォーレスは、同社が能力主義であり、リーダーたちは公然と自分たちがなんでも答えを知っているわけではないことを公然と認め、従業員たちのほうが重要な問題に対する答えを出す能力が高いことも多いのだと認めている。「これは要するに『あなたの関心あることは重視したいし、弊社の方向設定をあなたが助けることもできるし、弊社の何たるか、何をしているか、どこに向かっているかにあなたは貢献していて、本当に意味ある貢献ができて、多様な考えや背景に興味があって、そこにたどりつく手伝いをしてほしい』という話なんです」。同社はまた、従業員主導のオンラインフォーラムを持ち、人々が独自の情熱や関心を表現して追求できるようにしている――読書クラブ、料理クラブ、スキンケアグループなどだ。そして従業員が、独自の仕事関連プロジェクトを追求できる「イノベーションデイズ」も催している。

私が研究した別の急成長ヘルスケア新興企業リヴォンゴ社もまた、個人と組織のパーパス追求を中心的な主題にしている。リヴォンゴは「Live Life on the Go」（立ち止まらずに人生を生きる）の略で、糖尿病患者に対し、変動する血糖値をどう管理するか、リアルタイムのアドバイスを提供するために創業された。創業者グレン・タルマンは、息子が糖尿病で、こういうサービスが他の糖尿病患者の役に立つのを自分の目で見ていたので、個人的な動機を持っていた。タルマンとリーダーシップチームは、当初からテクノロジーを使い、糖尿病のような慢性病を持つ人々の生活をずっと楽にする、というパーパスを核にした企業を作ろうと意図していた。当初から、このパーパス追求はタルマンだけでなく、チームの他の人々にとっても個人的なものだった。入社した才能ある個人の多くが糖尿病と個人的なつながりがあるのを知って、彼らは驚いた。同社はすぐさま、きわめて競争の激しいシリコンバレーで、トップの才能を惹きつける企業となった。ある時点で、従業員の過半数は自分が糖尿病か、家族のだれかがその影響を受けている人だった。個人のパーパスと組織のパーパスを整合させるのは、彼らには自然なことだった。

シアトル・シーホークス、オヴィア・ヘルス、リヴォンゴの話が明らかにするように、ディープ・パーパス・リーダーたちは個性の文化を創り上げる。組織のパーパスへの献身は、各従業員の自己知識と個人的なパーパス感覚とのつながりに依存しているのを理解しているからだ。そのつながりの根底にあるのは、もっと根本的なものだ。それは、各従業員の独自性に関する評価だ。従業員が、会社の実存的な意図について頭で認めるのは結構なことだ。だが自由に自己表現できて、仕事を個人として花開く機会と考えるなら、ますます多くの情熱と熱狂を注ぎ込み、考えられる最高の業績が生み出される。あらゆる従業員が、マーショーン・リンチほど強烈かつ公然と個性を発揮するわけではないが、ほとんどの人は、学び、成長し、人間として自己表現するために仕事にくる。従業員の基本的な人間性を歓迎し、花開くのを助けることで、ディープ・パーパス・リーダーは彼らを活気づけ、組織を統合するパーパスをさらに強力に支持するように仕向けるのだ。

何のために会社にくるのか？

世界を救っているのは、ジェンダーに優しいハイテク新興企業だけではない。伝統的な会計事務所も同様だ。２０１４年に専門サービス企業ＫＰＭＧのリーダーたちは、組織の新しいパーパス・ステートメントを採用した。「社会に信頼を、変革に力を」。このパーパス促進のため、同社はＫＰＭＧのサービスが世界に対して持つ、もっと広い重要性を明らかにするビデオやポスターを作った。そのビデオは宣言する。「私たちは民主主義を促進する」そして、第二次世界大戦中に連合軍のナチズム打倒を支援した役割を述べる。「私たちは家族を再会させる」とビデオはさらに述べる。これは、1979年にイランのアメリカ大使館人質事件の解決で同社が果たした舞台裏の作業を示し、アメリカの人質たちを故郷に連れ帰る支援を描写したものだ。

こうしたメッセージは啓発的だが、リーダーたちは新パーパス伝達にあたり、伝統的なトップダウンのアプローチでは不十分だと気がついた。そこでもっと深く入り、自分の役割において追求していると思ったパーパスを伝えるポスターを作るよう全社員に求めた。リーダーたちは1万件の従業員の物語を集めようとして、もし会社がその目標を達成したら、有給を2日増やすと提案した。その反応は圧倒的だった。KPMGは4万2000件の従業員ストーリーを受け取った。しかもその多くはリーダーたちが、活動が成功したからみんな追加の有給がもらえると発表した後に提出されたのだった。ある従業員の回答は「私はテロと戦う」というものだ。これは自分が、金融機関のマネーロンダリング防止のために行う仕事を鑑みてのものだった。この仕事の中で彼女は「金融リソースをテロリストや犯罪者の手に渡さない」ようにしているのだ。別の応募では、ある従業員は「私は畑が育つのを助ける」と述べた。これは小規模家族経営の畑に対する融資支援についての自分の仕事を鑑みてのものだ。[*30]

パーパスを伝えるためのトップダウン活動と組み合わさって、この1万物語チャレンジと呼ばれた活動は大成功をおさめた。ある調査では、同社のパートナーのほぼ全員――9割――は、会社に対して抱く誇りが、同社のパーパス関連活動のために高まったと答えている。従業員のエンゲージメントは空前の高みに達した。1年後には、従業員の89%はKPMGが「すばらしい職場」だと述べた。これは7ポイントの上昇だ。従業員の３／４以上は、「自分の仕事に特別な意味がある（単に喰《く》うための仕事ではない）」に賛成しており、これは前年に比べて4ポイントの上昇だった。管理職とパーパスについて話し合うと、従業員は仕事やその意義についてずっと肯定的な印象を抱く。[*31]

　元人事及び通信担当副部長ブルース・プファウは、1万物語チャレンジの仕掛け人だ。なぜ同社が従業員に、自分自身の役割や仕事に関連するパーパスについて考えてみるよう促そうと思ったのか尋ねたところ、彼はそれまでＫＰＭＧが急速に従業員エンゲージメントを高めたものの、そうした高まりがジリジリ下がってきていたのだと述べた。彼とチームは、パーパスに改めて注目させればエンゲージメントがさらに高まり、同社が同業他社と人材をめぐる競争で勝てるようになると考えた。ＫＰＭＧは会社のパーパスを伝えるため、伝統的なトップダウンの通信も必要としていたが、ブルースは従業員たちが会社のパーパスを、個人的な仕事関連のパーパスに翻訳するのが不可欠だと感じたのだ。そうすれば、パーパスは彼らにとって現実のものに思え、会社が夢見ただけの無意味なお題目ではなくなる。

　ブルースは、この活動の影響に衝撃を受けた。「本当に驚かされたのは、これを成功させたいという積もり積もった意欲でした」。世界中のオフィスを訪ねた彼は、しょっちゅう従業員の区画に、自分の個人的パーパスを伝えるポスターを見つけた。どうやら従業員たちは、仕事でもっとパーパスを体験するにとどまらず、自分自身の個人的な存在理由を投影したいという燃えるような欲望を抱いていたらしい。２０１５年以降、ＫＰＭＧは1万物語チャレンジをさらに拡大し、そのキー指標の向上を実現し続けた。２０１８年にプファウが退職したときには、ＫＰＭＧは『フォーチュン』誌の「最高の職場」ランキングで急上昇し、最終的には12位に達した。これは四大会計会社の中でトップの順位だ。[*32]

会社はあなたのために何ができる?

著書『Hit Refresh(ヒット リフレッシュ)マイクロソフト再興とテクノロジーの未来』で、マイクロソフト社CEOサティア・ナデラは、同社の文化刷新を考えていた2014年に、チームを特別セッションのために招集した話をしている。着任したばかりで、チームにこれまでとはまったくちがう水準で取り組ませるようにできるか試したかったのだ。

「もっと互いのことを深く理解し合い、それぞれの行動の原点が何なのかを詳しく知り、個人の哲学と会社のリーダーとしての仕事を結びつけたほうがいいと感じていた(邦訳 p. 11)」と彼は書いている。ナデラは、この深い理解によってチームに、大胆で啓発的ながら、マイクロソフト社創業者たちの元の意図もくみ取る新しいミッション追求を可能にしてほしいと期待していた。

もっと個人的になるというのはリスクの高い試みだった。ナデラのチームは、真面目で精力的な人々ばかりで、昔からマイクロソフト社でキャリアを築いてきた人々や、元投資銀行家、ロボティクスの博士号保持者、高名な法律事務所の元パートナーなどがいる。マイクロソフト社の主任人材担当重役で、同社の文化変革の首謀者でもあるキャスリーン・ホーガンが語ってくれたところでは、多くの出席者は同僚たちとこのような形でつきあったことがなかった。「この人たちの半分くらいはギョッとして『キャスリーン、本気かね? 自分のパーパスの話をして、みんなソファにすわって、ラップトップを置けと言われるのかね?』」[*33]。キャスリーンはその日のファシリテート役として、充分に経験を持つマイケル・ジャーヴェイス博士を招いた。[*34]

ナデラのチームの人々は、本当に心を開いた。ホーガンの記憶では「人々は個人的な使命を私たちの仕事とつなげました。自分の出自、宗教を、儒教だろうとカソリシズムだろうと持ってきました」[*35]。ナデラが先鞭をつけ、インドで育った子供時代について述べ、共感と学習を核とする自分の哲学を語り、最も感動的なものとして、特別なニーズを持つ子供を育てる体験について語った。ナデラの本で語られているように、この会話はマイクロソフトで新しい文化を作り出そうとする一年がかりの旅路の始まりとなった。それは、人々が個人として成長する力を与えることで、人々をパーパスのまわりに集結させて活気づかせようとするものだった。

ナデラがCEOとなって最大の課題は、それまでの時期にお高くとまり、停滞気味となった同社を転換させることだった[*36]。彼が語ってくれたところでは、単に新しい全社戦略を選んだだけでは成功の見込みはなかった。何かもっと根本的なもの――パーパス――に深入りする必要があった。それを戦略形成のアンカー兼ガイドとするのだ。彼の説明では「競合他社が少し成功しているからというだけの妬みからやっていることがたくさんありました。『あいつらに置いてかれないためにこれをやんなきゃ』と思っていたんです。そこで私は言いました。『おい、戻ろうよ。会社にはパーパスとアイデンティティの感覚があるはずじゃないか』」[*37]。

だがパーパスだけでは不十分だった。社内でそれを息づかせる文化に支えられていない限り、わざとらしく、結局は無意味になる。ナデラに言わせると、企業はパーパスを必要とするが、「パーパスの感覚を追求できるようにする文化」も必要なのだ。心理学者キャロル・ドゥエックの研究に影響を受けて、ナデラは成長マインドセットに根差した文化を作ろうとした。そこでは従業員が会社のプラットフォームを使って、独自のパーパス感覚を満足させられるのだ。

このアプローチで、彼やホーガンらのチームは、新しい、過激とも言えるアイデアにたどりついた。人々が個人的にやることを有意義だと認めてくれるのでみんなが頑張る文化を構築するのではなく、人々が自分のいちばん奥深い人生のパーパスをなんであれ探究し、それを実現するためのプラットフォームとして会社を使うような文化を構築しようとしたのだ。ホーガンが述べるように「マイクロソフト社を自分のために働かせない限り、マイクロソフト社で充分に働いているとは言えません」。あのちょっと変わった2014年の会議で初めて根づき始めたのが、このプラットフォームとしての会社という概念だった。「この日を境に、シニア・リーダーシップチームにおけるメンバーの役割は変わった。幹部一人ひとりはもはや、マイクロソフトに使われるだけの存在ではない。みなが個人として、より高いミッションを持ち、他者の役に立つという情熱を追い求めるために、マイクロソフトという場を使う存在となった（p. 21）」とナデラは書く。[*38]

組織心理学の研究は、従業員が仕事で個人的パーパスを考えて表現するよう奨励するのが賢明なことだと示している。学者たちは、仕事の意義は場所が固定されているものではなく、自分の統制が利かないものでもないのだと主張している。人々は、仕事が自分にとってもっと意味を持つようにそれを形成するための手を講じられる。自分のやることをどう捉えるか、活動の性質と範囲、まわりの人々とどう関わり合うかなど、変えられるものはいくらでもある。こうした学者が言うところの「仕事クラフティング」を通じて、人は仕事から得られる満足と喜びを大いに高められる。仕事やキャリアクラフティングはキャリアを、キャリア以上に、仕事深いパーパスを持つ天職へと変えてくれる。[*39]

マイクロソフト社のリーダーたちに、自分の個人的なパーパスを仕事の上で考えて見つけるよう促すことで、ナデラは仕事クラフティングを奨励し、リーダーたちに自分たちのやることについて、もっと深い個人的な意味をつけるように導いていたのだ――自分の仕事を、それが行う社会的善に基づく天職として見るように奨めていたのだ。私がインタビューした他のディープ・パーパス・リーダーたちも似たような動きをしている。個人の表現と仕事の個人化が、やる気と取り組みを高めることに気がついて、他の人々にも仕事とその意義についての理解を高めるよう奨励したのだ。彼らは、一般にやる気があって成果を出せる従業員は、組織のパーパスにも充分に取り組んでくれると想定している。研究によれば、これには一理ある。300人以上のシニアリーダーの調査で、啓発された労働者は単に満足している労働者をはるかに上回る業績を挙げる、と彼らが考えていることがわかった。それどころか「啓発された従業員一人と同じ業績を生み出すには、満足した従業員が2・25人必要だ」。研究者たちはインスピレーションを、使命やパーパスの感覚と結びつけている。[*40]

一部のディープ・パーパス・リーダーが語ってくれたことだが、個人が自分の個人的パーパスを考えるように仕向ければ、別の形で組織のパーパスにも役立つ。自分の仕事や役割にもっと高いパーパスを結びつける従業員は、気質として組織のパーパスに反応し、それを追求しようという気持ちになりやすいのだ。プライベートエクイティ企業アポロ・グローバル・マネジメントの人的資本グローバル責任者でシニアパートナーのマット・ブレイトフェルダーは、こういう言い方をする。「パーパスの領域にいるなら、自分の稼業とそこで何を達成したいかをきわめてはっきり認識できる。朝起きたら、もっと腕を上げて影響を与えようとわくわくする。だから自然に、会社の中でそういう考え方をする他の人々にも親身になる。そして、会社のパーパス表現にも親身になる。親身になるだけでなく、その一部になりたくなる。それを形成して貢献したくなる[*41]」

その後マイクロソフト社は、あらゆる従業員が人生のパーパスを仕事で探究し、それを仲間に伝えられる機会を作った。マイクロソフト社を、人々の趣味のプロジェクトを実践する遊び場にする、という話ではない。社会に貢献したいという個人的な欲望を、マイクロソフト社の他人に力を与えたいというパーパスに結びつけるよう奨励するのだ。キャスリーン・ホーガンが述べるように「みんながマイクロソフト社のプラットフォームを使い、自分たちの情熱を追求し、パーパスを満足させ、他人に力を与えられるようにするような職場を育もうとしています。これは弊社のミッションの中心であり、文化の中心なのです[*42]」。

演説などの発信活動において、マイクロソフト社のリーダーたちは、人生のパーパスと組織の「地球上のあらゆる人とあらゆる組織に、もっと多くを達成する力を与える」というパーパスとの間につながりが存在することがいかに重要と感じているかを強調している。マイクロソフト社は何千人ものリーダーを訓練して、チームメンバーが会社のパーパスと自分の人生のパーパスをつなげられるよう支援する[*43]。同社はまた、「マイクロソフト・ライフ」というポータルを維持して、人生のパーパスの重要性を肯定する。これは従業員やその世界観と個人的なミッション、およびそれがマイクロソフト社での仕事とどうつながっているかという、きわめて私的な物語を含んでいる。最後に、マイクロソフト社は人生のパーパス追求のためにプラットフォームとして会社を使っている従業員たちに対し、財務的、物流的な支援も提供する。

マイクロソフト社の顧客データ及びアナリティクス部長ジョン・ケイハンは、幼い息子を乳幼児突然死症候群（ＳＩＤＳ）で失った。これはアメリカで何千人もの子供を毎年死に追いやる。その後彼は息子が治療を受けた医療機関のために何十万ドルもの資金を集めた。彼のチームの一人がその悲劇について知り、あまりに心を動かされて、ケイハンのチームにいる他のデータ科学者たちをまとめて、医学研究に役立つ新しいツールができないか考えた。調べてみると、世界中の研究者たちは、かなり少ない疫学データにしかアクセスできないのがわかった。そこでこのチームは、マイクロソフト社のクラウドコンピューティングプラットフォームAzureを使い、まだ活用されていない連邦保健データベースから、何百万ものデータポイントによる洞察を科学者たちが得られるツールを作り上げた。[*44]

このツールの構築には社員の労働時間４５０時間が必要だったが、チームはこれをシアトル小児研究所に寄付した。この種のプロジェクトを職員に追求させせようとするマッチングプログラムを通じ、マイクロソフト社は現金で１万１２５０ドルを寄付した。科学者たちはこのツールを、ＳＩＤＳの複雑性をもっと深く調べるための資産として歓迎した。ケイハンはこれほど有能で共感力を持つ同僚たちと働けたことを「とても恵まれている」と述べた。さらに「自分たちの技能を使って世界の問題を解決するよう奨励する会社」で働いているのをとても喜んだ。

人生のパーパスの力を解き放つ

マイクロソフト社の例が示唆するように、人々は複数の個人的パーパスを持つ。ある特定の仕事上の

パーパスの三つの次元

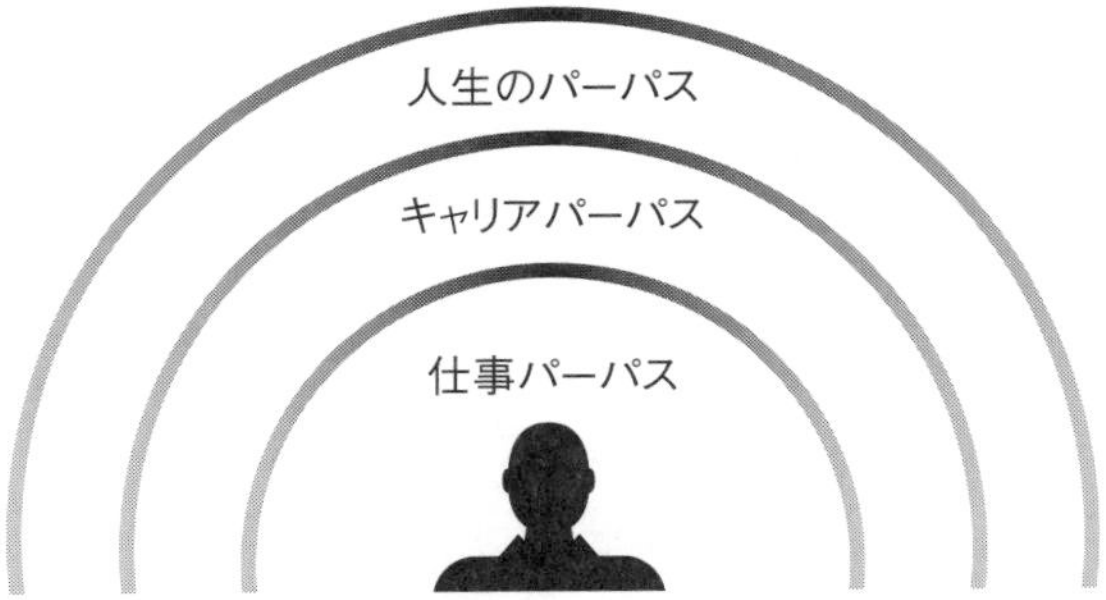

役割にパーパスを割り当てることもあるし（仕事パーパス）、キャリア全体にそれを割り当てることもある（キャリアパーパス）。最も深いレベルで、私たちは単に仕事やキャリアだけでなく、人生全体が実存的な意図を持つと感じるかもしれない（人生のパーパス）[*45]。もし緊急治療室の医師なら、自分の仕事パーパスは「患者の命を救うこと」、キャリアパーパスは「緊急医薬を安全で人道的にすること」だとするかもしれない。人生のパーパスは、仕事で部分的に追求するものではなく、もっと広く深遠かもしれない。たとえば「もっと世界の気遣いと優しさを投影する」ことを願うかもしれない。あるいは宗教的に言えば、医師としても人間としても「この世で神の精神を実現するのを支援する」のに献身しようとするかもしれない。もし歴史的に数の少ない集団に所属していたら、人生のパーパスは自分のコミュニティを強化して次世代のために機会を作り出すことだと考えるかもしれない。人生のパーパスは、人間としての自分の核心に迫るもので、人が究極の存在理由に到達するのは、苦労して勝ち取った経験や、長い探究や思索の結果としてのことだ。

　一部の組織パーパスを埋め込もうとする組織やディープ・パー

パス・リーダーは、従業員たちに仕事やキャリアのパーパスだけを考えるようにしか促さない。だがもっと先に進み、従業員たちに内面をのぞいて、人生のパーパスを考えるように求める組織やリーダーもある。こうしたリーダーたちは通常のリーダーとはまったくちがう会話をチームメンバーたちと交わす――そのチームメンバーがどんな人間で、何を究極的に重視するかに関する、強烈な探究する対話だ。一見すると、人生のパーパスに踏み込むのは大胆か、控えるべきことのようにすら思える。従業員に、仕事にもっと深い意義を見つけろと挑戦するのはわかるが、その労働者の人生のパーパスが、組織パーパスやその支援文化とうまく整合するかどうか、保証の限りではない。もし人々が仕事にきて、自分の個人的なパーパスにばかり専念していたら、共通の組織目的を実現するためのまとまりが生まれないかもしれない。協調性と献身が台無しになり、職場にカオスと混乱が生まれかねない。

従業員の個人的パーパスはまた、会社の実存的意図と対立するものかもしれない。NFLでは、チームは試合に勝ってスーパーボウルに出場するという単純なパーパスに専念する。[*46] カンザスシティ・チーフスは、このパーパスを2019-2020年に実現し、第54回スーパーボウルでサンフランシスコ・フォーティナイナーズを15-4で下した。2020-2021年シーズンで、チーフスは再びスーパーボウルに出場したが、オフェンスのラインマンであるローレント・デュバニーターディフなしでそれを実現したのだった。

タックルをブロックしていないときのデュバニーターディフは、医師としてのキャリアも追求している――NFL史上、そんなことをした人間はほとんどいない。2020年7月、コロナの猛威の中で、彼は来る秋シーズンを全部休場して、地元ケベックの施設で患者の世話をするという、むずかしい個人的選択を行った。この決断を発表するとき、もしこの年にプレーを続けたら、ウイルスを患者に伝染《うつ》す可能性があることを指摘した。[*47] デュバニーターディフの個人的パーパスは、組織のパーパスと対立した。個人的パーパスが勝った。

デュバニーターディフのチームは、組織パーパスからの逸脱を受け容れた。チーフスの主任コーチ、アンディ・リードによれば「職能へのすばらしい貢献だと思うし、彼にとっても未来にとってもすごいことだし、特に彼が助けることになる人々にとって重要だと思う」[*48]。だがこんな逸脱がひんぱんに起きるようになれば、チームはすぐに大混乱になりかねない。ディープ・パーパス・リーダーたちはこのリスクを理解しつつ、チームメンバーたちが人生のパーパスを追求するのを支援しようとする。そうした態度を取る理由は三つある。まず、個人パーパスが組織と対立するかどうかは、採用候補者をスクリーニングすることでリスク低減できるし、現在の従業員の中で、個人的パーパスが問題となるような人々を追い出せる。第二に、ディープ・パーパス・リーダーたちはほとんどの場合には、従業員の個人的な目標と組織の目標との間に、重複や融合が見つけられると信じている。第三に、従業員の人生のパーパス追求を奨励することからくる便益はあまりに驚異的なので、リスクに充分見合うと考えている。

ピート・キャロルが示唆するように、自分の人生のパーパスを含む自己知識は、傑出した業績のエンジンそのものだ。彼によれば「真の自分とつながっていることこそが、実に強力なんだ。そして自分の信じていることをずっとやっていると、なれる精一杯の自分になる機会が出てくる」[*49]。マイクロソフト社のリーダーたちは、人生のパーパスについて類似の結論にたどりついた。キャスリーン・ホーガンによれば「マイクロソフト社を、自分のパーパス実現のプラットフォームと考え、それに力を与えているのが、会社の文化と価値観を共有する同僚たちなんだと考えるべきです」[*50]。別のところで、ホーガンはマイクロソフト社の従業員の中で、会社を自分の人生のパーパス実現用のプラットフォームとして利用する人々は「自分のやることに深い意味を見出します――そしてそこから、世界最大の課題に対する解決策のいくつかが生まれてくるのです」[*51]。サティア・ナデラが率直に語ってくれたように、組織のパーパスが納得できるものに思えるのは「それが自分自身とつながっていると感じる場合だけです。そうでなければ、他の人のためにやっているように感じられる」[*52]。

人間の動機や人生のパーパスの役割についての理解という点で、ピート・キャロルは先駆的な心理学者エイブラハム・マズローの業績に大きな影響を受けた。多くの人はマズローを、彼の有名なニーズの階層構造で知っている。それは最も基本的なニーズが底辺にあり、最高のニーズ――自己実現――がてっぺんにある。彼の図式だと、まず人は低次のニーズを満たさないと、もっと高次のニーズ実現に向かえない。

私も知って驚いたのだが、マズローはニーズの階層構造をピラミッドとして考えたことはなかった――これはマズロー理論の主要な部分を再解釈した経営コンサルタントの考案だった。マズローの発表・未発表の研究を分析する中で、心理学者スコット・バリー・カウフマンはマズローが人間のニーズを、相互に関連してお互いに統合されたものと見ていたことを発見した。さらに彼は、人は自分のニーズについて、継続的で重なり合う形で時間をかけて追求するのであって、硬直した段階に従っているのではないと信じていた。ピラミッドのかわりに、カウフマンはマズローの階層構造がむしろ帆船に似ているのだと言う。一部のニーズ――身体的な安全、他人とのつながり、自尊心――は人間としての基本的な安全保障の感覚につながっている。これらは帆船の、固くて保護する船体を構成する。私たちの他のニーズ――探究や愛のニーズなど――は、人間的成長と関連しているのだ。これは船の動きに力を与える帆だ。帆のてっぺんには、人生の目的に対するニーズがくる、とカウフマンは論じる。私たち人間は、「自分の努力に力を与えて、人生における中心的な意味と重要性の源を提供してくれる、すべてにまたがる野心を」追求しない限り、全面的な可能性を生きることはできないのだ[*53]。

私たちの議論にとって重要なことだが、マズローは単なる自己実現を、人間の最大の可能性とは考えず、むしろ何かもっと高いものへの道筋と考えていた。自分と個人のアイデンティティを超え、他人と他人のニーズに向けた動きだ。「自己実現は、パラドックスめいているが、自己や自意識や利己性の超越をさらに可能なものとするのだ」と彼は書いている[*54]。どうやらマズローは、最高の人間のニーズとは、もっと高い社会的な配慮を持つ野心の確固たる追求であり、利己的な野心の追求ではないと考えていたらしい。真の自己実現はカウフマンによれば「自分のあらゆる自己を、よい社会構築への奉仕と調和的に統合させることにあるのだ[*55]」。

従業員自身の人生のパーパスについて対話を行い、それを組織のパーパスとつなげるよう支援することで、ディープ・パーパス・リーダーや企業は私たちの最も気高い渇望や苦闘に結びつく。彼らは、個人がなれる最高の自分になるような文化を創り出し、自己実現して最終的にそれを超越しようとする動きは、最高の動機、献身、創造性を解き放つのだと理解しており、それらがこんどは、組織のパーパス実現をもっと支援してくれるのをわかっているのだ。

リーダーたちへの教訓

同僚たちと、個人的パーパス、アイデンティティ、価値観について親密に語り合うと考えただけで身震いする人もいるだろう。あまりに「ぐちゃぐちゃ」で、会社のビジネスからあまりに遠く感じられるからだ。競争的で変動の激しい市場に取り組むあなたは、人々をよく知って、その個性に深入りするような暇も気力もない。従業員や管理職が、目の前の作業をしっかりやることに専念したほうが、自分のことを考えてばかりいるよりもよいはずだ。

伝統的な、無駄のない文化へのアプローチは、確かにうまくいくかもしれない。ニューイングランド・ペイトリオッツの成功を見てみよう。コーチのビル・ベリチックはまさに「自分の仕事をやれ」の標語の下で、そのアプローチを採用した。[*56] だがもっとヒューマニスト的アプローチで、個別チームメンバーのニーズを指向するやり方もうまくいくこともあるし、多くの人が思うよりはるかに成功することも多いのだ。マイクロソフト社、シーホークス、オヴィア・ヘルス社、リヴォンゴ社、KPMGはみんな、「自分」文化を構築することで重要な利得を実現した。人々とその心理的ニーズに関する基本的想定を変えることで、人間の可能性を解き放ったのだ。

2014-2020年で、マイクロソフト社の売上は年868億ドルから1430億ドルに上がった。[*57] その市場価値は、ある評論家が「ナデレッサンス」と呼んだもののおかげで初めて1兆ドルを超えた。[*58] 同社のリーダーたちは、文化的な変革がこの結果に不可欠だと考えており、一人は個人パーパスと組織のパーパスを整合させたことが「エンゲージメントの波を引き起こした。人々は以前にもまして、裁量の自由時間を会社のために使ってくれるようになりました」[*59]と言う。同様に、ピート・キャロルはNFLでのコーチ歴の中で、驚異的な145-94の記録と、スーパーボウル優勝一回という記録を樹立し、シーホークスを指導していた11シーズンのうち、9シーズンでプレーオフへと導いた。そして、プロフットボール名誉殿堂入りとの噂も引き起こしている。[*60] KPMGはといえば、すでに同社の1万物語チャレンジ活動の大成功については述べた。

組織のパーパスを個人のパーパスとつなぐのは、容易なことではない。個人が「自分自身になる」のを許すなんて、とんでもないと思うかもしれない。あまりに統制を手放しているような気がするし、業績が低迷するのではと恐れるからだ。この恐れは無根拠ではない。キャロルの部下の一人は、シーホークスのチーム環境はときに、チームメンバーが己の個性を自由に表現してよいと思うために、「統制されたカオス」にも似ている、と告白する。だがパラドックスは、個人に対する統制を譲渡することで、最終的に個人の業績を解き放つ、ということだ。高い業績を得るのに、チームメンバーを説得したりエサで釣ったりする必要はなく、内在的な動機を喚起するだけでいいのだ。重要な追加の便益として、多様な従業員をもっと受け容れやすい環境ができる。彼らが包摂され、評価されていると感じられるような環境だ。

だからといって、もっと高圧的な態度の入り込む余地がないということではない。これまでの章では、ディープ・パーパスの追求を主にトップダウンのプロセスとして描き、魂、意味、価値観、コミュニティを会社と仕事体験に注入する方法を検討してきた。従業員に声を与えるときにも、組織が結集できるような超越的パーパスを定義し、促進し、活性化することで、強いリーダーシップを示し続ける必要はある。アップル大学の学長ジョエル・ポドルノイは、人々はしばしば「傑出した組織パーパスの実際の追求を通じて」自分の個人的パーパスを発見するのだ、と指摘する。[*61]啓発的な組織パーパスがなければ、自分自身の個人としての存在理由に彼らが気がつくこともないかもしれない。リーダーとしてのあなたの仕事は、超越的パーパスを中心に道徳的コミュニティをまとめあげ、個性全般と個人パーパス追求の両方の場を提供することだ。

最終的に、もっと個人化した文化を通じてパーパスを埋め込むというのは、あなたの従業員に対する見方を変えるということだ。彼らに共感し、彼らを目的実現の手段としてではなく、自己実現と超越性を求める人間として見ようとしなくてはならない。経営思想家ダグラス・マグレガーは、自分のY理論をさらに展開させたことで有名だ。Y理論は、従業員は潜在的には仕事を楽しみ、自分で方向性を見つけて、人間としての最高の限界を実現しようと自分から動機づけられるのだ、という一部の管理職の考え方だ。これに対し、マグレガーが定義したX理論は、従業員は仕事に興味がなく、強制にしか反応せず、お金などの外部報酬だけしか動機にならないと主張する。

ディープ・パーパスに向けて動き、人々を共通の存在理由を核として深く活性化させるような文化を構築するためには、Y理論を徹底的に採用し、高圧的なスタイルではなく、協働的なスタイルを発達させねばならない。またエイブラハム・マズローが晩年にZ理論と呼んだものを受け容れねばならない。これは、一部の人々は自分自身の自己実現を超越しようとして、もっと高い、人間主義的な価値観、たとえば美、正義、それ自体のための卓越といった価値観に献身するのだ、という考え方だ。[*62] ピート・キャロルやサティア・ナデラのようなリーダーは、チームメンバーに最も壮大な個人的野心を考えろと促すときにはZ理論に傾く。これは、人間主義的な価値観への献身も含むかもしれない。彼らのY理論とZ理論への献身ぶりの根底にあるのは、他者への基本的で広範な共感であり、これはあらゆるリーダーが、パーパスをもっと深掘りするために育む必要があるものだ。ピート・キャロルが指摘する通り、彼のアプローチは「単純に人を気にかけるということだ。人を気にかけたら、彼ら自身の自己価値を引き上げることになり、彼らの強みをコーチして引き上げ、それが彼らを現状よりさらに強力な存在にしてくれる。これはニューエージじみたおとぎ話でもない。こむずかしい話でもない。単純な人間らしさなんだ[*63]」。

本章からたった一つ学ぶなら、次の一文にしてほしい。ディープ・パーパスを活性化する最高の方法は、個別従業員に対して示す配慮を増やすことだ。配慮あるリーダーは、従業員を個人として認め、つきあうことで、彼らの独自性を高める。個人とその体験について本当に好奇心を示し、決めつけたいという衝動を抑える。従業員の発達を奨励して支援し、自信を持たせる。従業員たちの自己理解を深めるよう奨励し、独自の個人的な存在理由を探究させ、哲学や人生のパーパスに関するもっと深い会話を交わすのだ。単に指導して助言するのではなく、キャリアの熱心な長期的スポンサーになるのだ。従業員が仕事に情熱を向けられるようにするため、パーパスを共通の超越的な大義として彼らとつながり合おう。従業員の業績が低迷したら、配慮するリーダーたちは即座に罰を下したりせず、根底にある理由を探し、どうすれば助けられるか考える。大組織では、配慮するリーダーは管理職を研修して、こうした行動を大規模に行うようにする。このそれぞれのやり方で、配慮するリーダーたちは、人間のポテンシャルを最大限に解き放ち、高い業績を解き放つのだ。

だがさらに広い心遣いを示すとなおいい。大組織では、従業員に配慮するというのは、人間的で共感的な形で、従業員と個人的につきあうというだけではない。それは仕事の組織方法や構造を見直すということだ。多くの企業は古くさい、指揮統制型の運用規範を持ち、それが個人の人生のパーパス追求を阻害し、組織パーパスへの献身を苛立たしい不毛なものにしてしまう。従業員とそのニーズに共感するディープ・パーパス・リーダーは、こうした規範を解体して、従業員にもっと裁量と自律性を与える。彼らはパーパスが人間的で恫喝的でないリーダーシップ哲学としての可能性を持つと認識し、自分と組織最高の野心を追求するよう人々を解き放ち、結果的に最高の業績を挙げさせるのだ。

第7章

鉄の檻を逃れる

パーパスを最も深く追求するリーダーたちは、伝統的な官僚制のやり方を異様なまでに破壊したがり、自社をイノベーション、アジャイル性、成長に向かわせようとする。そのために彼らは二つの重要なステップを取る。まず、低位の従業員や管理職にもっと自律性を与え、階層構造を平らにする。第二に、機能、事業部、地理など伝統的な枠組みを超えたコラボレーションを育む。こうした組織的な動きは職場に信頼をもたらし、パーパスへの献身を生み出す。同時にパーパスそれ自体が信頼の花を開かせ、伝統的な官僚構造からの離脱を促進してくれる。

16歳のアンバー・マリー・ローズを殺したのは、恐ろしい病気でもないし、学校で銃を乱射する銃撃犯でもなかった。自殺でもないし、うっかりドラッグを過剰摂取したことでもない。車のステアリングコラムについている、ほとんどの人はおそらく聞いたこともない小さな装置だった。その装置はキースイッチと呼ばれる。

アンバーは2005年7月の金曜夜にパーティーに出かけた。朝4時頃に家に運転して帰る途中で、新車のシボレーコバルトを制御しきれず木にぶつかった。その衝撃で彼女は死んだ。酒を飲んで、制限速度の2倍で走り、シートベルトもしていなかった。[*1]だがその死にはもう一つの要因が作用していた。車のエアバッグが作動しなかったのだ。アンバーの近親が後に述べたのは、衝突の後でアンバーを見た最初の通報者と話をしたところ「もしエアバッグが開いていたら、怪我はしてもまだ生きていただろうとの話でした」。[*2]

エアバッグが開かなかった原因は、そのキースイッチにたどれる。車のキーを刺して回すときには、ある程度の力をかけないと回らない。車のイグニッションを切るときも同様だ。これは偶然ではない。ステアリングコラムのキーを切るのに力がいらなければ、走っている車のエンジンがいきなり止まったりする。膝があたったりデコボコを越えたり、キーリングの他の鍵などの重みがかかったりしたら「アクセサリーモード」に入ってしまいかねない。[*3]まずいときに車が止まって事故になったりする。あるいは車がぶつかったときに、エアバッグなどの安全装置がきちんと動かないこともある。[*4]アンバーの車で起きたのもそれだった。ある私立探偵が見つけたように、彼女の車は事故が起きたときに「アクセサリーモード」になっていた。[*5]

シボレーコバルトの不良キースイッチで被害を受けたのはアンバーだけではなかった。アンバーが死んで9年後の2014年、コバルトと同じキースイッチを持つ車のメーカーGMは、このスイッチの欠陥で多くの死亡事故が起きたと公式に認めた。同社はキースイッチの問題で260万台をリコールし、死者124人と怪我人275人の補償用に6・25億ドルを用意した。[*6]2015年の示談で、追加で1

300人の死傷者に補償が行われた。またその年、GMは連邦犯罪捜査を終わらせるために9億ドルの支払いに合意した。[*7] 2020年にGMは、その欠陥キースイッチによる経済被害の補償として1・2億ドルを支払った。[*8]

2014年のリコール発表に続き、GMがこのキースイッチ問題について2001年から知っており、2007年以来このスイッチ関連の死亡事故4件について知っていたことが明らかになった。[*9] 当初、GM社員たちはキースイッチ問題を、安全とは無関係だとして本気で対応しなかった。2007年以降、GMの社内捜査は、死亡事故の原因をキースイッチの欠陥に結びつけられなかった。やっと2013年半ばになって、GMは外部コンサルを雇い、コバルトの事故の根本原因がキースイッチだと指摘された。2014年初頭、GMに外部から招聘《しょうへい》されたCEOだったメアリー・バーラは、やっとキースイッチの深刻な問題について報された。[*10] アメリカ下院委員会がバーラを公聴会に召喚し、なぜGMが欠陥車のリコールにこんなに時間がかかったのか知ろうとした。問題の部品自体はたった10ドルで、交換に1時間もかからなかったから、この質問は特に重要に思えた。[*11]

「醜悪な一大惨状」

1909年の演説で、偉大なドイツの社会学者マックス・ウェーバーは官僚組織を絶賛した。合理的で、ルールとプロセスに縛られ、階層構造を持ち、無個性で、専門的に管理され、厳しい分業を特徴とする官僚制は、無敵の精度と効率性を持つ、と彼は述べた。「この人間機械ほど精密に機能するものは何一つ、どんな機械ですらありません——しかもこんな安上がりに！（中略）官僚機構の卓越性は、手作業よりも機械が技術的に優れているのと同じくらい、不動のものなのです」[*12]。行動を統制し、個人的感情や偏見、個人差から生じる変動を除去することで、官僚制は説明責任と一貫性を確保してくれる。

官僚制がなかったらどんな生活になるか、ちょっと想像してほしい。飛行機に乗ろうと空港に行っても、搭乗検査を通過して搭乗するのにどんな書類が必要か、必ずしもわからない。ナイトクラブで、バウンサーに通してもらおうとするときにパーティー参加者が体験するようなものになりかねない。その日、空港に詰めている人物は、だれを入れるかについて独自の基準を持っているかもしれない——その基準は恣意的で、旅行者としてのあなたの利益には関係ないかもしれない。あなたは肉体的に魅力的な外見をしているだろうか？　職員に賄賂を渡そうか？　たまたま機嫌がよかったりするか？　そうすれば入れてくれるかもしれない。あるいは、入れてくれないかも。そして安全にはまるで配慮していないかもしれない。官僚制には見られるような、彼らの仕事を律する正式な規制もなければ、彼らに説明責任を持たせる正式な仕組みもない。空港職員は、隠された武器を探すのにすべてのバッグをスキャンしようとするかもしれず、しないかもしれない。

これはほんのつまらない例だ。飛行機で働くメカニック、それを飛ばすパイロット、それをなおすメカニックをまとめる官僚制がなかったら、どんなに不安だろうか。医療分野で、組織の機能を律する手続きや整合性がなければどんなに不安だろうか。教育や政府についても同じだ。官僚制なき世界は、ほとんどの人にはまったく異質なものになり、おそらくほとんどの人は、そんな世界に暮らしたくはないはずだ。

一方で、ウェーバーが認識したように、官僚制を実に効率的にする合理的で機械のような一貫性は、それを魂を破壊する存在にもしてしまう。人間の表現と判断を締め出すことで、官僚制は労働者を単なる定型作業人、「機械の小さな歯車」にしてしまう。「こんな歯車ばかりになってしまい、小さな人々が小さな仕事にしがみつき、もっとでかいものを目指すという世界を考えるとゾッとします」。ウェーバーによれば、そんな世界はリスクを取り自分の頭で考えるのを恐れる個人の世界だ。だから彼の結論では「大問題は」官僚制をどう促進するかではなく、「人類の一部を、この魂の切り売りから解放し、この官僚的な暮らし方の極度の習得から自由にしておくかということなのです」。別のところでウェーバーやその後の社会学者たちは、官僚生活の根底にある合理性を、幻滅させせられ人を閉じ込めてしまう「鉄の檻《おり》」と表現したことで有名だ。[*13]

大組織で働いたことのある人は、官僚機構が魂を破壊するものだというウェーバーの主張が誇張でも何でもないのはご存じだろう。だが同時に理解できたはずだが、官僚主義の便益はもはや、かつてほど明らかなものではなくなっている。速度と適応性より効率性と規則性のために作られた官僚制は、今日のデジタル世界では自重の下で苦闘している。私自身の研究は、自分たちの生存そのものがかかっているときにすら、官僚制が企業を内向きにして顧客を無視させる様子を追跡している。[*14]これを含む鉄の檻の多くの影響は、すさまじい代償を求めることも多い。ある計算によれば、官僚主義的な会社は「不必要な肥大と無駄作業で」２・６兆ドルを無駄にしているという。[*15]そしてこれは、官僚制のもっと大きな社会的費用をまったく考慮していない。企業がルールや手続き、タコツボ、階層、トップダウンの意思決定の重荷で問題を手早く解決できないために、人々が死んでいるのだ。実際、アンバー・マリー・

ローズをはじめ多くの人を最終的に殺したものは、欠陥自動車部品ではなく、はるかに悪質なもの、つまり根深い企業の官僚主義なのだ。

2014年初頭にコバルト危機が噴火したとき、新任CEOメアリー・バーラは、どうしてイグニッションスイッチ騒動がそもそも起こったのか説明に苦慮して、[*16]元アメリカ検察官アントン・バルカスを雇って調査を依頼した。バルカスの手厳しい2014年6月の報告書は、多くの問題を明らかにしたが、その一つがある評論家の言葉を借りるなら「官僚主義にはまりこみ、まちがいの責任を取れなくなった組織」だった。[*17]バルカスの主張では、そこにあったのは、

委員会ばかりが増えて責任所在が欠けていた。コバルトのイグニッションスイッチは驚くほどの数の委員会で検討された。その問題に注意を促して解決策を提案したのに、それが委員会やこの問題を検討する他のアドホックな集団に潰されたと語ってくれた証人は多い。だが、実際の意思決定者の正体を突き止めるのは、まったく手に負えなかった。どんな意思決定でも、だれか一人が責任を負うことはない。それどころか、そうした委員会にだれがいたのか、彼らが何を考えていたのかを見極めることさえ困難だった。というのも会議の議事録がほとんどなかったからだ。[*18]

GMの巨大なトップダウン官僚主義に存在したタコツボもまた問題だった。バルカスが指摘した通り、イグニッションスイッチの内部調査が失敗したのは、情報が各種集団の間でうまく流れなかったからだ。たとえば2004-2005年にエンジニアたちが、車が動いているときに止まってしまうという報告

を検討したとき、だれも「この車両が、イグニッションスイッチがアクセサリーモードのときには作動しないようになっている」と説明しなかった。「その結果として、エンジニアたちはこうした停止が安全問題だと認識できず、問題をすばやく解決できなかった。分野をまたがる委員を含むように設計されていた委員会（中略）ですら、そのつながりを認識できなかった」[19]。リーダーたちはまたバルカスに、だれも死亡事故が起きたと伝えてくれなかったし、もし聞いていたらこのエアバッグ問題をもっと真剣に考えたはずだ、と述べている。[20]

GMはその硬直した巨大な官僚主義で有名だった。2008年に同社が破産を宣言して米国政府に救済されると、バラク・オバマ大統領が集めたタスクフォースが同社の組織を細かく検分したが、その結果はひどいものだった。

「だれでもデトロイトの、隔離された鈍重な文化の噂は聞いていました。でもその低い基準から見ても、驚くほど貧相な経営状況にはショックを受けましたよ」とあるタスクフォースのメンバーは語る。[21]だがバルカス報告が明らかにした通り、官僚制はGMであまりに激しく、倦怠感と行動なしの危険な文化を生み出していた。バルカスは、敬礼と呼ばれる慣行を記録している。これは、問題が生じたらリーダーたちは他の人を指さして責任逃れをしようとするものだ。また「GMうなずき」というものがある。「みんなある行動計画の提案に賛成してうなずくが、会議室を後にするときにはそれを実施する意図などまったくなく、うなずきは空疎な身ぶりでしかない」というものだ。[22]

そうしたうなずきは、2011年の会議でGMの弁護士たちが訴訟の頻発を懸念し、調査員たちにすぐ行動するよう促したときにも起きた。調査チームの管理職が出席していたとされ、一部の証言によれば、「事故発生率があまり高くなかったので、エアバッグ不作動問題の調査」に乗り気でなかったという。その管理職はどうやら、チームの一人を調査に割り当てたが、そのときにもこれが緊急だというのをまったく伝えなかった。結果として、ほとんど何も起こらなかった。[*23]

全体として、バルカス報告はある専門家に言わせると「官僚制の危険性に関する古典的な研究となっている。責任不明瞭、イニシアチブ欠如、問題を見つけて解決できない、会社にとっての大きな問題が目に入らず、悪い報せが表面化するのを恐れている[*24]」。別のメディアはこれを端的に述べている。「醜悪な一大惨状[*25]」

パーパスとのつながり

その後メアリー・バーラは、その惨状を片付けるべく行動し、手続きなどを簡素化してGMをもっと応答性のよい俊敏な組織にした。彼女はCEOになる前から官僚主義の削減を開始していたが[*26]、イグニッションスイッチの危機でその決意はさらに固まったし、さらに各種波乱（電気自動車、カーシェア、デジタル接続自動車など）を先取りできるようにビジネスを再創造する必要があるというのも重要な動機となった。GMはいきなり官僚制の主要な要素を消し去るわけにはいかない。それでもバーラとそのチームは、その影響を抑えるための重要なステップを講じた。安全問題が階層の下に埋もれてしまうのを防ぐため、GMは従業員が安全問題を上司にすぐ注進できるプログラムを導入し、従業員たちが問題を見つけたら指摘するように研修を行った。タコツボ解消のため、GMはエンジニアリングにシステムアプローチを適用する組織を作り、個別の部品を製品全体と結びつけるようにした。[*27]

後にGMは、会社の協働性と透明性を高めて革新的にする追加の計画を導入した。たとえばGM2020イニシアチブでは、従業員たちをハッカソン的な「コー・ラボ」に集めて問題を解決させる。またティッピングフォワード活動では、従業員たちが仲間に対して仕事をライブでプレゼンさせて共有できるようにする。[*28] バーラにとって、官僚制を減らして組織をもっと流動的にするのは最重要課題だった。これは安全性のためだけでなく、全体としての業績改善の手段でもある。彼女によると「ほとんどの人が毎日出勤してよい仕事をしたがっていると信じるなら、それを邪魔しているのは何でしょう？　社員が最高の仕事をできるような、協働的な環境と、必要なツールがあるでしょうか？　それとも、ごく単純な作業ですら完了するのが苦痛になっているでしょうか？[*29]」。

興味深いことに、GMの官僚制改革はパーパス重視と同時にやってきた。同社はかつては、単に業界の指導役を目指してきただけだが、[*30] いまや実存的な意図にも似た会社としての「約束」を採用した。GMは「顧客のためにもっと安全で、よりよい、持続可能なソリューションを提供いたします。パーソナルモビリティを変革し、世界中のコミュニティを改善します[*31]」。

それと関連して、同社は2017年に「無事故、エミッションフリー、渋滞ゼロの世界を創る」というビジョンを採用した。[*32] 翌年、バーラはビジネスラウンドテーブルの「企業パーパスについての声明」に署名したCEO181人の一人となった。[*33] バーラは同社が「全車電動化の未来に全面的にコミット」していると述べ、[*34] 2021年には同社は2040年までにカーボンニュートラルになるという目標に公式にコミットしたことでニュースになった。[*35]

GMがディープ・パーパス企業になったのか見極めるには早すぎるが、同社の方向性は興味深いパターンを示している。私の研究が示した通り、パーパスに最も深入りするリーダーたちは、伝統的な企業の官僚的なやり方を捨て去るのにことさら熱心で、自社をイノベーション、アジャイル性、成長に向けて位置づけようとする。さらに彼らは、二つの主要なやり方で、自社を鉄の檻から解き放つ。彼らは私が「船頭が多すぎる」問題と呼ぶものを解決し、階層を平らにして低位の従業員や管理職に自律性を与える。さらに彼らは私が「根深いタコツボ」問題と呼ぶものを解決し、機能や事業部、地理などにまたがる協働を促進するのだ。

しかし、鉄の檻を打ち破るのとディープ・パーパスとの厳密な関係とはどんなものだろうか？　これは二つの面がある。一つは、パーパスの存在自体が信頼を育み、よりよい人間的な組織形態が根づくのに役立つ。もう一つは、船頭が多すぎる問題と根深いタコツボ問題に取り組めば信頼形成に役立ち、それがこんどはディープ・パーパスを組織内に埋め込むことになる。ディープ・パーパス・リーダーにとっては、パーパスの維持は、ますます深まる信頼の力学により、革新的な高業績組織の構築と手を携えているのだ。

「船頭が多すぎる」問題の解決

2020年、インドのハリヤナ州の小農民たちは問題を抱えていた。作物が収穫期になったが、仕事をする農業労働者がいなかったのだ。こうした地方農民たちは金持ちではない。収穫の出来によって、ちょっとした豊かさと貧困との差が決まってしまう。農民たちが作物を掘り出す方法を見つけられなければ、彼らも家族もそこに依存するコミュニティも破滅だ。

救いのヒロインがやってきた。グローバルなインド企業マヒンドラ社の農業機器部門（FES）のチームメンバー、シプラ・クマリだ。[*36] マヒンドラは1945年に創業された194億ドルのコングロマリットで、百ヶ国に事業展開し、自動車、金融サービス、IT、不動産業などをはじめ、巨大なビジネスポートフォリオを持っている。そのFESはトラクター、収穫機などの農機を生産し、インドでは市場シェア40％を占める。[*37] 今回の事態に際し、クマリは農民たちの苦境を知り、感動して行動を起こした。

「作物は用意ができていて、農民たちはどうすることもできませんでした。他のすべては待てますが、農業は待てません。だからマヒンドラ社員としてこれは巨大な懸念でした。立ち上がって行動するときでした」

まったく自主的に、シプラは地元の農業局に連絡して、地域で使える収穫機が何台あり、どこにあり、その持ち主たちが収穫作業でそれをどこに持っていくつもりなのかを追跡した。この情報をもとにシプラは、周辺地域で作物収穫用に空いている機械と農民たちをつなげることができた。彼女は回想する。「簡単な仕事ではありませんでした。でも、自分はこれをやらねばならない、農民たちのためにやりたい大きな仕事なんだ、と思ったんです」[*38]。シプラはこの活動の結果として売上が立つとは思っていなかった——単にそれが正しいことに思えたのだ。そして確かにその通りだった。彼女のすばやい思考により、何十人もの地元農民は作物を救えた。

この善意の行動は単発ではなかった。事業としてのFESは、技術を使って小農民たちの生活を改善しようとしていた――このミッションを追求するのは、ある従業員が私に語ってくれたところでは「莫大な喜びを与えてくれる」そうだ。[39] ＦＥＳは、「サービスとしての農業」（ＦａａＳ）の提供を開始していたが、これは農民の生産性を高めて生活を向上させるものだった。[40] 他の企業とちがい、ＦＥＳは当初ＦａａＳを無料で農民たちに提供した――自分たちのサービスを差別化しつつ、小農民たちに最先端の技術へのアクセスを可能にする戦略的な動きだった。

農業で成功する女性を増やすため、ＦＥＳは彼女たちが農業技能を高め、低価格のツールを確保し、収入を補う方法を見つける活動を始めた。

ＦＥＳの啓蒙的なビジネス慣行は、何か高位の会社の指示から生じたものではない。これはマヒンドラ社の広い企業パーパスの解釈として、独立して実施された地域的な活動なのだった。１９９０年代末、当時の執行役員にして現会長アナンド・マヒンドラの指導の下で、マヒンドラは限定的なパーパスを採用した。世界に対し、インド企業が世界的な製品やサービスを創れることを示す、というものだ。会社の中で、このパーパスを理解したり事業活動で使ったりした者はいないも同然だった。２０００年代に、同社がグローバル化すると、アナンドはマヒンドラ社が新しいもっと広い存在理由を設け、その広範な活動を統合して強化すべきだと気がついた。

２０１０年に同社は、たった一語にまとめたパーパスを採用した――「Rise」――そして以下の声明でこれを説明した。「私たちは因習的な発想に挑み、彼らのリソースすべてを革新的に使って、ステークホルダーたちや世界中のコミュニティの生活にプラスの変化をもたらして、彼らが上昇（Rise）できるようにします[41]」

Rise実現とは三つの主題を追求するということだ。「限界を受け容れない」「ちがう発想」「プラスの変化をもたらす」。いずれも障害や課題や因習的な常識を超越すべく立ち上がるという総合的な概念を定義するものだ。アナンドが説明してくれたように、Riseというのは仕事とその意味についての新しい、ずっと深遠な認識を伴うものだ。それは「仕事を自分が何者か、何になりたいかという本質的な一部として見ること」を意味する。単に良い仕事をするにとどまらず「人々の生活に影響して他の人々が向上できるように支援すること」も含むのだ。

２０１１年にRiseが発表されると、アナンドとそのリーダーシップチームは、その後数年かけてそれをマヒンドラ社全体に徹底的に伝え、埋め込み、維持してきた。こうした活動を研究しているうちに、私はリーダーたちが硬直した指揮統制的発想から離脱して、もっと自律性を高めたがっているのに気がついた。リーダーたちはRise活動を促進はしたが、パーパスがトップダウンの指令のように感じてほしくはなかったのだ。むしろ、全社の事業部が自分たちの好きなように意思決定をしつつも、それが企業の意図に関する明確なビジョンを核とする整合的な形で行われるように啓発したいと思っていたのだ。アナンドはこう述べる。「私のやり方は移譲することだ。みんなに、アナンドの命令を実行しているとは言ってほしくない。それはRiseではない。彼ら自身がまずRiseして、自分の言うことを信じねばならない。私の仕事は単に、人々がRiseを理解してこの哲学から逸脱しないようにすることだけなのだ」[*42]。Riseは運営における一般的な哲学でアプローチとしての面がずっと大きいので、同社はそれをあまり細かく計測したりせず、リーダーたちを新しいRise固有の指標に対して責任を持たせることなく、全体的な事業や外部のブランディング指標を計測するようにした。

マヒンドラのリーダーたちは、それぞれの事業がRiseを自分の好きなように内部で実施して維持するのを許した。マヒンドラ社とマヒンドラ金融サービス社の取締役ラメシュ・アイヤーが語ってくれたように、「部門長やCEOたる私たちのだれも、Riseを伝えるように圧力を受けたり、どう使うべきか指示されたりはしませんでした」[*43]。やがてRiseが根づくにつれ、リーダーも事業もそれを独自のやり方で解釈して、行動につなげるようになった。マヒンドラ自動車は、ステークホルダーとの長期関係を育み、財務的なトラブルに陥った納入業者やディーラーを支援し、製造子会社の一つで従業員をレイオフしないという形でRiseを実施した。マヒンドラ金融は、これまで奉仕していなかった地方顧客にも製品を販売しただけでなく、地元の従業員を雇い、新しい成長機会を提供した。Riseがもっとしっかり根づくにつれ、あるリーダーはこう語った。「私たちはRiseの柱を意識的に実施し、しかももっと広がった形でそれをやっています。多くのリーダーたちは、自分自身の分野で、プロセスや構造とは無関係に活動を実施しています。人々は絶えずRiseと整合した選択をするように意識しています」[*44]

パーパスとつながり、そこに埋め込まれた自律性は、マヒンドラ社に目に見えるエネルギーを注入し、その業績を引き上げた。２０１１年から２０１８年にかけて同社の利潤は2倍以上になったが、リーダーたちはこの利得の一部が従業員によるRiseへの熱意のおかげだとしている。私がインタビューした一部の従業員は明らかにRiseについて興奮していた。パーパスが仕事で彼らを活気づけただけでなく、私生活でもプラスに作用し、もっと実践して他のプラスの変化を育むように啓発してくれたのだという。

心理的な立場からすると、この反応は意外でもなんでもない。研究によれば、自律性は確かに従業員のやる気を引き出し献身的にさせる。[*45] 人々が自発的かつ熱心に行動するのは、内在的な動機を刺激されたときで、その主要な一つが自律性の必要性だ。[*46] 心理学で自己決定理論と呼ばれている研究群は、社会的なつながりと能力の感覚に対するニーズと並んで、自律性を重視している。[*47] 人が仕事で「選択か自発性」を行使するときには、主体性の感覚に根差した健全な厚生の感覚を感じるしっかりした方向に進んでいるのだ。この理論によると、人間は自然に自分の可能性を実現しようとしているのだが、その社会環境がその発達を育んだり抑えたりしてしまう。自律性を抑えれば、人間は開花しない。支援すれば人々は繁栄する。マヒンドラ社では、おおむね自律的な事業部がパーパスという傘の下でアジェンダを動かす——そしてパーパスへの献身のおかげで同社は、鉄の檻という拘束を緩めることができたのだ。

パーパス＝自律性＝信頼のつながり

だが自律性とパーパスをつなげるのはズバリ何なのだろうか？　多くのインタビュー対象者たちは、個人的にRiseがどれほど意義深いか述べ、そのパーパス実現がいかに心満たされるものかを語る中で、信頼という概念を持ち出した。彼らは、会社が自分たちを信頼してくれているのが気に入り、お返しに会社を信頼するようになった。信頼は他のディープ・パーパス企業でも私との議論の中で登場した。ある水準で、信頼と自律性とのつながりはかなり明らかに思える。だがそれを分析する中で、私は信頼と自律性だけでなく、こうした概念とパーパスとの間にも興味深いつながりがあるのを発見した。この三つのつながりはあまりに細やかで多方向的なものなので、私はパーパス、自律性、信頼の完全なつなが

パーパス＝自律性＝信頼のつながり

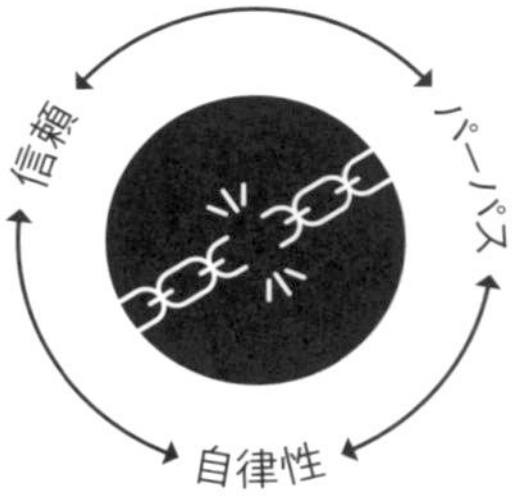

りを感じるようになった。

このつながりの働きを見るには、急成長中のアメリカのメガネ小売店ワービー・パーカー社を考えてほしい。２０１０年創業のワービー・パーカー社は、万人のためにメガネを安く提供し、「社会的に意識の高いビジネス」という大義を促進しようとしている。[*48] この実存的な意図を実現するため、ワービー・パーカー社はメガネを一つ売るたびに、もう一つ無料で提供するという有名な方針を採用した――「一つ買ったら一つ寄付」と彼らが呼ぶものだ。[*49] 執筆時点で、ワービー・パーカー社は８００万個ほどのメガネを無償で提供し、[*50] 入社３年目の社員全員を発展途上国に送って、そのメガネ寄付活動の実態を見学させる。同社はまた、その社会貢献を拡大して、メガネのない人々全般のために、メガネへのアクセスを拡大する活動を実施している。[*51] 一時はＢコーポレーションだったワービー・パーカー社は、[*52] カーボンニュートラルで、移民の権利、ＬＧＢＴＱ＋保護、ネット中立性といった社会問題を公然と支持している。[*53]

マヒンドラ社と同じく、ワービー・パーカー社もディープ・パーパスの追求の中で「船頭が多すぎる」問題にも取り組んだ。同社の初期には、ワービー・パーカー社の創業者４人は「お互いに上下関係はなく、コンセンサスに基づく意思決定を堅持して、明確なコミュニケーションがこの新興企業の中核価値であるべきだと合意して、お互いについて定期的に全方位的なレビューまでやった」[*54]。2010年代の同社が急成長する中で、リーダーたちは運営規範として自律性を強調したので、もっと普通の組織で働いてきた人々は、転社してきて戸惑ったほどだ[*55]。リーダーたちはクラウドソースを意思決定に織り込み、特に企業の製品開発グループではそれが強い。ワービー・パーカー社はワーブルズという仕組みを構築した。これは従業員が企業の戦略に沿って活動する新しいプロジェクトを提案できるというものだ。従業員、管理職、リーダーたちが投票して、会社としてどのプロジェクトを優先するか決める。その後、従業員たちはどのプロジェクトに参加するか決められる。望むなら、最優先プロジェクトの1位に選ばれなかったプロジェクトを選んでもいい[*56]。

創業者で共同CEOニール・ブルメンタールが私に語ってくれたところでは、そうした自律性は信頼関係の存在を前提としている。「お互いに信頼していれば、特にリーダーがチームを信じれば、チームメンバーに自律性を与えられる」[*57]。彼をはじめとするリーダーは明示的に、従業員に対する信頼を伝え、信頼こそ自社の中核価値だと述べた[*58]。だが自律性が開花するには、従業員のほうもリーダーを信頼しなくてはならない。後に見当違いだと判明する決断をしたときにも、リーダーたちが支持してくれると信じられねばならない。ワービー・パーカー社は従業員がリスクを取り、創造性を発揮して、自己表現するのを明示的に歓迎することで（たとえば同社の明示的な中核価値は「新しく創造的なアイデアの追求」だ）、苦労してこの信頼を勝ち取った[*59]。リーダーたちは、従業員を積極的に信頼することで、逆に従業員たちが会社をもっと信頼するよう仕向けられたと感じている。「信頼を得るには自分が信頼しないと。信頼は一方通行ではない」と共同創設者で共同CEOのデイヴ・ギルボアは語る。[*60]

パーパスは信頼と自律性とのこのつながりを大いに強化した。学者たちは、パーパスは従業員がもっと会社を信頼するよう促すことで企業に便益をもたらせると論じてきた。一部は、パーパスが企業内の信頼を育むのは、それが会社の意思決定を明確にして、その信頼性を高めるからだという理論を述べている。[*61] こうした信頼は、さらに組織全体に広がり、自律性提供の根拠となるのだ、と私は主張する。パーパスは職場内部の協力の基盤を丸ごと変え、企業を利己的な個人間の契約のつながりから、献身のつながりに変える。[*62] 私の研究が裏付けたように、ディープ・パーパス企業が従業員に感じさせる信頼は、そうした絆を形成するにとどまらない。それは実体的で経験的だ――ほとんどの組織に存在する信頼の不在とは好対照となる。[*63]

ワービー・パーカー社の社会イノベーション部長ジェッシー・スニースは、その古参従業員の一人が語った物語を教えてくれた。従業員がパーパスとつながれるようにするため、ワービー・パーカー社は彼らを現場に送って、必要としている子供たちにメガネを配る。この元従業員は、ブロンクスにある荒れた地区の学校に出かけて、強い視覚障害を持つ中学2年生に、新しいメガネをあげた。「これまでメガネを持っていたの？」とこの従業員は尋ねた。「いいえ。これが初めて。ときにはママがメガネを貸してくれるけど」と彼女。

このちょっとしたやりとりが、その従業員に大きな印象を残した。本当にメガネを必要としている子供が、メガネなしで過ごさねばならず、ときどき母親のメガネを借りねばならないというのは心乱れるものだった。そして、やっとメガネを手に入れるということが、その子の人生にとってどんな意味を持つのかを直《じか》に理解できたというのは――とにかく驚異的だった。この体験は、何年も後でこの従業員のキャリアにおいて最も強力な瞬間の一つとして突出していた。それがこの会社に対する彼の見方を形成して、そのミッションを受け容れるように啓発した。「多くのチームメンバーは本当に似たような経験を持っています。みんなつながり、やる気を持って、私たちの構築しているものに誇りを持っています」とスニース。*64 彼らは会社とそのリーダーシップ、それが形成する道徳的コミュニティを信頼するようになった。というのも、会社がその壮大な野心を本当に実現しているのがわかったからだ。

存在理由がディープ・パーパス・リーダーたちに、従業員たちの会社への信頼を育めるようにしてくれるなら、そうしたリーダーたちはそのパーパス実現のために従業員にもっと自律性を与えることで、その信頼を固めることができる。従業員たちは、仕事で自律性に遭遇すると、ディープ・パーパス・リーダーたちがほとんどのリーダーとはまったくちがった企業観を持っていることを理解する。これはパーパスが本物だと彼らに思わせる――社員たちはそれが本当であり自分が入れ込む価値を持つのだと感じるようになる。さらにパーパスはかなりの自律性を前提としているのだ、と指摘してもいいだろう。パーパスはしばしば、硬直した統制のかわりとなる――それは個人が組織や自分にとって有益な形で自分を統制する環境を作り出す。だが個人が自己統制できるような力を与えるには、会社が彼らを信用し、自律性を与える必要がある――そうでないと自己統制にはまるで意味がない。

ワービー・パーカー社などのディープ・パーパス企業は、信頼の好循環を創り出す。パーパスを確立して従業員たちがそれを実現してくれると信じることで、彼らは従業員がさらに会社を信頼するよう促し、パーパスのためにさらに会社に精力的な貢献をしてくれるよう促す。信頼、自律性、パーパスのつながりが生み出され、それぞれの要素が他のものの基盤となり、それを強化する。[65] その結果として生じるのは、まったくちがう形の組織で、ある程度は鉄の檻から解放され、もっとダイナミックで柔軟で革新的になった企業となる。

一つ注意事項はある。パーパスが促進する自律性は、絶対的なものではない。通常は、ある程度の統制をもたらすガードレールがついているが、自律性の範囲は以前より増える。人によっては、統制と自律性は正反対だと考え、ゼロサムゲームでの対立する存在だと思うかもしれない。私の研究によれば、むしろ制約を使うことで、健全な自律性行使のための道が整うのだ。[66] 完全な自由は望ましく思えるが、しばしば重荷となり、混乱、カオス、従業員にとっての選択過多、業績低下につながる。[67] 行動を有益な形で縛る枠組みを提供することで、リーダーや企業は社員を解放して選択を自律的に行い、最高の業績を挙げられるようにできる。

こうした私が「枠組みの中での自由」と呼ぶものはジャズの即興に似ている。年季の入ったミュージシャンは好き勝手な演奏をするのではない。むしろ、曲のメロディ、リズム、コード進行などの基本的な構造要素に準拠することで、即興に形を与える。ビジネスの場合、枠組みの中での自由は三つの上位に位置する構造要素を動員する必要がある。パーパスまたはミッション、組織のビジネス目標から導かれる優先順位またはルール、パーパスや優先順位から導かれてそれを日常生活に翻訳する原理だ。[68] パーパスの存在は、意図的に行動する責任を意味する。パーパスや、優先順位やルールの具体的な用語は、行動の肯定的な処方箋（聖書の十戒の表現では、汝《なんじ》XXすべし、というものだ）と否定的なルール（汝XXすべからず）を組み込んだものとなる。パーパスは行動の制約をもたらす（たとえば会社として追求しない事業機会や、採用しない人材方針などだ)。同様に、もっと肯定的に従業員や管理職が採用すべき社会支援的な構想も示唆するのだ。

「根深いタコツボ」問題の解決

2001年9月12日、テロリストたちがニューヨーク市の貿易センタービルとペンタゴンを攻撃した翌日、当時就任したばかりのFBI長官ロバート・モラーは、ジョージ・W・ブッシュ大統領に政府の対応について説明することになった。この歴史的な、責任の重い説明は、大統領執務室で行われ、副大統領、CIA長官などの政府高官たちも出席していた。ほぼ即座に、事態はモラーの予定通りには進まないのが明らかとなった。

モラーは大統領に対し、FBIが攻撃現場に指令センターを設け、だれの仕業かを突き止めようと活動していることを告げるところから始めた。その発表が始まって数分で、大統領が割り込んだ。「ちょっと待った、ボブ。それをやっているのはわかる――当然やるだろう――FBIはもう何年もそれをやってきたし、それについては私も疑問視していない。今日私がしたい質問はだね、次のテロリストの攻撃を防ぐためにFBIは何をしているのか、ということなんだ[*69]」

モラーは面食らった。「宿題をまちがえた18歳の高校生みたいな気分でした」と彼は、私の講義の一つを訪れたときに回想した。「それについては考えていなかった。答えがなかった。辞書になかったんです」。その時点まで、FBIの使命はとても簡単だった。いったん起きた犯罪を捜査し、法を執行することだ。ブッシュはＦＢＩに対し、まったくちがったことを要求していた。国家安全保障への脅威を予測して、それが起きるのを防げと言っているのだ。

当時、一部の評論家はＦＢＩが犯罪との戦いにだけ専念すべきであり、将来の脅威に関する国内課報収集は別の機関がやるべきだと考えた。モラーはちがった――彼はＦＢＩが両方をやるべきだと考えた。検事総長ジョン・アシュクロフトが過去の犯罪捜査よりも将来の攻撃防止を重視しろと命令したとき、モラーはそれに従うべく強力に動いて、抑止をＦＢＩの新しいパーパスとして定義づけた。だが彼が認識した通り、既存の組織ではＦＢＩはとても成功できない。９・11攻撃以前のＦＢＩは、タコツボの群れとして運営されており、56ヶ所の地域的なフィールドオフィスがその地理的な範囲で起きる犯罪捜査に責任を持っていた。またＦＢＩ本部には別のタコツボがあり、特定の種類の犯罪、たとえばホワイトカラー犯罪や麻薬関連犯罪といったものを専門に扱っていた。部局や他の連邦、州、地方の法執行機関や諜報機関との連携は、ほとんどなかった（この結果は９・11委員会の事後的な見解「ＦＢＩは自分が知っていることを知る能力が欠けていた」につながった公算が高い）。[*70] 地方部局は捜査を続け、それが他の管轄区間に広がったときですら、その運営を続けた。攻撃を防ぐために、ＦＢＩは地理や機関を超えて情報とリソースを共有しなければならない。タコツボを破壊して、それが生み出す競争も潰す必要がある。どうやってこのシフトを実現しようか？[*71]

ビジネスリーダーたちはどこでも似たような課題に直面する。組織にもっと自律性をもたらすのは結構。だが複雑でダイナミックな環境で、もっと革新的でアジャイルになるには、リーダーは情報の流れを制約して、協働活動を阻害するタコツボの「橋渡し」をしなくてはならない。[*72] 今日の階層構造が重たい企業においては、協働と方針整合の不在は蔓延している。組織が構造と戦略を整合させようとすると、タコツボが地理、製品、機能、顧客など各種の軸を中心に多発する。マトリックス構造は到るところにあるし、箱と矢印が収拾つかないほどに蔓延している。

リーダーたちはまた、新しい箱やタコツボを作り出す巨大な誘惑にもさらされる。彼らから見れば、それぞれの箱は自己完結したユニットとなり、明確に定義された責務と指標を持つ。箱さえ設置すれば、リーダーたちは人々に責任を持たせつつ、技能と専門に集中できる。だが組織がそうしたユニットを必要とするのはまちがいないが、それはしばしば不健全な影響を下流にもたらす。従業員たちは視線が内向きになり、組織よりも自分のユニットに同化するようになり、各種ユニット同士の協働を阻害する。何千人もの管理職に対するアンケート調査では、その大半（84％）は上司や部下を信頼できると考えていたが、他の部局の同僚が約束を常に、または多くの場合に果たしてくれると考えた人は60％に満たなかった。[*73]

会社は根深いタコツボ問題を解決するために、タコツボ間の「橋渡し」を構築しようとするが、そうした活動は失敗することが多い。それは彼らが組織協力の全貌を理解していないからだ。企業は「全社一体」といったキャッチーなスローガンを掲げ、「チームワーク」文化の構築といったゆるい話はする。だが組織的なタコツボは、人々の内部にあるほとんど原初的な部族主義を引き起こす――ここでも人々は小さなタコツボに忠誠心を感じてしまう。こうした忠誠心を悪化させるのが、タコツボが希少なリソースとリーダーシップの注目を求めて競争しなくてはならないということだ。この内戦は、あまりに気が散るものとなり、企業は市場や顧客を見失ってしまう。

組織にパーパスを注入すれば、そのバラバラなタコツボをまたがる協働をもっと促進できる。だがパーパスを発表するだけではダメだ。人々がタコツボを超えて協力するためには、企業とリーダーたちは二つのちがった、だが相互に強化し合う行動を採らねばならない。タコツボをまたがる協働の活動と情報の流れを促進する方法を見つけねばならない（協調）。そして、タコツボがいっしょに働きたくなるような傾向を後押ししなければならない（協力）[*74]。言い換えると、様々な機能、事業部、チームの間に社内で存在する亀裂を橋渡ししなくてはならず、人々がそうした橋を通るように動機づけねばならない。協調は人々の行動を組織全体で整合させるし、協力はその利害を整合させる。

タコツボの橋渡しを目指す企業のほとんどは、主に協調の強化に専念し、個別管理職に報告する人々の数を増やし、タコツボ横断的な短期のタスクフォースを作り、継続的な委員会や評議会を作る。企業は通常、協力は無視する。それが「ソフト」すぎると考えるからだ。協力を促進するには、それを文化に織り込み、金銭的、非金銭的なインセンティブを作ってそれを促進するという面倒な作業が必要となる。共有されたパーパスは、こうした文化作業を強力に補ってくれるが、企業はしばしばそれが強力なプラットフォームの可能性をもたらすことを見すごしてしまう。結果として、「全社一体」という口上は、従業員の生きた体験へと強力に結びつかないのだ。

ディープ・パーパス・リーダーたちは、もっとバランスの取れたアプローチを採用し、協調と協力の両方を、捉えどころのない「全社一体」的な心構えを活性化するための強力なレバーとして受け容れる。こうしたリーダーたちは分野をまたがるチームや仕組みを作り出し、社内の境界を越えて情報がスムーズに流れるようにして、協力の精神を育み、パーパスだけでなく文化とインセンティブも強調する。

ＦＢＩでの協調を改善するため、モラーはテロ対策活動の統制を中央に集中させ、発端となったフィールドオフィスがその事件の統制を維持するのを許さず、「国内および国際的な捜査を協調させるために」、本部に「飛行部隊」を設けた。[*75] 彼は地方フィールドオフィス内での協調を改善しようとして、新しいチーム――現場諜報グループ（ＦＩＧ）と呼ばれる――を設立し、それが各地方オフィス内に置かれ、他の部局といっしょに活動するようにした。２００７年にモラーは、ＦＩＧの活動を標準化するためのチームを作り、ベストプラクティスを見つけ、共通の運営モデルを詳述し、ＦＩＧ職員を訓練した。[*76]

こうした改革を導入する過程で、モラーは協力を改善しようとした。このために彼は多面的なアプローチを採用し、ＦＢＩの新パーパスを、みんなの利益を整合させるために活用した。９・11以降の数年で、人々は国家安全保障に関連する緊急性を感じ、ＦＢＩのパーパスはみんなの頭の中で筆頭にあった。だがそれが長続きするだろうか？　長続きするように、モラーはステークホルダーたちに新パーパスを思い出させた。彼の発言だが「私たちのミッション、責任が将来的に、アメリカにおけるこれ以上のテロ攻撃を阻止することだ、というのは根本的なシフトであり責任だ。そしてそれを理解していないエージェントは一人もいないし、サポート要員も一人もおらず、アナリストも一人もいない」[*77]。

「ＦＢＩの文化的な心構えのパラダイムシフト」を明示的に挙げ、モラーは諜報担当官と現場エージェントとの間にパートナーシップと共有をもたらそうと努力した。[*78] あるＦＢＩ内部文書によれば「新しい現場諜報モデルは、国内諜報を行うにあたり自分自身やその役割と責任について新しい考え方を迫った。私たちは自分について、国家安全保障組織の一部として考える必要が生じた（中略）これは「家の片側」だけの話ではなく、ＦＢＩ全体の仕事だった。現場は課報プロセスに情報を流し、課報プロセスは現場に情報を提供する（後略）[79]」。課報担当官と現場エージェントたちは、同じチームの一員としてうまく協力しなくてはならず、お互いを信頼しなければならなかった。

この新しい協力の心構えが持続するように、モラーは定期的な戦略パフォーマンスセッション（ＳＰＳ）を導入した。そこではリーダーたちが、捜査員たちがどれだけ協働しているかを評価してフィードバックを行う。「ＳＰＳを活用することで、管理職は系統的に事件や訴追の成功に注目したＦＢＩから、包括的なドメイン意識とネットワーク騒乱に注目した課報駆動組織への移行を導いた[80]」。最後にモラーは、９・11直後に組織を導く責務となるべく彼が回覧した10カ条の優先事項一覧の中に、外部パートナーとの協力と協調改善を含めた[81]。ＦＢＩは地元法執行機関と地域協働テロタスクフォースを設け、定期的な会合を開いて潜在的な脅威に関する情報のスムーズな移転を確保した[82]。こうしたタスクフォースに講義を行う中で私が直接見たことだが、こうした相互作用は、機関の間のつながりと信頼を構築して、将来の危機のときに有効な協働作業ができるようにすることだけに専念していた。

パーパス＝信頼＝協働のつながり

他のディープ・パーパス組織に関する私の研究によると、パーパスはバラバラのタコツボの活動を整合させるだけでなく、その利害も整合させるので、協働のことさら重要な力となる。ここでも肝心なのは信頼だ。ディープ・パーパス企業では、信頼関係は当然、協調と協力のどちらにも有益だ。同じ道徳的コミュニティのメンバーとして、人々は各種のタコツボにいる同僚たちが「同じチーム」にいて、同じ価値観に基づく同じ目標を追求しているのだと信じる。人々はもっとすぐに協力する。というのも自分たちの利益が整合していると感じ、貢献しても心理的に「安全」と思うからだ。[*83] また協調もすぐに行える。というのも世界に対する方向性が共有され、アイデンティティが共有されているからだ。協調と協力が増えれば、同僚たちの間にさらに信頼が生まれ、彼らの心の中で、パーパスと道徳的コミュニティへの参加についての共有の献身が裏付けられる。従業員たちは、自分たちが「一心同体」だと知り、仲間が課題を乗り越えるのを助けてくれるとあてにしてよいのがわかるのだ。

ワービー・パーカー社では、パーパスに基づきリーダーたちが意図的に育んだ信頼できる環境が、タコツボをまたがる形でずっと多くの協調と協力を生み出し、さらに一般的な協働の倫理も育った。ニール・ブルメンタールが裏付けたように、ワービー・パーカー社のパーパス献身は従業員と会社の間だけでなく、同僚たち同士の信頼を育んだ。新規採用にあたってのリトマス紙となるパーパスは、パーパス・ドリブンの心構えを持つ人々のコミュニティを創り出せるようにして、それがこんどはお互いへの基本となる信頼を相互に与えることで協働を加速した。またそれは、会社の価値観とマッチする価値観を持つ志望者を見極める手法を創り、新人たちをパーパスや価値観について教育する新人研修プロセスの設計に貢献した。これらすべては、強力なチームワークと協働の文化を作るのに役立った――同社はこれを「#teamwarby」と呼びたがる。[*84]

ワービー・パーカー社での協働的心構えの証拠として、ブルメンタールは重要な優先事項を追求するため同社が動員する、機能横断的なチームを挙げる。2015年に、同社はそうしたチームを集めて、

パーパス＝協働＝信頼のつながり

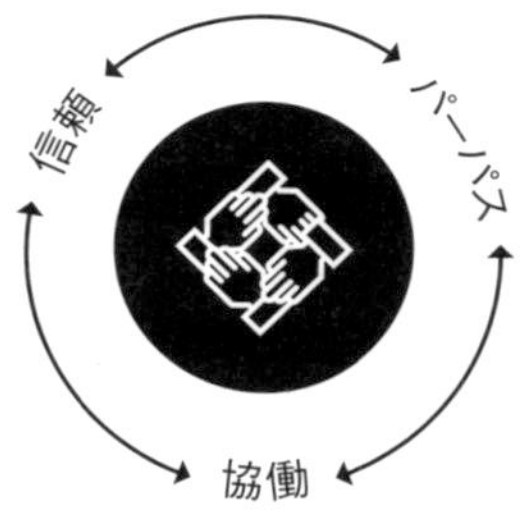

ワービー・パーカー社のブランドを拡張しつつ、同社のパーパスや価値観からは外れないような、新しいコンタクトレンズ製品を考案させた。ブルメンタールらのリーダーは、昔からコンタクトレンズ市場に参入するつもりだったし、いまや戦略チームは、そろそろその時期が来たかどうかを真剣に検討し始めた。

戦略チームは、製品戦略と小売りチームの助けを借りてパイロットプログラムを開始した。製品は「スカウト」と呼ばれ、新しいブランド化されたコンタクトレンズで、ワービー・パーカー社のミッションにあわせて、伝統的なコンタクトレンズよりも包装が少なく、手の届く価格帯で販売されていた。パイロットプログラムが成功したので、同社は大規模にスカウトを発表しようとして、顧客サービスやマーケティングのような他の部局が絡んできた。部局間の調整はスムーズで、協力の感覚ははっきりわかった。

ブルメンタールが回想するように、このプロジェクトの成功における「核心は、チームメンバーが自分の役割を理解したことだが、それだけでなく成功が効果的なバトンの手渡しと協力に依存していることをみんなが認識していたこともある。『これはオレがやったんだぜ』と誇るのではなく、集合的な活動に誇りを持ったのだ。立ち上げたのはオレ、それを他人に手渡し、成長を続ける中で支援を続けた、という具合だ」。

結果を生み出すパーパスや信頼を追求することで協働を間接的に促進するだけでなく、ブルメンタールらリーダーたちは協調と協力を直接育む。多くのハイテク企業同様、ワービー・パーカー社は「楽しさ」と、包摂的な労働環境、他人と協働するのが「安全」で望ましく感じられるものを作ろうとする。リーダーたちはトップから協調アプローチの重要性を伝える。すでに述べたように、協働を支援するとリバウンド効果があり、信頼とパーパスへの献身の両方が強化される。二つ目に正のスパイラルが根づく――パーパス、信頼、協働のつながりだ――それがさらに存在理由を組織に埋め込む。ワービー・パーカー社は従業員が信頼されていると感じ、他人を信頼し、もっと会社のパーパスに強く奉じようと決断するための基盤を作る。この形で、同社は鉄の檻から身をふりほどき、アジャイル性とイノベーション能力を強化するのだ。

リーダーたちへの教訓

本書でずっと見てきたように、どんな規模の組織であれ、パーパスと価値観が行動を促すように導くことは可能だ。ディープ・パーパス・リーダーたちはパーパスについてもっと哲学的に考え、トレードオフを交渉し、パーパスの主要なレバーを引っ張り、企業のルーツに立ち戻り、大きな物語を語り、個性の文化を構築することでそれを実現する。だがディープ・パーパス・リーダーたちは、組織を変えてパーパスを支援するようにする。こうしたリーダーたちはトップダウンの階層構造や、タコツボ化された作業や責任の割り当てを完全に捨て去ることはない。彼らは自社が、現代市場のダイナミズムの中でも、方向性ある行動や専門特化の能力を維持すべきだと知っている。だがパーパスと、鉄の檻の打破との密接な双方向関係も理解している。パーパスを核とする道徳的コミュニティを作り上げることが自律性と協働を支援するのを知っている。そしてこの二つの要素を育むことで、パーパスをさらに埋め込めるのも理解している。反対に、「船頭が多すぎる」問題と「根深いタコツボ」問題に取り組もうとしないことで、自社が従業員の目から見て、パーパスの正真な担い手という立場を台無しにしてしまいかねないのも感じている。

あなたが鉄の檻を逃れて自社をもっと柔軟で革新的で有意義なものにしようと苦闘してきたなら、特にこのもっと柔軟なリモートワークの時代にあっては、本章がパーパスから始めてそれを活動の核に据える美徳に気がつくきっかけとなったことを祈りたい。パーパスをあまり強調しなくても、もっと自律性と協働を実現することは可能だ。[85]だが強いパーパスを欠いていると、自律性と協働を開花させるのに必要な信頼を、あまり有効に構築できない。また行動について最強のガードレールを確立し、自律性を可能にするために役立てることもできない。

外部ガードレールは重要ではあるが、パーパスは人々を「道からそれないように」して、共有目標を目指して働くための、もっと有効な手段を与えてくれる。リーダーとして、私たちはしばしばコンプライアンスを確保するために、方針、手続き、指標に頼り、職場でどんな人でも体験する最強の統制が内在的で本能的ですらあるのだ、ということを忘れてしまう。パーパスはこうした本能的な自己統制を活性化する。マヒンドラ社では、インタビューした人々はRiseを支持する形で決断するのがいかに自然で何の苦もないものだったかを語った。特に危機のときにはそれが顕著だったという。2020年にコロナ禍が発生したとき、同社は自発的に共感するような形で反応した。取締役副社長でグループのCFOでもあるアニシュ・シャハの説明によると「パーパスが私たちの思考を動かすので、正しくてコミュニティのためになることをやっているという深い感覚がありまず。自分がどんな存在か示したいという話ではありません。私たちはまさにそういう存在であり、それが私たちのやることなのです」[86]。マヒンドラ財団はパンデミックで苦境に陥った中小企業に資金提供した。同社はインド用に安い呼吸器を作る手助けをして、フェイスシールドや消毒剤を作り、クラブ・マヒンドラのリゾート施設を、治療施設に転用した。シャハによると「こうした活動は大量の楽観主義を作り出しました。だれもうちの社員にそんなことをしろと命じたわけではなかったからです。すべて人々の内部から生じたものであり、Riseのあらわれなのです」。

ディープ・パーパスから出発するのは、組織の再編やアップグレードを考えている人にも有益だ。それはリーダーたちがうわべだけの変化しか実施しないのを防げるからだ。多くのリーダーたちは組織の中に自律性を歓迎し、組織内の他の人々からのインプットを求めると口先では言う。だが実際には、すでに腹は決まっていて、単に賛同を求めているだけなのだ。

中には企業内の「偽のエンパワーメント疫病」の存在を指摘した人もいる。これは「管理職の背任行為として実に広まっている」のだという。[*87] 偽の協働もやたらに見かける。多くの企業は協働をファッショナブルな流行語として採用はするが、これまで見た通り、真に協働的な環境に必要なことはやろうとしない。組織改革をディープ・パーパスから考え始めたら、その改革も深いものとなる。ディープ・パーパスと道徳的コミュニティへの忠実さがあれば、組織変化を抽象的な知的体操として考えたり、競合他社がみんなやっているからというだけのものとしてアプローチするのではなく、実存的な意図により確立された、緊急で必要な活動となるはずだ。

だからといって、パーパスから出発したら鉄の檻から逃れるのが簡単になるわけではない。リーダーたちにとって、自律性と協働を育てるには新しい心構えが必要だ。ビジネスの「管理」から、それに力を与えて成功を可能にすることに移行しなくてはならないのだ。自律性や協働は、むしろあなたを不安にさせるかもしれない。「枠組みの中での自由」はもっともらしいが、従業員が本当に自己統制してくれると信じられるだろうか？　従業員と管理職は、自律性増大と協働作業を嫌がるかもしれない。結局のところ、自律性は結果に対するアカウンタビリティが増えるということだし、お馴染みのルールに縛られた心構えからも出る必要がある。タコツボの橋渡しというのは快適な所領を離れて、ちがった心構えや働き方への適応を学ぶということだ。パーパスはゆっくりやって、信頼形成に時間をかけるべきだ。小さな自律性の場を作り、従業員を信用できることがわかるにつれて、次第にその空間を広げよう。少数の分野横断チームや活動を作ってみて、成功したらそれを増やそう。協調の仕組みや協力の文化を育てる間は辛抱強くなろう。ディープ・パーパス・リーダーシップは、組織の中で従業員の信頼を高めるというだけの話ではない。中も外もすべて信頼でまとまっている組織を作るという話だ。ディープ・パーパス・リーダーになるには、自分自身を組織の主任信頼醸成人にして管理職として考えるところから始めよう。自分の行動や決断が、さらなる信頼の醸成に役立つかそれを潰すか考えよう。パーパスからの逸脱を公然と戒める機会を探そう。そうすればパーパスが本物で、そこから広がる信頼関係の基盤がしっかりしたものだとわかる。

何よりも、パーパスは魔法の解決策ではないことをお忘れなく。自分の組織構造を描きなおして、その変化を実行し、根本的に自社の仕組みを見直さねばならない。本書で挙げたディープ・パーパス企業の一部は、まだこれを試みてはいない。ワービー・パーカー社やマヒンドラ社はそれをやったが、それでもまだ現在進行形であり、絶えず強化し、拡大して見直すべきものとなっている。こうした未完の仕事はもっと広い疑問を指し示している。ディープ・パーパスはどこまで耐久性があるのか？　企業がパーパスへの献身を深めると、利得を維持できるのか？　答えはイエスだ。リーダーシップの変化、危機、成長は、パーパスへの献身を低減させて道徳的コミュニティを崩そうとする。だがディープ・パーパス・リーダーたちは、パーパスの炎が強く燃え続けるようにするため、一連のステップを講じる。それは、最善のときであっても最悪のときであっても変わらない。

第8章 思いつきから理想へ：未来に堪えるパーパス

パーパスは完全に動員されれば強力ではあるが、脆いものでもある。パーパスを維持するため、ディープ・パーパス・リーダーたちは積極的に、重要なパーパス脱線要因のいくつかに対応する。また後継計画もたて、新リーダーたちもパーパスの担い手として認知されるようにする。また指標を決めることでアカウンタビリティも促進する。また株主の期待も無視しないようにする。そして戦略をしっかりパーパスと結びつける。組織が脱線しないようにして整合性を保つための責任を取りつつ、彼らは献身的に働いて、会社が自分を動かす存在理由を見失わないようにする。

2016年1月の湿った肌寒い朝、航空宇宙企業ボーイング社の社員4000人ほどが、ワシントン州レントンのレントン地方空港にある唯一の滑走路に、興奮したように並んだ。みんなニコニコしてカメラに手を振り、同社のピカピカの最新ジェットの処女飛行を目撃しようとしていた。1916年の創業以来、現代民間航空の先駆者であるボーイング社は、737Ｍａｘのお披露目をするところだった。

これは同社の「我が社2世紀目の初の飛行機」とされていた。[*1]

１９６７年の導入以来、７３７は世界民間航空の馬車馬だった。Ｍａｘ処女飛行の頃には、世界の民間飛行の三分の一は７３７のどれかの型を使っていた。[*2] 低コストキャリアは、この飛行機をことさら魅力的だと感じていた。サウスウエスト航空のフリートは７３７だけだし、他の多くの路線も７３７を使っている。だがボーイング社の宿敵エアバス社と、その競合Ａ３２０系列との競争が激しくなりつつあった。

２０１０年にエアバスはＡ３２０の新バージョン――通称Ａ３２０ｎｅｏ――を発表した。これは燃費、重量制限、航続距離で７３７を上回る。これらは、ギリギリの利ざやで生死が決まる低コストキャリアにとっては、きわめて重要な要素だ。この挑戦に応えようと慌てたボーイングは２０１１年に、第４世代７３７Ｍａｘを開発すると発表した。これは燃費と運用コストの両方でＡ３２０ｎｅｏに勝つと宣言したものだった。[*3] エアバスは２０１６年春からＡ３２０ｎｅｏ出荷を始めると計画しており、[*4] 顧客がエアバスの新機種に興味を示していたので、ボーイングはＭａｘを５年以内に生産する道に乗り出した。これは野心的なタイムラインで、エンジニアたちにも厳しく、同社としては他のプロジェクトからリソースを振り向ける必要が出てくる。[*5]

２０１６年のその雨の朝、ボーイング社はそのプロジェクトをやりとげて、成功への道を進んでいるように見えた。初の７３７Ｍａｘは、スピリット・オブ・レントンと名付けられ、完璧な離陸をしてみせて、集まった群衆は歓声を上げた。同機が着陸したらテストパイロットたちは大成功だと述べた。ボーイング社民間航空部門の社長兼ＣＥＯレイ・コナーは、Ｍａｘの処女飛行が「新しいイノベーションの世紀の敷居を超えてくれるもので、この会社を100年にわたり偉大にしてきたのと同じ情熱と創意がそれを動かしている」と宣言した。[*6]

このナラティブは、その後数年にわたり有効に見えた。2017年春、アメリカの規制当局は737Maxの製造を正式に承認し、その晩夏にはサウスウエスト航空が、初のMax機納入を受けた。2017年と2018年に、ボーイングは低コストキャリアからユナイテッド航空のような大規模古参航空会社まで300機以上を納入し、[*7] 2018年12月には同社はMax機5000機以上の注文を得た。[*8] 2018年のボーイング社は相変わらず世界最大の商用航空機メーカーで、売上930億ドルだった。[*9]

だが10月29日、スピリット・オブ・レントンの神話に穴があいた。インドネシアのライオンエアが飛ばした737Maxが離陸直後に墜落したのだ。5ヶ月後の2019年3月10日、エチオピア航空の737Maxも離陸直後に墜落した。この二つの墜落で346人が死んだ。[*10] この墜落の類似性を見て、各国の航空当局はMaxを飛行禁止にして、ボーイング社にその根底の問題を見つけてなおすように命じた。[*11]

ライオンエアの墜落の後でボーイング社は、「心からの哀悼」を述べ、原因究明を支援すると述べた。この墜落はセンサの欠陥が関連しているのだという声明を出し、それから乗組員たちに、このセンサからのデータを使う新しい自動飛行管制システムが、特定条件では墜落につながりかねないと告げた。ボーイング社は737Maxが「これまで空を飛んだどんな飛行機にも負けないほど安全だ」と述べたが、機長たちは同社がなぜこの新しいシステムについてこれまで警告しなかったのか、と首を傾げた。[*12]

「航空機にシステムを載せておいて、その飛行機を操縦する機長に対してそれを告げないというのは、かなり悪質ですよ、特にそれが操縦と関連するものなら」と大規模な機長労組の高官は文句を言った。[*13] 機長の誤操作も原因ではないかという臆測も流れた。ライオンエアはもともと安全面での記録が劣悪だし、機長研修に費用をかけないので有名だった。[*14] ボーイング社自体も、標準的な研修を経ている機長であれば、新しい自動飛行管制システムが誤動作したときにも対応できるはずだと示唆していた。[*15]

2019年10月、エチオピア航空の墜落から何ヶ月もたって、ライオンエアの墜落捜査官たちは、操縦ミスも一役買ってはいたが、センサが確かに誤動作して、機上のソフトウェアシステム、操舵特性補完システムことMCASが誤って作動したことで飛行機は墜落したのだ、と結論づけた。[*16] MCASの存在はそれ自体が一つの物語となる。Maxをなるべく早く飛ばそうとして、ボーイング社は規制当局に対し、新型機としてではなく、既存737の修正版として認証を得たのだった。認証を早くすませるかわりに、ボーイングはこれまでの737の設計をあまり変えられず、特に航空力学的な特性は変えられなかった。Maxのもっと燃費のよいエンジンは、これまでの737のものよりも大型になるので、飛行機が飛ぶようにするために、同社は翼への取り付け位置を変えねばならなかった。そうしないと、機体の大きさを変えたり翼の幅を広げたりするために新しい認証が必要となる。新しいエンジンの位置はおおむね機能したが、初期の試験では、ある条件下では機体が失速しかねない。この問題を解決するためにボーイング社が設計した回避策がMCASだ。これは失速のリスクを検出して、機種を下げて惨事を避けるのだ。[*17]

ライオンエアの墜落では、機体のセンサが誤動作して、MCASが何の理由もなく動き、飛行機は何度も繰り返し制御不能な形で急降下した（エンジニアたちは、センサが潜在的な失速を検知したら、10

秒ごとに機種を下げるようにプログラムしていた[18]。インドネシアの墜落捜査官たちが指摘したように、ボーイングは「フェイルセーフ型デザイン概念」（故障したときにも最低限またはまったく被害を引き起こさない）と「冗長性のあるシステム」をMCASに含めるべきだった――が、含めなかった。加えて、ボーイングは機長たちにMCASについて報せるべきだった。捜査官たちの指摘では「MCASの情報が航空機のマニュアルや機長研修に含まれていなかったことで、乗務員たちは問題を診断して矯正手順を適用するのが困難になった」[19]。もしパイロットの研修資料でMCASについて学んでいたら、システムをオーバーライドする単純な手順をやるだけで飛行機を普通に飛ばし続けられた[20]。後に、ボーイング社がMCASへの言及を削除したのは、パイロットが新システムについての訓練で巨額の費用がかかると顧客が逃げかねないと思ったからだというのが発覚した[21]。

2019年3月、エチオピア航空の墜落をMCASシステムが引き起こした可能性が出てきたとき、ボーイング社は当初アメリカの規制当局に対して737Maxの飛行禁止を解除するよう圧力をかけた。パイロットの研修を改善すればすむ話だというのがその理由だった[22]。CEOのデニス・ミュイレンバーグは、同社で長くエンジニアを務めており、Maxの処女飛行の数ヶ月前に着任したばかりだったが、どうもこの二つの墜落で、機長たちも悪かったのだと言っているように見えた。「手順が完全に遵守されていなかった」と指摘したのだ[23]。同時に、ボーイング社はシステムを修正して、センサ一つが誤動作しただけでは機首を制御不能な形で引き下げたりしないようにすると述べた[24]。またMCASについての指示書をパイロットたちにもっと与えるという。それでもミュイレンバーグは、問題の深刻さを直視せず、あるジャーナリストに言わせると「飛行機がどれだけすばやく運航復帰するかについて楽観的な予想を述べ、そのために航空当局からのすばやい承認を求めて圧力をかける」と述べた。[*25] エチオピア航空墜落後の数ヶ月で、ボーイング社はFAA規制当局を満足させてMaxを運航再開させるという野心的な目標を実現できず、飛行機を飛ばせないことで日々損を出している航空会社の怒りを買った。[*26] 2019年10月、ボーイング社自身のテストパイロットたちが2016年にMCASでトラブルに直面していたのに、同社はこの情報を規制当局に伝えるのを何ヶ月も遅らせたことを示す内部メッセージも浮上した。[*27]

その何週間か後の2019年12月に、ミュイレンバーグは連邦航空管理局の長官と衝突した。長官は、Maxの運航再開を許可するよう、FAAに不当な圧力をかけたと言ってボーイング社を戒めたのだ。同月末、ボーイング社はMax生産中断を発表してサプライチェーンを大混乱に陥れ、ミュイレンバーグを解任した。[*28] 2020年初頭には、ボーイングはMax飛行禁止で190億ドル近い損失を被ると推計した。株価は2割下がり、[*29] MaxがFAAとヨーロッパ規制当局から飛行再開を許されたのは、その後1年以上もたってからだった。[*30] 2021年にある評論家が述べたように「きわめて高品質の航空機を生産するメーカーというボーイング社の評判は大きく失墜し、二度と回復しないかもしれない」。[*31]

コース逸脱

こんな悲惨な製品発表をどうすれば説明できるだろうか？　市場の圧力や貧困な文化にも責任の一部はありそうだが、もっとよく見ればさらに深い原因が示唆される。パーパスの浮動だ。どうやらボーイング社は、市場を勝ち取るという狭い目標にあまりにこだわりすぎて、もっと大きな存在理由を放棄してしまったようなのだ――20世紀を通じてずっと、同社の成功を促進してきた価値観とパーパスの感覚だ。

1916年創業のボーイング社は当初、パーパスも明確ではなく、飛行機製造だけにこだわってもいなかった。[*32] 1910年末になると、同社は飛行機に専念するようになり、1920年代末には明確なパーパスと言えそうなものが少し見えてくる。科学を活用して社会進歩を実現し人類を向上させるというものだ。「我々は新しい科学と産業における先駆者として乗り出した」とウィリアム・E・ボーイングは1929年に述べ、「航空と航空設備の新しい改善はすべて見すごさない」と決意している。[*33] 20世紀半ばには、航空における科学の進歩と技術的成果への献身は、ボーイング社にしっかり根づいたようだった。同社の1965年年次報告書を見ると、「1916年から1966年までの半世紀ほど刺激的でやりがいがあり、報われる半世紀を人類史上で見つけるのはむずかしい。この50年で人類の科学と技術的な進歩は、それまでの歴史すべてをあわせた各種進歩を超えてしまった。ボーイング社はそのすばらしい加速で主導的な役割を果たしたことを誇りに思います」と述べている。[*34] 1990年代に入っても、同社は自分が主にある理想に奉仕していると考えていたようだ――航空分野における技術進歩で、「ますます改善された、高速で大きな航空機の製造という壮大なビジョン」というものだ。そこでは商業的成功は、重要ながら二次的なものにとどまっているようだった。[*35]

あるジャーナリストによれば「80年ほどにわたり、ボーイング社は基本的にエンジニアの集まりとして機能していた。重役たちは特許を持ち、翼を設計し、工学と安全の言語が母語になっていた。財務が主要な言語ではなかった。ボーイング社の経理財務担当者ですら、それらしきそぶりは見せなかった」[36]。従業員たちは自社の生み出す高品質で革新的な航空機と会社に誇りを抱いた。「ファミリー」の一員として個人的なつながりを感じ、何よりも「航空に情熱を持つエンジニア」である重役たちの意思決定を信頼した[37]。

この技術進歩というパーパスへの献身は、1997年にライバルのマクダネル・ダグラス社と合併したことで変わったらしい。元マクダネル・ダグラス社CEOハリー・ストーンサイファーがボーイングの社長兼COOとなり、かつての自社の効率性重視と、株主価値創造重視を持ち込んだ。大量の元ボーイング社上級管理職が退職し、残った人々は経費削減、アカウンタビリティ、財務業績という新しいレジームを実施したので、一部の人は同社がビジョンと価値観を捨てていると指摘した[38]。倫理的なスキャンダル後に前任者が辞職したためCEOとなったストーンサイファーは、自分がボーイング社にもたらした変化を胸を張って擁護した。「みんな私がボーイング社の文化を変えたというが、それがまさに狙いだった。偉大なエンジニアリング企業ではなく、ビジネスとして運営されるようにしたかったのだ」[39]

財務的には、こうした変化は報われたように見えた。ボーイングの売上は、2001年に580億ドルだったのが、2018年には1010億ドルと激増した[40]。だが20年近くたって、評論家はボーイング社の文化的な衰退と737Maxの騒動との間に直接的な関係を指摘する。この騒動は、利潤を優先する経営判断から生まれたものだ、ということだ。同社は飛行機を設計しなおすよりMCASを導入した。そのほうが飛行機を市場にもっと早く出せるからだ[41]。ボーイング社のリーダー、管理職、エンジニアたちは、もっとパーパス・ドリブンだった先人たちなら夢にも思わなかったようなことをやった。ある評論家の表現では、「安全より利潤を優先し、その行動の結果を考えず、何かおかしいと思ったときにもきちんと声を上げなかった」[*42]。

パーパスは完全に動員されれば強力だが、それでも脆いものだ。商業の論理が優先される世界で活動するリーダーたちは、第2章で述べた通り、商業の論理と社会的論理の両方に従って事業運営をするのに悩むこともある。絶えず短期と長期の苦しいトレードオフを迫られて、多くのリーダーたちはそれを維持できず、商業の論理が勝つ。リーダーシップの変化、吸収合併などの組織変化で、リーダーや従業員たちはパーパスから目を離してしまい、存在理由を確立するのに不可欠な、応援する文化が薄れてしまう。何十年にもわたりパーパスに満ちた活動を続けてきたボーイング社のような会社ですらつまずく。従業員などのステークホルダーにとって、パーパス喪失はやる気を失わせて悲しく思える――高貴な理想と、会社の魂そのものの放棄に思えてしまうのだ。

リーダーとして、存在理由を「未来に堪《た》える」ものにして、それを長続きさせるにはどうしたらいいだろうか？　研究により魔法のやり方が得られると思っていた私は、がっかりさせられた。だがそれでも、四つの主要な「パーパス脱線要因」は見つけられた。これらを無視すると、最も愛されるディープ・パーパス企業ですら罠にはまってしまう。こうした脱線要因は狡猾でわかりにくい。善意から生じるものだが、最終的に企業を道に迷わせてしまう。だが、パーパス衰退は不可避ではない。組織の方向性を維持して整合させるため、ディープ・パーパス・リーダーたちはこうした罠を解決し、自社が混乱するのを防げる。その予防措置は万全ではないが、私が見つけたように、大きなちがいはもたらしてくれるのだ。

四つのパーパス脱線要因
その1：属人化のパラドックス
その2：（不適切な）計測による死
その3：善行者のジレンマ
その4：パーパスと戦略の分裂

脱線要因その1：属人化のパラドックス

2007年初頭、コーヒー小売業スターバックスの元CEOで会長ハワード・シュルツは、同社のリーダーシップチームに「スターバックス体験の一般商品化」と題したメモを送り、同社の方向性について困惑するような問題を提起した。シュルツが同社のCEOの座から2000年に退いて以来、同社の規模は激増した。かつて3500店しかなかったのが、いまや世界中に1万3000店を擁する。[*43] だが売上の伸びは、まだかなり高いとはいえ、衰え始めていたし、また個別店舗での売上も伸び悩んでいた。[*44] その前年に多くの店舗を訪れたシュルツは、同社の独特な店舗体験が薄れつつあるのに気がついた。極度に背の高いエスプレッソマシンのせいで顧客はバリスタが見えなくなり、ドリンクを作るところを見物できなくなっていた。店も前ほど入りやすくなくなった。シュルツは後に著書『スターバックス再生物語』で「何かスターバックスのブランドに本質的なものがないと感じた。オーラ。精神。最初は、それがなんだかはっきりわからなかった。店舗から、何か魂を奪っているものは、何か一つのものではなかった。むしろ、私たちのブランドを突出したものにしていた複数のものが存在しないことから生じる、意図せざる結果が、静かにその魂をしぼませているのでは、と私は恐れた[*45]」と述べた。

このメモはマスコミにも流出し、大騒動を引き起こした結果、シュルツはCEOに復帰して同社の広範な変革を実施することになった。スターバックスが元々のミッションやパーパスから迷走したと結論したシュルツとそのチームは、新しいものを定義した。「一人ずつ、一杯ずつ、地域一つずつ、人間の精神を啓発して育てること」。このミッションは、同社創業以来「実に大きく変わった世界で、高められた私たちの野心を反映している」。シュルツが回想するように、同社のリーダーたちはこの新しいミッションを初めて知ったときにあまりに感動して、シュルツのところにきて自分の紙にサインしてほしいと頼んだほどだった。「たぶん、ミッション・ステートメント150枚以上にサインしたと思うが、その間ずっと、目の前に展開している献身ぶりの感情的な表出にいささかあんぐりと驚いていた[*46]」

2000年にシュルツがCEOを退いてからの同社の迷走は、ディープ・パーパスを追求する企業がはまる罠の好例となっている。これは私が「属人化のパラドックス」と呼ぶものだ。ディープ・パーパス・リーダーたちは、組織の内部にパーパスを確立するときに、あまりに大きな役割を果たす。企業を元の実存的な意図と再接続させるときも、パーパスを取り巻く「大きな物語」を精力的に語るときも、パーパスを核に文化を構築するときも、組織を再編してパーパス追求を可能にするときも、リーダーはその組織やもっと大きな道徳的コミュニティの実存的な意図を体現するようになる。だがそうしたリーダーがいなくなると（いずれはそうせざるを得ない）、それまでの強みが大きな弱点になる。そうしたリーダーはパーパスの活性化に本質的な役割を果たすから、企業は新しいリーダーシップの下で忠誠心を保ちにくくなってしまうのだ。特に新興企業は、創業者が消えると「魂」を失いがちだ。だがこれはどんな規模や年齢の企業でも、リーダーがパーパスと密接に同一視される企業すべてで言えることだ。

この解決策は、パーパス主導者としてのリーダーの役割を抑えることではない。むしろ企業は属人化のパラドックスへの対応として、リーダーシップの後継に慎重な注意を払おう。新任リーダーはパーパスのたいまつを掲げ続けながらも、ある程度は過去とのつながりを切らねばならない。これは第4章で述べたサンコファ鳥アプローチの一種だ。彼らは同時に後ろと前を見なくてはならず、パーパスを前任者から切り離して、それを自分自身のペルソナとつなぎあわせねばならない。パーパスを前任者から完全に切り離す必要はないが、自分が有効で啓発的なエヴァンジェリストになる程度には切り離すべきだ。これは自信と熟慮の両方が必要となる。リーダーたちは、単に前任者を真似たり、他の会社で成功したリーダーから拝借したりする誘惑にかられるかもしれない。だが、自分自身の声を投影する必要がある。「自分のリーダーシップの下でパーパスが（前任者のときと）ちがって感じられるようにする勇気が必要です」とベストバイ社CEOコリー・バリーは私に語ってくれた。「リーダーとしての私にとっては、インドラ（ヌーイ）やサティア（ナデラ）や、（ベストバイ社での彼女の前任者）ヒューバート・ジョリーとはどうしてもちがったものになります。私は、自分が指導者のときにそれがどんなふうに見えて感じられるかについて、自信を持たねばなりません[*47]」

ディープ・パーパス・リーダーから引き継ぐという繊細な仕事に対するリーダーたちのアプローチは

様々だ。新任CEOの中には、パーパスを変えたり刷新したりして、前任者ともっときっぱり断絶する人もいる。ラモン・ラグラタはペプシコ社でこれをやり、「パーパスで勝利」という新しい戦略を発表して前任者インドラ・ヌーイの「パーパスにかなった成果」を置きかえた。他のリーダーはもっと穏やかながら、やはり有効なアプローチを採る。ハワード・シュルツの後継者ケヴィン・ジョンソンが私に語ってくれたように、彼はスターバックスを「創業者主導」から「創業者啓発」に変えようとした。続けて説明してくれたところでは、「私は自分の責任が、過去からの何を尊重して温存すべきかを知る叡智を持つことであり、同時に未来を大胆に再発明する勇気を持つことだと感じています[*48]」。ジョンソンは、パーパスの精神を受けつぐことは明言しており、自分が「絶えずありとあらゆるパートナーの中に、パーパスとの情緒的なつながりを宣伝して構築し、啓発しよう」と頑張っているのだと述べる。

引退するリーダーたちも、後継リーダーが存在理由を新たに体現する存在になったときですら、自分のパーパス献身によって「啓発」された企業のために基盤を敷くことはできる。これまで見たように、スティーブ・ジョブズは人々に、自分とまったく同じ考え方をするのではなく、自分を導く原理や心構えを理解して、それをリーダーがいなくても自分の判断力により適用するよう訓練を行うため、アップル大学の創設を支援したのだ。

脱線要因その2：（不適切な）計測による死

ヴィンス・フォーレンザが2011年に、グローバル医療機器メーカーであるベクトン・ディッキンソン&カンパニー社（ＢＤ）のＣＥＯになったとき、彼のアジェンダの上位にあった作業の一つが、自社のパーパスに新たな命を吹き込むことだった。１８９７年にマックスウェル・Ｗ・ベクトンとフェアレイ・Ｓ・ディッキンソンが創設したＢＤ社は、昔からビジネス活動を、技術を通じた人間の健康促進に捧げてきた。１９８０年代と１９９０年代に、エイズが猛威をふるうようになると、同社は広範な安全注射針装置を開発して、学術機関と組んで安全研修プログラムやデータ監視システムを開発した。２０００年代には、同社はクリントン財団、全米疾病対策予防センターや各国政府と手を組んで、発展途上国の研究室検査能力強化を行った。２００４年に同社は分野横断的な世界の保健機能を作り上げ、世界の保健を改善しつつ、ＢＤ社の新しいビジネス機会を開発するのに役立つ、政府やＮＧＯとのパートナーシップ強化を目指した。２０１０年代には、同社は外部パートナーと協働して、オドン・デバイスを開発した。これは安いが、大量に頒布して出産時に使えば、アフリカだけでも何十万人もの新生児を救えるツールだった。グローバル保健部門の取締役副社長ゲーリー・コーエンが述べたように「我が社の文化に深く埋め込まれているのが、大きな満たされていない保健ニーズや社会問題をビジネス実践と結びつけることなのです[*49]」。

その過程で、パーパスもまたさらに深く根づくようになった。１９９７年に同社が百周年を記念したとき、リーダーたちは公式のパーパスを発表した。「万人が健康な生活を送れるように助ける」。また、明示的に商業の論理と社会的論理を融合させる将来のビジョンも発表し「病気による無用な苦しみと死を根絶したことで最も有名な組織となり、その過程で世界で最も高い業績を挙げる企業の一つとなる」ことを目指した。[*50]コーエンが回想するように、「将来のビジョンを正式なビジネスプロセスに明示的に埋め込んだりはしませんでしたが、これを大きく広め、2005年にはこの将来のビジョンで述べたほとんどすべてのことが実現されました」[*51]。

さてCEOになったフォーレンザはパーパスをさらに深掘りして、それを「万人にとってリアルなものにして、みんなが日々の仕事でやることにしたかった」[*52]。彼とそのチームはパーパスを更新して、同社のイノベーターとしての強いアイデンティティを強調し、BD社の新しい存在意図として「保健の世界を推進」というフレーズに集約した。このパーパスを広めるにあたり、BD社はまた、共有価値を創り出すという昔ながらの指向を公式化して拡張しようとした。コーエンが指摘するように、彼は共有価値を、ビジネス提案として「きわめて重要な未達の社会ニーズ、会社が認識するだけでなく、他のステークホルダーたちにも広く認知され、ビジネスモデルを通じて達成されるもの」に取り組み、しかも商業的な収益性があるものを目指した[*53]。フォーレンザは共有価値をもっとしっかりしたものにすることで、「人々がもっと広く深く、影響の与え方を考えるようにして」、パーパスをさらに実務化できると考えた[*54]。

重役たちは、リーダーが戦略計画上の決断としてどの研究開発に予算をつけるか考えるとき、社会的影響を組み込む手法を創り出した。昔ながらの二つの質問――(1)潜在的な市場機会がどのくらい財務的に魅力か、(2)自社がどのくらいそれを実現できそうか――に加えて、リーダーたちはまだ開発中の潜在的な新製品やサービスについて、一連の社会的インパクト指標を考慮するグリッドを開発した[*55]。コーエンが述べたところでは、このグリッドは「保健問題の規模、イノベーションや技術の到達範囲として考えられるもの、実施のハードル、顧客にとっての経済性を考慮していた。特に低開発市場向けの問題を検討しているときには経済性が重要でした」[*56]。残念ながら、かなり注力した善意の活動ではあったが、できあがったグリッドはあまりに複雑すぎて扱いづらく、最終的にはまったく使われなかった。フォーレンザは社会的影響を測る指標について、次のように認めている。「私たちには解明できなかった。それができたら実にすてきな一歩だから、できるのではと期待していた。だがきわめて基本的な指標を挙げる以外には、とにかくまとまらなかった」[*57]

ＢＤ社はそれをやってみただけでもすごいし、ディープ・パーパスにどれほど献身しているかがこれでわかる。現代ビジネスでは、定量指標が運営の中心となっている。１９９０年代に導入されたバランススコアカード、さらにもっと最近の、目標と重要結果（ＯＫＲ）は、リーダーたちが戦略とその実施をつなげるための人気ある仕組みになっている。[*58]「重要なものを計測」しなければと認識して[*59]ディープ・パーパス・リーダーたちは組織が存在理由を追求するときの信頼できる方法を開発しようと苦闘している。適切なパーパス献身の指標がないので、企業は実存的な意図を実現するのに苦労するし、パーパスが未達で終わってしまうかもしれない。これは２０１０年代初頭から半ばのエッツィの事例で見たものだ。やがて、明瞭さの欠如でその会社の存在理由追求が深刻な停滞を見せる可能性もある――これは私がいささか芝居がかった形で「(不適切な) 計測による死」と呼ぶものだ。

最近行われた、大規模投資家たち（あわせて22兆ドル以上の資産を運用している）へのアンケートを見ると、ほとんどの企業はパーパスをどれほど実現できているかについて、定量的に追跡している。こうした調査対象者の丸四分の三は、企業がパーパスについてＫＰＩを開発すべきだと考え、その大半は企業が重役のインセンティブをそうした指標と連動させるべきだと考えている。[*60]では企業がパーパス準拠を測る最もよい手法は何だろうか？
企業は業績の「何」（財務的結果）や「手法」（財務結果に貢献するプロセス手段）を計測する手法なら確立したものを持っているが、「なぜ」を直接的に定量化する手法を開発するのには苦労してきた。「なぜ」は結局のところ捉えどころがなく、主観的で「ソフト」だからだ。一部のコンサル企業や学者は、感情を捉えるアンケートを設計し、顧客や従業員を調査することで主観性を捉えようとした。マーケティングのコンサル企業ストロベリーフロッグ社は、パーパスパワー指標を発表している。これはブランドとその存在理由に関する顧客感情を追跡するものだ。何千もの顧客がこの研究に参加して、二百以上のブランドをカバーしている。アンケートは四つの質問をしている。「このブランドは世界を良いほうに変えることにコミットしているか？」「株主だけでなくあらゆるステークホルダーに恩恵を与えることをしているか？」「利潤より大きな高次のパーパスを持っているか？」「人々とそのコミュニティの生活を改善することをやっているか？」[*61]
スペインの学者たちはパーパスを直接計測する手法を発表した。これは三つの構成要素を追跡する。従業員たちがどこまでパーパスを理解し、それに共感し、貢献しているか、という度合いを測るのだ。[*62]同様に、コンサル企業BCGは四つの特性についてパーパスの「堅牢性」を計測するアンケートを創り出した。それがどれだけうまく述べられているか、それがどれほど啓発的か、それが企業運営にどこまで根づいているか、従業員はそのパーパスが部外者にどこまで認知されていると思っているか。主観的な現象を直接計測しようという試みは、信頼性の問題（その調査は一貫性ある結果を出せるのか？）と妥当性の問題（そのアンケートは主張通りのものを計測できているのか？）の問題につながりかねないが、この二つの活動は賞賛すべきものだし、他の人々にも是非とも実験してほしい。[*63]

BD社、ビューラー社、エッツィ、マヒンドラ社のようなディープ・パーパス企業もまた、パーパスへの献身を、顧客や従業員の各種の知覚的な指標で計測しようとした。この問題を解決できた人はだれもいないが、集団として彼らは、パーパスをもっと実体ある、したがって行動に移しやすいものにする計測システムを開発しようと頑張ってきた。彼らはパーパスについて直接ではなく、間接的に尋ねる。その基本的なアプローチは二種類ある。一部のディープ・パーパス企業は、パーパスの先駆とも言うべきものを監視することで、間接的にパーパスを計測するのだ。たとえば先例、行動、パーパスを引き起こしたり可能にしたりする条件を見るのだ。あるいは、そうした先例の認知度を計測する。たとえばマヒンドラ社では、リーダーたちは従業員にアンケートを行い、「組織・部門において、Riseについての認識と理解をもたらすための充分な努力が行われた」といった質問に答えるよう求める。[*64]

第二の、もっとありがちに思えるアプローチとしては、パーパスの結果を追跡することで実存的な意図を具体的にする、というものだ。つまり実存的な意図の存在を反映しそうな、目に見える各種の結果を調べるのだ。一部の企業は、パーパスに関連した原則を定義し、さらにはその原則に結びついた行動を定義する。こうした行動のうち組織で見られるものがどのくらいあるかを追跡することで、リーダーたちはパーパスがどれほど深く組織を動かしているかの感覚を得られる。マヒンドラ社は、「3＋5フレームワーク」を構築した。これはパーパスと関連した三つの「柱」または原則と、五つのリーダーシップ行動を組み合わせ、360のレビューをもとにした格付けを使って、リーダーたちがそれらの進捗を計測できるようにしている。マイクロソフト社も似たようなものを持っている。

原因と結果の連鎖をさらに下って、多くのリーダーたちは組織が（職場の行動を通じて）生み出した、パーパスと関連する最終状態の結果を計測する。ここでの企業はもはや、業績の「なぜ」を計測しているのではなく、むしろ「何」を測ることでパーパスへの献身ぶりを推測している。業績という概念を、財務的なものと社会的な結果の両方を含めるものに広げているのだ（そしてその結果の認知も）。業績の社会的な側面をパーパスの代理指標として捉えるため、一部のディープ・パーパス企業は環境、社会、ガバナンス（ＥＳＧ）と結びついた実績を追跡する。多くの枠組みや基準が存在し、ＥＳＧ業績に基づいて企業のレーティングを行う会社では、各企業の結果を定義、計測、重み付けするやり方がいろいろ分かれている。[*65] 普遍的に受け容れられた計測基準がないので、[*66] 私が調べた企業の多くは独自の最終結果指標を作り、単純性を強調している。世界経済フォーラムの国際ビジネス評議会はこの複雑性を抑えようとして、企業が持続可能性の進捗を追跡するのに使える、標準となる21の「中核」指標と34の追加指標を、「ガバナンス、地球、人々、繁栄」の分野についてまとめている。

ビューラー社は財務業績だけでなく、持続可能性に関する三つの分野でその実施状況も追跡する。「経済」「自然」「人間性」だ。同社はまた、社内とそれ以外の各種ステークホルダーに対してアンケート調査を行い、パーパスに関連する4ダースの問題を考えてもらって、その重要性をランキングし、そうした問題におけるビューラーの業績を採点して、それらがビューラー社に対して与えた影響も評価してもらっている。[*67] このアンケートのおかげで同社は、パーパスに関連する業績結果の認識を計測できた。エッツィはビューラー社と類似の三つの領域で、最終結果指標を追跡している。経済的影響、社会的影響、環境的影響だ。それぞれの分野で同社は指標を設定し、それが監査され、同社はそれを正式に年次統合報告書の中で財務業績と並んで伝える。[*68]「目標を決めて、第三者にそれを監査させ、世界が私たちに説明責任を負うようにさせるのはきわめて有益だと本当に思います」とCEOジョッシュ・シルバーマンは語る。[*69]

新興企業だが、小麦粉メーカーのワン・マイティ・ミル社は、認証を受けたBコーポレーションで、地元食品システム再生に専念しており、すでにパーパス計測についてきわめて意識的だ。同社は中核事業に関連する、結果ベースの指標を追跡する仕組みを導入している。たとえばどれだけ有機栽培小麦を調達するか、どれだけの製粉所を建設するか、どれがどれだけの小麦粉を作り地元で調達しているか、通常はアクセスできない子供たちにどれだけ製品を配っているか、どれだけの学校システムが同社の食品と教育支援を受け取っているか、といったことだ。[*70]

これまでに見た、パーパスと関連する最終的な実績を計測する最も高度な手法はEYでのものだ（この分野の先鋒となるプロフェッショナル組織だろう）。彼らはパーパスを「より良い社会の構築を目指して」と設定して、それをある「志」と結びつけた。これは「世界で最も信頼され、傑出した、プロフェッショナルサービス組織としての長期価値」提供とされる。この長期価値の強調はきわめて重要で、事業に対する根本的な方向性としてのパーパスという最も重要な特徴の一つをハイライトしている。

EYはさらに、各種のステークホルダー集団とESG課題につながる、四種類の長期価値を定義している。顧客価値（顧客）、人的価値（従業員）、社会価値（コミュニティと地球）、財務価値（EYのパートナーたち）だ。パーパスを計測するため、EYチームはこの四種類の価値について、十個の中核指標を使って結果を計測する。[*71]こうした指標はさらに、追加の行動指標群とつながっていて、それが

EYのパートナーたちに、四種類の価値、ひいてはパーパスに対する自分自身の業績を追跡できるようにする。EYチームはまたこうした指標を使って、野心的で具体的な目標を設定し、年次の進捗を追跡して、パートナーに報酬を与える。組織はまた内部目標をもっと普通のESG指標ともマッピングしようとしてきた。

EYのグローバル会長でCEOのカーマイン・ディ・シビオが私に語ってくれたように、指標は外部のステークホルダー（潜在的な協働相手や従業員も含む）に対し、自社がパーパスについて真剣だと示すのに役立つから有益なのだ。「企業は本当に自分のやっていることを示せねばならない。パーパスの話をしても口だけだと困ったことになる。結果としてそれを本当に見せねばならない」[*72]

指標やインセンティブはまた、従業員がパーパスを実現するのを確実にする。「結果を計測して、自分が戦略に対してどこにいるかを計測し、戦略が長期の価値志向なら、計測しないとそこに到達する動機が生まれない」。次頁の図は、四種類の価値に関連する指標と具体的な目標をまとめている。

最終的に、パーパスは一部の人が事業の「人間的側面」と呼んだものに訴えかける。ある評論家が指摘したように「少なくともそうした側面の一部は常に、トップ重役たちが集め、計算してデジタルダッシュボード上でコード化しにくいものとなる。結果として、彼らは決して簡単に計測できないものを管理するために頑張ろうと決意しなくてはならない」[*73]。存在理由に対する熱意と献身のため、ディープ・パーパス・リーダーはそのように頑張り、組織の実存的な意図追求を定量化する新しい方法を見つける。

図4　EYの志

重要財務指標の目標値と
実測値の比較

	長期的価値の4つのカテゴリーと企業KPI	パートナーの6指標	達成度の計測
顧客	・顧客体験 ・アカウントチーム ・ブランド	傑出した顧客サービス	定性的指標 連携およびチーミング
人材	・従業員体験 ・雇用者に対する信頼 ・ダイバーシティ・エクイティ&インクルーシブネス（DE&I） ・生活への前向きな影響	従業員エンゲージメントおよびチーミング	定性的指標 変革のリーダーシップ
社会	・信頼 ・監査品質	品質と効果的なリスク管理	リスクおよび品質のアセスメント
財務	・売上増大 ・収入増大	・グローバルアカウント売上 ・グローバルアカウント・マージン ・売上とパイプライン	重要財務指標の目標値と実測値の比較

（左側縦軸：価値）

脱線要因その3：善行者のジレンマ

２０２１年3月、エマニュエル・ファベールが世界的食品大企業ダノン社の会長兼ＣＥＯを解任された。アクティビスト投資家たちに挑まれた結果だ。[*74] ファベールはパーパスと複数のステークホルダー資本主義の大きな支持者となっており、ダノン社を「できるだけ多くの人々に食品を通じて健康をもたらす」というパーパスを使ってダノン社を活性化した。彼はダノン社のいくつかの事業部をＢコーポレーションとして運営し、統合事業報告を採用し、信頼と自律性の文化を育もうとし、それ以上のこともやった。[*75] ２０２０年にダノン社はフランスでEntreprise à Missionとして正式に指定された初の公開企業となった。これは（アメリカでの公益企業に近いもので）明確な社会的、環境的な目標をパーパスと関連づけて発表することが義務づけられる。[*76]

在任中にファベールは、パーパス追求は株主のための価値創造を排除するものではないと明言していた。たとえば彼は、同社が「強く、儲かり、持続可能な成長」を遂げると約束し、[*77] 自分の業績評価は最終的にダノン社の株価を上げられるかどうかにかかっていると認めた。[*78] Entreprise à Missionの指定が持つ意味をアナリストに説明するとき、彼はこう述べた。「私たちがこのモデルが正しいことを証明するためには、それが株価に反映されねばならない。それは価値創造に反することをやるという話ではなく、短期、中期、長期でその価値をどのように創るか、という話なのだ」。[*79] また他のところでファベールは、「ダノン社の経済的、社会的という二つのプロジェクトでバランスを取る」必要性について語っている。社会正義を追求すれば、それが「この事業の復元力」につながるのだ。[*80]

かなりの努力にもかかわらず、ファベールは社会的影響と経済業績との間に正しいバランスを樹立できなかった。ダノン社の株価は2020年に25%も下がり、同社は何十年ぶりかで売上が減少した。[*81] 2014年以来、ダノンの株価は競合のネスレ社やユニリーバ社に比べて価値が低下し、また同社は三度にわたり利益予想を実現できなかった。[*82] ファベール更迭を呼びかけたアクティビスト投資家であるブルーベル・キャピタルの代表が説明したように、ファベールがパーパスや社会的論理を追求したのが不満というわけではなかった。むしろ、ファベールが同社の不満足な財務業績に取り組まなかったのが問題なのだった。「ファベールは持続可能性を自己弁護の一部として使おうとしていた。でも我々はダノン社のESG投資に文句を言ったりしたことはないし、こうした問題には大いに関心を持っている。（中略）競合他社のネスレやユニリーバもESGを重視しているが、財務的にもっとよい結果を出している。ファベールに対する我々の文句はイデオロギーではなく経営なのだ」[*83]。ブルーベルの共同創設者は、社会便益のために「株主利益を犠牲にするのは許されない。公開企業の第一の責務は株主に見返りをもたらすことだ」と述べた。[*84]

ファベールの失墜は、一部の人が考えるような、パーパス・ドリブン資本主義がうまくいかないということではない。むしろそれは、株主の期待を巧みに管理するのが重要だというのを示唆している。業績期待を高く設定しすぎたら、それを実現できないとツケを払わされる。ファベールの失墜はまた、ディープ・パーパス・リーダーたちが予測しなければならない別の大きな脱線要因を示している。それは私が「善行者のジレンマ」と呼ぶものだ。社会的論理と経済的論理の両方を追求する必要があると理解しているリーダーたちは、それでも善を行おうという深く根ざした献身ぶりのおかげで、充分な成長と利潤をもたらせない。「善いことを行う」の成功で、同輩たちと同じくらいの業績を挙げなくても許してもらえるのでは、と思ってしまうかもしれない。自分の戦略が長期的にはあらゆるステークホルダーに最大の善をもたらすという自信がありすぎて、株主の短期ニーズなど考慮しないでいいと思ってしまうのだ。あるいはファベールの場合のように、不運や市場の困難にぶつかって、投資家を満足させるのが困難または不可能になることもある（ファベールはコロナ禍にぶつかったおかげでミネラルウォーター販売が激減し、またきわめて一般商品化されている乳製品分野でも事業をしていた）。これらのいずれの場合でも、善を行おうとするリーダーたちは、パーパス追求において、商業の論理と社会的論理をどうバランスさせるかで苦闘する。

ファベールの事例が示唆し、研究が裏付けるように、投資家たちは社会的論理を追求するリーダーたちには、さらに高い期待を抱くようになる。[*85] 本当のことを言えば、だれも短期や長期の財務業績を見すごしてはもらえないのだ。それは彼らが株主に利潤をもたらそうと頑張ったかどうかに関係がない。そしてまちがいなく、強い共有価値戦略があっても、リーダーたちが商業的論理から目を離してよいことにはならない。パーパスを最も深く追求するリーダーは、社会的論理を採算度外視で追求するリーダーではない。エッツィのジョッシュ・シルバーマンやマイクロソフト社のサティア・ナデラのように、常に社会的論理と商業的論理に同時に配慮するリーダーなのだ。不当に利潤を無視すれば、会社を社会的論理からあまりに遠く押しやってしまう、反動の揺り戻しを招きかねない。これが1990年代と2000年代のボーイング社で起きたことだ。商業的論理を無視していると思われた会社を改革しようとする動きにより、費用節約があまりに強調されすぎたために、悲惨な結果を招くことになった。

ディープ・パーパス企業は、短期的には一部のステークホルダーを優遇し、ある程度までなら利潤を減らす決断を下すかもしれない。だが長期的には、彼らは善行者のジレンマを解決して、商業と社会の論理をバランスさせる。彼らの理解では、ビジネスはまさにその名の通り――ビジネスであり、ある程度の投資収益を生み出さないと生き残れない。善行者のジレンマを回避するため、彼らは企業が商業的論理からあまりに遠ざかってしまったと判断したときにはすばやく対応する。コロナ禍が発生したとき、マヒンドラ社は数々の野心的な社会志向の動きを自ら実施し、従業員や地元コミュニティなどのステークホルダーに支援を提供した。だがコロナ禍がおさまらず、経済危機が悪化すると、リーダーたちは会社の土台を堅持するために、苦渋の決断を余儀なくされることに気がついた。これは一部の活動を停止して従業員をレイオフするのも含まれる。こうした決断はもちろん愉快なものではないが、それでも同社はできるだけ共感するような形で、それを断行した。マヒンドラ社はパーパスから逸脱しているのではなく、企業として生き残れるよう立ち位置を変え、かみそりの刃の上を歩くというむずかしい歩みを続けたのだった。

脱線要因その4：パーパスと戦略の分裂

パーパスが企業にとって双方向的な便益をもたらすのは見た。来るべき説得力ある成長戦略を形成するための「北極星」として機能するのだ。パーパスはイノベーションを方向付け、リーダーたちを集中させて、狭い範囲の中でもっとホーリスティックかつ広範に考えられるようにする。逆にパーパスなしの戦略構築はリーダーたちを身動きが取れなくしてしまう。明確ですべてに先立つ意図を追求して市場を率いるのではなく、市場の力や競合他社に追随する形で反応するしかなくなる。

リーダーたちは、戦略を根底にあるパーパスと整合させるのに苦労するかもしれない。パーパスは「右脳」活動と思ってしまい、それを人事部やマーケティングに任せてしまう。戦略こそ自分たちの本丸だと考え、それを市場の厳密な分析による「左脳」活動だけだと思うかもしれない。投資家からの圧力に直面して、リーダーたちはまた短期の利得をもたらすが、長期にわたり自社のパーパスを促進しないような戦略を選びたくなるかもしれない。リーダーは外向きの視点に退行してしまい、自社の独自性から目を離して、競合他社のあらゆる面に対抗しようとしてみたり、最新トレンドにとびついてみたりするようになるかもしれない。リーダーたちは、顧客や彼らに提供する社会的価値から遠ざかってしまうかもしれない。機会が訪れたら、それを追求しないのを怖がるかもしれないし、そうした機会の中にパーパスに逆行したり矛盾したりするものがあっても無視するかもしれない。そしてやってきた新リーダーたちが、パーパスを誤解したり取り組まなかったりすると、戦略と実存的な意図との間に亀裂が生まれかねない。

戦略とパーパスの分裂がいかに容易かを認識するディープ・パーパス・リーダーたちは、自分や他のリーダーたちをパーパスに専念させる手だてを講じる。まず、戦略策定プロセスの一部として影響の目標を考え、戦略的な会話においてはパーパスを出発点とする。ワービー・パーカー社が新たなコンタクトレンズのシリーズである「スカウト」を開発したとき、戦略チームなど全社をあげて、新しい商品が明らかに「ワービー」的であるようにする方法を考え、自社が事業を育てるだけでなく善行を行えるようにする方法を検討した。ワービー・パーカー社に根づいた、顧客やパーパスへの献身のおかげで、チームメンバーたちは価格水準を低く設定し、傑出した顧客体験を構築し、新商品の包装を伝統的なコンタクトレンズの包装よりも環境に優しいものにするのを重視した。そしてスカウト以外に他社のコンタクトレンズも在庫する手に出た。顧客ニーズに応えるためには、それが重要なステップだと感じたからだ。[*86]

だがディープ・パーパス・リーダーたちは戦略をパーパスに沿ったものにするにあたり、単に戦略構築プロセスを見るだけではない。パーパスに反発する重力的な引力がいかに強いかを知っているので、一部のリーダーは戦略を長期にわたり正しい路線に維持するため外部への約束を構築する。こうした約束は、厳しさや公式性の度合いが様々だ。一方の端では、一部のディープ・パーパス企業はパーパスに関連した特定の目標を自発的に公約して、その進捗を報告する。ビューラー社は持続可能性を中心に明確な目標を採用しただけではない——2010年代には繰り返し、ますます野心的な目標を採用していった。持続可能性を高めるための、注目される業界イベントを招集することで、同社はさらに評判をその実存的な意図と結びつけ、自社リーダーたちがパーパスから逸脱すればすぐに目立つようにした。多くのディープ・パーパス企業では、統合報告書と持続可能性報告書も、外部のステークホルダーたちがリーダーに対し、パーパス準拠の責任を評判の面で負わせるのに役立つ。

外部的にパーパスに献身するもっと厳しい方法は、公開でそうした約束を宣言することだ。企業は自発的に外部の肩書を使って己を縛れる。たとえばBコーポレーションなどだ。これは彼らを外部が設立したESG基準（パーパスの代理指標）と第三者認証組織に縛ることとなる。企業はさらに先を行って、法的なガバナンス構造を変えることもできる。ヴィーヴァ・システムズ社は、生命科学企業向けのクラウドを使った技術ソリューション提供プロバイダとして急成長している。CRMソリューションを皮切りに、同社は2012年に研究開発関連のソリューションも含めるようになり、臨床試験の運用もそこにあった。2019年にはヴィーヴァ社は売上10億ドルで、公開目標は2025年までに30億ドル企業になることだった。共同創業者兼CEOピーター・ガスナーが私に語ってくれたところでは、彼は自社の会社設立当初の文書を見つつ、なぜ自分たちが伝統的なCコーポレーションの構造になっているのか首を傾げた。Cコーポレーションでは、リーダーや取締役たちは、株主というたった一つのステークホルダーの利益擁護者となることになっていた。彼はインタビューで私にこう語った。「これはちょっとむなしい。すごく頑張って働くのに。顧客といっしょにいて、従業員といっしょにいるのに。全員について考えるべきだ。株主のためにお金を作るだけなら、偉大な会社は作れない」[*87]。ガスナーが考えたように、ヴィーヴァ社としては自分や他のリーダーが、万人に価値をもたらす戦略を実施するほうがいい。

こうした不満にもかかわらず、ガスナーはヴィーヴァ社創業時に定款にサインしてそれを伝統的なCコーポレーションとして設立した。やっと2018年になって、ヴィーヴァ社がすでに上場して長期的な生存が確実に思えたとき、彼と共同創業者マット・ワラックは同社を公益企業にしようと本気で考え始めた。公益企業というのは、営利企業ではあるが、リーダーたちが株主だけでなく社会、従業員、コミュニティ、環境の最大の利益のために行動する信託義務を負う（これに対してBコーポレーションというのは、外部機関がつけるレッテルに過ぎず、法的な地位ではない）。公益企業になるというのはおっかなかった。この業界でだれもそんなことをした人はいない。だが創業者は、公益企業として会社化することで、公的に経営陣をずっと将来にわたって縛れるというのが気に入った。ガスナー曰く「これは我々が会社を運営するやり方だし、いつもそれがビジョンと価値観に基づくものだと述べてきた。いまやそれを明文化してみんなが見られるようにしているのだ」[*88]。

２０２1年2月1日、ヴィーヴァ社は定款を変えて公益企業となった、初の公開企業となった。そして驚異的な99％の議決権を持つ株主がこの動きを支持した。同社の公益パーパスは「奉仕する業界がもっと生産的になる支援をして、高品質な雇用機会をつくり出すこと」だ[*89]。ガスナーは長期にわたり、公益企業になるほうが同社は戦略にもっときちんと専念しやすくなると考えている。これは、それが惹きつける人材のおかげも大きいはずだという。「これは弊社が取締役会にあげる人々の種類に影響する。おそらくはヴィーヴァ社の時期ＣＥＯ選出にも影響する。根本的に取締役会の責務を変えてしまう」[*90]

公益企業の地位はヴィーヴァ社をその顧客にも近づける。そうした顧客の多くは、単一ベンダーに依存しすぎるのを恐れて、同社からこれ以上ソフトを買うのをためらっていたかもしれない。公益企業の地位は顧客に対し、ヴィーヴァ社は株主だけでなく自分たちも大いに重視しているのだというシグナルを送り、長期の信頼できる関係をつくり出して、それが売上増につながるかもしれない。またこの新しい会社の地位は、同社の将来的な乗っ取りにも影響する。ガスナーによると「もう財務的な収益を最大化するという話ではない。あらゆる支持者のために正しいことをやるということなんだ。取締役会は、『おや、財務収益だけを見る経営をしませんでしたな』というのに法的に縛られることはない」。最後に、公益企業の地位は、リーダーたちが検討する戦略にも影響する。潜在的な戦略はかつては、市場だけからくるのが通例だった。「いまやアイデアはパーパス側からもくるから、バランスを取ることになります」とワラックも同意し、「一部のアイデアはもっと大きなものになる。ＦＤＡがヴィーヴァ社にきて、業界全体のためになるような仕事を受託してくれと頼むようなアイデアです――そんなことが起こり得るなんて、想像もしていませんでした。でもいまならあり得ると思います」[*91]。

パーパスと戦略の整合性を最大化するためには、存在理由をガバナンス構造に織り込まねばならない。エマニュエル・ファベールが私に語ってくれたように「パーパスをガバナンスの一部にしない限り、パーパス探しは不完全だと本気で思いますよ。これはパーパスを効率的に追求できるようにして、しかも長期にわたり一貫性を保つためのきわめて重要な一部だと思います」[*92]。ファベールは特に、複数のステークホルダーアプローチを会社の社則に明記することで、ある特定リーダーが退職してもそのアプローチは残るのだ、と特に指摘した。いまや彼がダノン社から追い出されてしまった以上、そこでのパーパスと戦略は整合したものであり続けるだろうか？　同社は Entreprise à Mission だから、それを実現できる可能性は充分にある。

リーダーたちへの教訓

2020年初頭に、ボーイング社の根底にある文化的な問題の存在を裏付けるかのような社内のやりとりが、大量に流出した。どうやら従業員数名が737Maxについて疑問を表明し、規制当局や顧客について見下すような発言をしていたのだ。ある従業員は2016年に規制当局について「テレビを観る犬」〔訳註：全く理解していない〕という表現を使った。別の従業員も同年に、同僚に対して737Maxが「お笑い」で「とんでもない」と宣言している。また別の社員は2018年に、自分の家族は絶対に737Maxには乗せないと宣言した。こうしたメッセージについて、元ボーイング社員は「エンジニアたちは通常は、絶対にそんな発言はしません。これは私の知っている会社ではない」と述べた。737Maxにうんざりしたある現従業員は、「ときには何かでかいものが破綻しないと、みんな問題を指摘できない（中略）なんとかやりすごし続けるより、そういう破綻が起きるべきなのかもしれない」[*93]。

こうしたコメントを特に悪質なものにしているのは、この同時期にボーイング社はまだ自分たちをパーパス・ドリブン企業として打ち出し、大きな野心を持っているのだと述べていたことだ。2016年、737Max処女飛行の年、ボーイング社の年次報告書は、同社の「ミッションとパーパスは、航空宇宙イノベーションを通じて世界をつなげ、守り、探索して啓発することだ」[*94]と述べている。同社はこのミッションを、2017年と2018年の年次報告書でも繰り返しており、自社が「航空宇宙産業で最高の存在となり、持続的な世界産業チャンピオンであり続ける」ことを目指すのだと付け加えている。[*95] ボーイング社はどうやら、言い換えるなら、まったくの都合のいいパーパス企業になっていたようだ。リーダーたちはパーパスの旗印の下で主に商業的な目標を追求しており、その根底にある文化は人類を「航空宇宙イノベーション」を通じて助けるという気高い意図にはふさわしくないものとなっていたのだ。

パーパスの堕落は個別企業にとっては打撃が大きいし、さらに顧客や死傷した第三者の傍観者たちもひどい目にあうが、それは全身性の影響も持ち、資本主義改革というもっと大きな大義の足を引っ張る。ディープ・パーパスの追求はビジネスが組織され、率いられ、運用されるやり方の根本的なシフトそのものだ。それはリーダーと企業が、言葉のあらゆる意味で勝利するのを可能にする。財務業績を改善するだけでなく、従業員、コミュニティ、地球を含むあらゆるステークホルダーのために、もっと価値を解き放つのだ。資本主義が発達して、人類が直面する最大の問題への対応で進歩を遂げるためには、あらゆる場所のリーダーや企業がディープ・パーパスを受け容れねばならない。だがうわべだけのパーパス企業がメディアの見出しを飾るたびに、パーパスの追求の根底にある約束が打撃を受ける。リーダーや社会全体がパーパスについて懐疑的になり、それがただのマーケティングの惹句でしかないと見るようになる。彼らはディープ・パーパス企業の主張を懐疑的に見るようになる。そして彼らは、自分自身の組織でパーパスをもっと深く追求するのをますます嫌がるようになる。

無用にリーダーたちを責めるつもりはない。まずい意思決定や優先事項の誤りがしばしばディープ・パーパスの失墜をもたらすのは事実だが、本章で述べた脱線要因にはまる多くの企業は、善意のリーダーたちの専念と決意にもかかわらずそうなってしまうのだ。ディープ・パーパスの道はきわめてむずかしいものだ——繰り返すが、かみそりの刃の上を歩くようなものだ。いつの時点でも、脱線要因のどれかに脱線させられかねず、その結果は潜在的には大惨事となる。ディープ・パーパス・リーダーの仕事は、パーパスの定義、伝達、埋め込みだけではすまない。こうした作業だけでもすでにきわめて大変だが、加えて決してひるむことなく、常にできる限りのことをやって、組織のパーパスへの献身が衰えないようにしなければならないのだ。

ディープ・パーパス・リーダーたちは、果てしない警戒という重荷の下で屈することがない。彼らは情熱的に、パーパス守護者としての責任を受け容れ、それを自分たちの高貴な探究の本質的な部分と考える。ほとんどのリーダーたちは、自分が信じている強力なビジネス上のアイデアを実行しようとする。ディープ・パーパス・リーダーたちは、それよりずっと多くを行う。彼らは理想を目指す。あまりに野心的な未来の夢であり、おそらくそれが完全に実現されるのを見ることはまずないだろう。彼らが抱くのはこれまで見たように実務的理想主義だが、それでも理想主義にはちがいない。そして理想を目指すあらゆる人同様に、ディープ・パーパス・リーダーたちは何よりも、その苦闘自体に専念し、自分が決してその夢を実現させることはないのを受け容れる（ただし、意味ある進歩は見ると期待したいところ）。その間ずっと、彼らは自分たちの実存的な意図について、なるべく意識的であり続け、パーパスをもっと完全に実現する機会に注意を払いつつ、それを潜在的な脱線要因から守る。

検討してきた脱線要因を考えてほしい。どれか特に懸念を引き起こすものはあるだろうか？　大惨事に襲われる前に、それに対処するためのどんな特別な安全策が考えられるだろうか？　明らかな安全策が思い浮かばないなら、自分が絶対に脱線しない新しい方法を創り出すために、どんな実験をすればいいだろうか？　もっと広くは、こう自問してほしい。パーパスの追求において、あなたの組織が最も弱いのは、どこ、あるいはどういう面だろうか？　そして強い領域や側面では、それをもっと推し進めて組織をさらに守る方法は？　最後に、自分が直面する具体的な決断を考えよう。長期にわたりあらゆるステークホルダーに奉仕するために、社会と商業の論理をもっとよくバランスさせ、パーパスを維持するにはどうしたらいいだろうか？

理想の追求はしばしば不愉快だし、ときにはきわめてつらい。だがディープ・パーパス・リーダーやその組織はそれでも前進を続け、自分たちの実存的な意図に啓発され、最善を尽くそうと決意している。道徳的コミュニティの熱心な一員として、彼らは全身全霊で理想にこだわり続け、ほとんど宗教的な熱意でそれに縛られている。偉大なアイデアには力があるが、集合的な想像力を捉え、エネルギーを限界まで発揮させるのは、壮大な理想だけなのだ。それは私たちが、困難に直面しても耐え、長期にわたって組織と世界を変えるように力を与えてくれる。あなたの組織がそうした啓発的な理想を、何があろうと追求することを願いたい。そしてあなたたちのステークホルダーみんなと社会全体のために、それを深く追求していただきたい。

エピローグ

ディープ・パーパスに取り組む：こんなアクションを検討してみよう

本書はこれまでパーパスについての新しい心構えを詳述してきた。それは重役たちに自分のやることを見直すよう迫るものだった。だが見直すだけでは不十分だ。ディープ・パーパスの便益を実現したいなら、ディープ・パーパスを力強く実践する必要がある。ディープ・パーパスの心構えをリーダーシップとしての行動に翻訳するために、いくつか追加の示唆を示そう。

第1章：そもそもパーパスとは何か？

現状認識。御社は今、どれだけパーパスに取り組んでいるだろうか？　パーパスへのアプローチはうわべだけか、都合のいいものだけか？　パーパスと整合しているのは、事業や製品の一部だけで、すべてではないのでは？　ウィン＝ウィンの機会は追求するが、そうした機会の商業的な収益性が明らかでないときにはパーパスを追求せずにいるのではないか？　自分の行動や発言はどこまでパーパスを反映しているだろうか？　そしてステークホルダーのそれぞれを考えよう。彼らはどこまで御社とそのパーパスに肩入れしているだろうか？

パーパス・ステートメントを見直そう。御社のリーダーシップチームで、現在のパーパス・ステートメントの有効性と意義を見直そう。満足いかないのであれば改訂しよう。パーパスは目標を伝えるだけでなく、高められた野心も述べる必要があることをお忘れなく。また商業の論理と社会的論理の両方を強調しなくてはならず、組織の最終的な優先事項を伝えねばならない。

パーパスの新しい理解を受け容れよう。リーダーシップチームに対し、パーパスがもっと生産的に、もっと顧客や市場との取り組みを高め、もっと適応力を持てるようにするのだとはっきり述べ、長期的で耐久力のある会社を作ることもできると示そう。パーパスを深く追求すれば、変革を起こし、新しいオペレーティングシステムで、高業績の鍵となるのだという発想を内部化しよう。

第2章：かみそりの刃の上を歩く

トレードオフを受け容れる。トレードオフが生じたとき、逃げたり回避したりする衝動を抑えよう。むしろそれを受け容れよう。主要ステークホルダーの見方を調べ、決定がどのような影響をもたらすか考えよう。潜在的な解決策を評価するとき、パーパスを明示的に「北極星」として使おう。

ウィン＝ウィンを超えた見方をしよう。ディープ・パーパス・リーダーになるには、社会的価値と商業価値の両方をもたらすスイートスポットに必ずしも到達しない考え方にも肩入れする意欲を持たねばならない。あるビジネス上のアイデアが主に社会的価値しか創らない場合には、同時に商業価値を創り出す選択肢を積極的に探そう（商業価値が完全に実現可能に見える前に思い切って跳んでみるほうがいいかもしれないことも認識しよう）。また商業価値を主に動かすアイデアにも出会うだろう。ここでは、社会的影響をもたらす方法を検討し、それが不可能ならばやめるだけの強さを持たねばならない。レガシービジネスでは、短期では実現可能な形で離脱できないようなら、事業のポートフォリオを作り、社会的影響をもたらすものも部分的に含めるようにしよう。社会的影響を持たない事業とは手を切るタイムラインを設定し、パーパスともっとうまく整合する事業を構築しよう。

トレードオフを伝えよう。ステークホルダーたちの利益をバランスさせるためにむずかしいトレードオフをしているなら、意思決定の論理を透明性ある形で伝えよう。そうすればステークホルダーたちの理解が深まり、パーパスへの献身が実証される。組織のパーパスとそこに含まれる道徳的なビジョンを参照することでその論理に文脈を与えよう。

第3章：優れた業績の四つのレバー

戦略についての会話をパーパスに導かせよう。短期と長期の個別戦略方向について考えるときにはパーパスから出発しよう。いずれ採用する戦略的選択に自分の存在理由が確実に影響するようにしよう。パーパスとあまり整合しない選択肢を拒絶する、規律と意志力を生み出そう。

パーパスを採用と入社研修に翻訳しよう。パーパスを、採用や研修、昇進の決定におけるフィルターとして使おう。パーパスをまず原則に分解して、それから個別のふるまいに分解しよう。職場にそうした原則やふるまいを内面化させよう。そのために尺度や報酬を使ってそれが維持されるようにしよう。

ブランディングを見直そう。既存のブランドはパーパスをどれだけ明確に伝えているだろうか？　存在理由がアイデンティティの不可分な一部になっているだろうか？　パーパスを正真な形で際立たせる機会はないだろうか？　パーパスとの関連で、意味ある社会的な立場を採っているだろうか？　マーケティングやブランディング戦略をパーパスに導かせよう。これは、どこで公然と発言し、どこで発言を控えるべきかという判断も含む。

ステークホルダーたちとの会話を調整しよう。顧客、サプライヤーなどを、自分の存在理由を核に創造的なやり方で集めよう。意思決定の透明性を高め、パーパスを個別意思決定を伝えるための根拠にしよう。パーパスとうまく整合しないステークホルダーを「クビ」にしたり、追いかけるのをやめたりするのをためらってはいけない。

第4章：パーパスの真の源：前を見ながら振り返る

既存パーパスの歴史的な監査をしよう。 この分野ですでに活動をしたことがあるなら、もっと深く踏み込んで、存命中の創業者や初期の従業員、初期の顧客などに話を聞こう。社史編纂をしていないなら、やってみよう。パーパスの表現が、自社の「魂」にもっと深く触れるようにする方法を考えよう。新しいパーパス・ステートメントを作っているなら、過去に分け入り、発見のプロセスに乗りだそう。それがいずれ、明確に定義されたパーパス・ステートメントにつながる。

「パーパス討議」を継続的に行い、パーパスの「ストレステスト」を行おう。 これは毎年でも数年ごとでもいい。シニアリーダーを招いてパーパスを議論し、管理職に従業員の参加を促すようにさせよう。そうした会話に基づいて行動を起こすようにしよう。

過去と未来を結びつけよう。 過去にパーパスを根づかせるときには、過去にハイジャックされるのは避けよう。そうなったら未来へと前進できなくなってしまう。過去のやり方や優先順位に盲従する必要はない。活発に将来の成長機会を探究し、パーパスがその導きとなるようにしよう。最終的には、新規性と伝統の融合を目指そう。

人々を、原則に基づく意思決定ができるように訓練しよう。 パーパスを、単純で理解できる原則に翻訳して、みんながパーパス・ドリブンな意思決定を自律的にできるようにしよう。そうした原理を現実の状況に適用する練習機会を与えよう。

第5章：あなたは詩人？　それともただの作業員？

パーパスの「大きな物語」を定義しよう。自分の提案が従業員に与える影響について狭い話をするのが通例なら、大きなすべてを巻き込むナラティブとしてどんなものを提示できるだろうか？　このナラティブが、会社の実際の意図や、リーダーとしてのあなたの意図についてごまかしなく語るように気をつけよう。

「大きな物語」は行動を引き起こすように作ろう。物語の影響力を最大化するために、個人的な物語とつなげよう。明示的に組織を道徳的コミュニティとしてまとめよう。そして「大きな物語」を緊急性を伝える形で構築しよう。

弱さを見せよう。パーパスへの自分のつながりを公然と説明し、ドラマチックに仕立てて、自分の弱さを見せよう。みんなになぜ自分が会社で道徳的コミュニティをまとめたいのかについて説明しよう。自分がパーパスを見つけてそれを我が事として追求するようになったプロセスを喚起しよう。

危機対応を見直そう。危機が生じたら、それをパーパスとの関連で道徳的な「選択点」として定義づけよう。この機会を使ってパーパスを、人々の頭の中でさらに固めて、その継続的な有効性を確立させよう。

あらゆる行動においてパーパスを生きよう。自分のリーダーシップ行動の一部がパーパスと矛盾するようなら、それをやめよう。だがさらに先に進んで、組織パーパスとその根底の価値観を体現するように日常の仕事で行うステップを考えよう。ちょっとしたジェスチャーでも大きな方針決定でもいい。シンボリズムと中身のある行動のどちらも重要だ。

第6章：パーパスの中の「自分」

仕事を個人的なものにしよう。従業員を改めて見直し、人間として見てみよう。彼らの個人的な文脈や体験に興味を示し、質問をして自己表現の場を与えよう。ちがった場所に大胆に入り込み、根底にある人間としての共通性を探しつつ、個人の差も称揚しよう。

従業員に独自の個人的パーパスを追求するよう求めよう。従業員がそうしたければ個人的なパーパスを語り、他人とそれを共有できるプログラムを作ってもいい。全社的な「パーパス」ミーティングを開き、チームメンバーが個人的なパーパスを述べ合うような企画を考えてもいい。人々がお互いに弱点を示せるようになろう。

個人のパーパスと組織のパーパスを結びつけよう。人々が独自のパーパスをもって献身すると、組織のパーパスとつながる方法を探すのに抵抗がなくなる。従業員が組織のパーパスを独自の形で生きるように明示的に招き、このつながりを育てよう。個人と組織のパーパスを両方促進する従業員プロジェクトを賞賛し、公式に支持しよう。自分の伝達の中で、組織のパーパス追求を支援することが、自分の存在理由を生きるのにも役立つのだと強調しよう。

個人性を温存する文化を作ろう。個人の表現を優先する強い文化を構築するのに投資しつつ、少数の基盤となる期待を作ることにも配慮しよう。採用、社員研修、開発、報酬において規範を明示的に作ろう。人々が自己表現しても安全で安心していられるように、会話と会合のための明確なガイドラインを作ろう。

気遣いあるリーダーシップを示そう。人々に業績を挙げろとハッパをかける中でも、そうした厳しい目標を実現するための彼らの努力を支持する用意があるのだと実証しなくてはならない。チームメンバーの労働者および人間として成長と発達に対する心からの気遣いを示そう。これを日々のやりとりと、中身のある意思決定の両方で一貫して行おう。

第7章：鉄の檻を逃れる

官僚的な心構えを打破しよう。 現在の組織設計を検討して見直そう。特に、自律性と協働の二つの柱を核に考え直そう。不適切な自律性や協働から生じる官僚主義が組織の足を引っ張り、パーパスが本来ほどしっかりと根を張れていないのでは？　特に、組織構造は従業員への信頼を反映しているだろうか？　これはパーパスを根づかせるために不可欠な要素だ。組織は単に契約のつながりだけではなく、関係と献身のつながりで結びついている。それをもう一度思い出そう。

ある程度の境界は設けつつも、もっと自律性を認める機会を検討しよう。 プロセスをカタログにして、パーパス追求においてもっと自律性を容認する具体的な調整の一覧を作ろう。従業員がリスクを取り、主体性を示すように奨励するための努力をしよう。特に彼らの成功を祝い、失敗は学習機会として捉えなおそう。自律性を制約しつつ可能にする明確な境界を確立するため、必ずパーパスを使おう。

協働の最初の側面である協調を拡大する機会を探そう。 情報がもっとよく流れて、意思決定ともっとよくつながるようにする仕組みやプロセスシフトを導入しよう。各チームが共通知識を持っていて、相互に協力する必要があることを理解しているか考えよう。報告の仕組みを変えて、タコツボをまたがる協調を拡大し、機能をまたがる委員会や評議会を作ることでそれを促進できないか考えよう。パーパス感覚を注入することで、そうした協調システムがもっとうまく機能しないか考えよう。

協働の二つ目の側面である協力を拡大する機会を探そう。協力や、タコツボ内部あるいはそれを横断する形で行動を整合させるような強化システムが、内部的にも外部からも適切に存在しているか考えよう。なければ、そうしたシステムを最優先にしよう。パーパスを、みんなが一蓮托生だと感じさせる旗印にして、共通の道徳的コミュニティの一員だと感じさせよう。各種タコツボの人をまとめる非公式のイベントを開催して、お互いに信頼を育み協力したがるようにさせよう。こうした会合では、彼らが共通のパーパスにコミットしているのだと思い出させよう。パーパス、価値観、望ましい行動を、採用や新人研修にもっと明示的に組み込もう。

第8章：思いつきから理想へ：未来に堪えるパーパス

組織のパーパスに対する献身を確認しよう。パーパスは時間と共に自然に衰えるので、絶えず保守と関心が必要だ。パーパスを取り巻く活力が衰えただろうか？　リーダーシップが大小の意思決定をするときの道標になっているだろうか？　人々は今も組織のパーパスを理解して、それを日々の業務で活かしているか？　外部のステークホルダーたちはパーパスを信じ、あなたがそれを実施できると信じているか？　御社は、善意にもかかわらず「都合のいいパーパス」へとジワジワ漂ってしまっていないか？

後継計画にパーパスを注入しよう。リーダーシップの引き継ぎは、パーパスについてなかなか面倒だ。後継者を用意するとき、彼らがパーパスの旗印を掲げつつも、それを独自のものにするにはどうすべきかをしっかり計画しよう。後継者がパーパスを伝える具体的なステップを決め、同時に後継者とパーパスを結びつけるためのあなたのステップも考えよう。あなたが新任のリーダーなら、パーパスの旗印を受けつぐために行う行動やふるまいの在庫を確認しておこう。

パーパス関連指標について作業を開始しよう。多少の主観性や不完全性を受け容れる必要が出てきても、パーパスは計測しなくてはならない。結果だけでなく、パーパス関連の入力や、パーパスを可能にする要素も見よう。認知手法（内外ステークホルダーたちのアンケート調査）と結果指標を含む各種の手法を考えよう。ＥＳＧ計測についての増大する研究に注目し、それをパーパスの指標と結びつけよう。指標を個別のパーパスや組織プロセスにあわせて修正し、またパーパスから導く個別の原則や行動にもあわせるようにしよう。最後に、そうした指標が長期的な価値を創るための具体的な方法とどうつながるかも考えよう。

社会的な約束と商業的な約束のバランスを見つけよう。各ステークホルダーの期待を明確にして、それを必要に応じて継続的に交渉し、予想外の出来事や失望を避けるようにしよう。ステークホルダーたちは、同業他社との比較であなたを評価し、ときには業界全体について期待を引き上げることもあるのを認識しておこう。各種のステークホルダーの期待に対する業績が低迷しているようなら、強い行動を採ること。

パーパスを組織の戦略と運営リズムの一部にしよう。 戦略立案のあらゆるフェーズ——ハイレベルな戦略の構築、戦略的選択、リソース配分——で、パーパス的な「腹落ちチェック」をして、パーパスとの整合性を確保しよう。他の人もパーパスの解釈についてオーナーシップを感じられるように、議論を奨励しよう。パーパスと戦略の長期的な整合性を確保するために、公約をしたり、透明性を高めたり、外部の認証団体を活用したりすべきかも考えよう。

啓発されよう。 常に個人的パーパスと組織の存在理由を整合させるように専念しよう。なぜあなたは、今やっていることをしたいのだろうか？　どんなリーダーシップの遺産を残したいだろうか？　将来のリーダーや従業員たちにあなたの貢献をどう表現してほしいだろうか？　どこかの時点で組織のパーパスに個人的に啓発されたと感じたのは、どんなときだろうか。そしてそれは今も続いているだろうか？そしてそうでないなら、何を変えるべきだろうか？

このアクション一覧が示唆するように、ディープ・パーパスの実践は変革的であり、ビジネスの根本的な再形成や描き直しに匹敵する。これがあまりに重荷に思えるなら、それを一度にやる必要はないことを頭に入れよう。ディープ・パーパスは、継続的なオープンエンドのプロジェクトとして考えよう。単発の一回限りの活動ではないのだ。こうしたステップの二、三個から始め、現在の立場とリソースから見て、最も関連が強くて実現できそうなものを選ぼう。通常の変化マネジメント活動とはちがい、ディープ・パーパスはなぜその会社が存在するかという根底に迫る。それは少しずつ、企業の役割や、それが従業員、顧客、社会全体と持つ関係を見直すように迫るのだ。

この点で、ディープ・パーパスは今日実にありがちな、パーパスもどきを超越した存在だ。一部の人はパーパスを、ビジネスが悪行を隠すためにシニカルに使える隠れ蓑だと思っている。また他の人は、パーパスはビジネスの規制強化と課税のためのトロイの木馬だと考えている。私が研究したディープ・パーパス・リーダーたちはちがう見方をしている。実務的理想主義者である彼らは、パーパスを会社変革のレバーとして動員している。道徳的コミュニティを作り維持する中で、彼らはもっと効率的にイノベーションを行い、もっと効率的に運営し、財務業績も高める。波乱に満ちた市場で、パーパスは彼らに落ち着きをもたらす安定性を与える。ステークホルダーから見ると、それは彼らを競合他社とは一線を画す存在にする。会社内外の関係を高め、それを標準的な経済契約から、情熱的な行動を啓発する道徳的誓約にするのだ。

パーパスはまた、リーダーにビジネスについて長期的な見方を採らせることで業績を改善する。「短期主義」はしばしば避けがたいように見えるが、これは実は資本主義がでっちあげたものだ。アダム・スミスの、見えざる手としての市場の働きは、その当事者たちが短期と長期の両方の利益に注目するという想定に基づいていた。常識から考えても、似たような理解が得られる。万人が短期の結果しか考えなければ、安定したビジネスや、まして安定した社会など本当に構築できるのか？　なぜ自分のビジネスが存在するのかという質問を提起してそれに答えることで、長期的な視点が開け、未来についての大きな野心やビジョンの想像につながり、それを私が大きな物語と呼んだものにまとめることになる。それはまた、他人に対する私たちの影響の多次元性を理解し、商業の論理と社会の論理双方を受け容れるように促すのだ。

本書の冒頭で、私は当然のことを述べた。人類が崖っぷちに立っているということだ。産業化の発端から資本主義は実に多くのよい成果を挙げたが、人間にふりかかる多くの問題に拍車をかけるのにも貢献してきた。私たちは迫る気候リスクや極度の経済格差、世界的パンデミック、その他各種の社会、経済、保健の課題に直面している。ビジネスへの信頼は空前の低さだ。だがビジネスは悪漢だとしても、同時に潜在的な救世主でもある。これはますます多くの啓蒙的な投資家、重役、起業家、学者、活動家など、もっと応答性のよい博愛的な資本主義を創り出そうとする人々が支持する役割だ。

ディープ・パーパスについて考える中で、ここであなたのビジネスと人類の両方にとって何がかかっているかを忘れないでほしい。政府は修正要因として機能できるし、そうしなければならないが、グローバルなビジネスコミュニティもまた、自分の世界をまともにする必要がある。ディープ・パーパスは企業に対し、それを実現するための配信システムを提供する。ディープ・パーパスを追求することで、企業は商業的成功と、社会に提供する価値の両方を最大化する道に乗りだせる。ますます多くの企業がディープ・パーパス実現の心構えに専念すれば、コミュニティや環境への影響は甚大なものとなる。

これを書いている時点で、商業の風は変わりつつある。投資家は重役たちに対し、長期的な価値を創り出す形で経営を行うように求め、そうしない組織から資本を引き揚げている。消費者や従業員も同じことをして、何かもっと大きなものをあらわす会社を選んでいる。現状がうまくいっておらず、何か根本的なものが変化する必要があるという苛まれるような感覚を持っているなら、その衝動に耳を傾けよう。もっと高みを狙おう。自分の組織がもっとやるよう求めよう。エッツィ、ビューラー社、マイクロソフト社、レゴ社、シアトル・シーホークス、ゴッサム・グリーンズ社など本書で扱ったディープ・パーパス組織が示唆するように、もっと多くのことが可能だ。ただこの潜在力を理解して、考え方を変え、パーパスをもっと深く追求するという協調行動を採る必要があるだけなのだ。

謝辞

本書の発端は、最近私が行った二つの対話だった。まずは数年前に友人の二人、フランク・クーパーとマット・ブレイトフェルダーとの激しい論争で始まった。私たちは、ビジネスのパーパスを議論しており、なぜ自社のパーパスを明示して実践した企業がこんなに少ないのかを論じていた。フランクとマットはむずかしい質問を投げかけた。ビジネス教育者兼研究者として、私はそれについて何をしているのか？

私は説得力ある答えが出せずに困惑した。だがこの不穏な瞬間のおかげで、これまで以上にパーパスについてしっかり考えることになった。今日、この論争と、その後フランクやマットと行った多くの会話を振り返ると、彼らが与えてくれた一押しに深く感謝するものだ。

これと同時期に、ブラックロックCEOラリー・フィンクのお手本に啓発された。長年の間に出会った多くのディープ・パーパス・リーダーたちの中で、ラリーはこの理想をブラックロックの共同創設以来体現してきただけでなく、他人にもそうするよう奨めてきたことで突出している。フランクやマットとの会話と並んで、ラリーの公開書簡や私との会話により、他のプロジェクトを中断しても本書を書こうと決意したのだった。彼にもまた、心からのお礼を述べたい。

夢のような出版チームが味方になってくれたのは幸運だった。エージェントのリチャード・パインと編集者ホリス・ハイムブーシュだ。リチャードは本書の構想支援で大きな役割を果たした。彼がこの本を発端から信じてくれて、世界に対して楽観的な見方を抱いたおかげで、私も深い影響を受けた。彼は私が本書で論じる「実務的理想主義者」を体現する存在だ。また、いったん著者の担当になったら全身全霊で打ち込むホリスのような編集者を得たのは幸運だったと思う。彼女の思索に満ちた本書へのフィードバックは、執筆プロセスを通じて恐ろしいほど有益だった。あらゆる著者は、対象となる聴衆が必要だ。本書を書きながら私が思い浮かべた聴衆は彼女だった。彼女が草稿を見る最初の人間になるのがわかっていたからだ。

本書を研究するために、ディープ・パーパスを実践した多くの人々の叡智を受け容れねばならなかった。まず何よりも、忙しい時間を割いて、ディープ・パーパスをめぐる実験について率直な説明をしてくれたビジネスリーダーたち200人以上に感謝する。CEOから最前線の労働者までの驚異的な個人から、直接話を聞けたのは実にありがたいことだった。それぞれはディープ・パーパスの追求における試行錯誤を共有してくれた。その啓発的な物語をきちんと語れたことだけを祈りたい。

補遺：研究手法について

２０１９年から２０２１年にかけて、私は都合のよさだけを超えて、より高いパーパスを他の大多数よりもっと集中して成功裏に追求している少数の選ばれた企業に対して広範なフィールドワークを実施した。パーパスをどのように企業に埋め込むかという枠組みやパラダイムは大量に存在したが、ほとんどはこれを伝統的な変化マネジメントのお手軽な一種だと捉えていた。だが私には、最も成功した企業は己を基本だけに限定していないように思えた。彼らはパーパスを発見し、説明し、埋め込み、維持するにあたりもっと先へ進み、ときにはそれを独特な方法でやっていた。

私はパーパスの「最先端」を訪ねて、そこに広がる戦略や心構えに没頭したかった。私の目標は、存在理由を追求するにあたり、リーダーが動員すべきあらゆる本質的な戦略や技術を捉えることではなかった。ほとんどのリーダーたちが見すごしている、もっと深入りするための重要な道筋を解明できれば、私は何かに貢献したことになる。ジェイムズ・オトゥールは、善意の資本家についての歴史的研究の冒頭で「善をなすのはむずかしい」と述べている。私は、企業やリーダーにとって少しそれを楽にできないか調べたかった。[*1]

最初の仕事はどの企業を研究するか選ぶことだった。私はあらゆる主要ビジネスメディアや公開企業の年次報告書について定量調査を行い、「パーパス」という言葉やそれに関連するキーワードと最も関連の深い企業を探した。これで59社が出てきた。この一覧に出てきた企業を、パーパスや持続可能性などに関連したこれまでの本で言及されている企業と比較すると、かなりのオーバーラップが見られたので、自分の方向性が正しいことがわかった。同時に、私はパーパスに驚異的なほど献身しているのに、ほとんどメディアで注目されていない企業もいくつか見つけた。

傑出した企業の一覧を手に負える数に減らすため、私は二次的な情報源を調べて、一覧のどの企業がパーパス支持のために最も具体的な行動をしているかを見極め、活動があまり大したことのない企業は落とした。これで34社が残った。そこから私は電話帳を開いて、そうした企業の重役にインタビューして、こうした組織がパーパス支持のために何をしているかもっと詳しく調べた。

こうした会話をもとに、私は一覧を18社に絞り、個人的なつながりを通じて、組織パーパス実現に突出して献身していることがわかった、少数の選び抜かれた新興企業や非公開企業を加えた。[*2]

この最終候補に残った企業のうち、ペプシやマイクロソフト社のように、パーパスへの突出した注力と啓蒙的な運営モデルですでにグローバルビジネス読者に有名な企業もあった。また農業新興企業ゴッサム・グリーンズ社や、スイスの食品技術企業ビューラー社、インドのコングロマリットであるマヒンドラ社はあまり知られていないが、それでも同じくらい見事だった。私の目標は特定の業界や企業の種類を研究することではなく、新しい洞察を探究し、そうした「ディープ・パーパス」企業と私が呼ぶものに、時間をかけてこだわり、彼らがそのパーパスを異様なほど意義深く説得力を持つ持続的な形で実現できた理由はなぜかを理解することだった。大小、公開非公開を問わず、私が研究した企業はどれも精力的にパーパス実現を目指して活動し、その過程で環境を守り、深刻な社会問題に取り組むためできる限りのことをしていた。こうした企業はまた、劇的にその業績を改善し、新しい顧客や投資家、世間を味方につけつつあった。

私はそうした企業のリーダー、従業員、顧客——がパーパスにどうアプローチしているかという理解を深めてくれる人にはだれでもインタビューした。一部の企業では、ほんの一握りほどの人にしかインタビューしなかった。また一部では最大30人にインタビューした。インタビューの実施と処理において、私は学術研究者たちが、帰納的な研究プロセスとでも呼びそうなものに大まかに従った。明確な仮説から出発して、それを裏付けるか棄却しようとするのではなく、企業との会話に没頭することで仮説を生み出したのだ。インタビューの書き起こしを何度も検討しつつ、彼らの行動を形成するように見える、根底の構築物の一部が見つかった。そうした企業がパーパスをもっと掘り下げる方法について理論を開発しようとして、私はまたインタビューを、パーパスやその述べ方と実施方法に関連する既存研究との対話の中で分析した。このアプローチで、単にデータの中のパターンに気がつくだけでなく、既存のパーパス理解の穴も発見できるようになった。[*3]

解説――日本語翻訳の出版に寄せて――

EY アジアパシフィック ピープル・アドバイザリー・サービス 日本地域代表 パートナー
ビジネス・ブレークスルー大学大学院経営学研究科 客員教授
鵜澤 慎一郎

著者のランジェイ・グラティ氏は、ハーバード・ビジネス・スクールの教授であり、企業戦略、経営管理などの分野を専門とする。最近まで、同校でシニアリーダー向けのエグゼクティブプログラム「アドバンスト・マネジメント・プログラム」の所長を担当されており、ISI-Inciteでは、経済・ビジネス分野で最も引用されている学者のトップ10にランクされているだけでなく、『The Economist』『Financial Times』『The Economist Intelligence Unit』からも同様の評価を受けている。彼の研究は、ビジネス・経済関連の主要学術誌に掲載されている他、『Harvard Business Review』『The Wall Street Journal』『Forbes』『Financial Times』などの主要メディアにも取り上げられている。『Deep Purpose: The Heart and Soul of High-Performance Companies』を含め、7冊の著書がある。

かように米国の経済・ビジネス分野で高い知名度を持つランジェイ・グラティ氏であるが、日本では本書が初めての翻訳本となる。日本の読者にとっては待望の書で、パーパス経営の概念的理解の促進のみならず、数多くの事例紹介を通じて、成功・失敗の要因や具体的な各社の取り組みを実践的に学ぶことができるはずだ。

また本書は、リクルート事件をきっかけにリクルート社が経営方針を大きく転換したこと、真のパーパス経営の好事例として同社のスタディサプリ事業のエピソードが取り上げられている。彼自身は日立製作所を研究するなど、日本企業の文化や取り組みに詳しいこともあり、偏った西洋的な視点だけの見方でパーパス経営のあり方が書かれていないことも本書の特徴といえよう。

さて、私が解説を担当する経緯を簡単にご説明したい。私が所属するEYは世界150以上の国・地域に拠点があり、約36万5000人のメンバーを擁し、「Building a better working world（より良い社会の構築を目指して）」をパーパス（存在意義）として掲げ、プロフェッショナルファームとして初めてパーパスを明確に示したとされるユニークな組織であり、パーパス経営に対する強い思い入れとそれに則った独自の行動様式・企業文化を持っている。事実、私の手元にある原書（ペンギン・ブックスのペーパーバック版）では、序文の一番初めにEYのグローバル会長兼CEOカーマイン・ディ・シビオが「現代の経営においてパーパスはあったらいいなの類いではなく、絶対に必要な要件であり、パーパスドリブンの企業だけが未来を導くことができる」と称賛コメントを寄せており、本書の第8章ではEYはパーパスとKPI施策を最も洗練されたフレームワークで結び付けている事例として紹介されるなど、EYとランジェイ・グラティ氏とのつながりは深い。

翻訳本出版のタイミングにちょうどよいことからランジェイ・グラティ氏には来日していただき、2023年2月27日に実施する「EY Symposium 2023」の基調講演で「パーパス経営」を日本向け聴衆に初めてライブで語っていただくことが予定されている。またEY Japanは2023年4月から京都大学経営管理大学院（MBA）にて「パーパス経営」の寄附講義を開始する。

私自身が原書を読み、感銘を受けて、SNSを通じて彼に直接連絡したことをきっかけに、この解説を担当するご縁となった。ご快諾いただいた著者のランジェイ・グラティ氏、翻訳者の山形浩生氏、東洋館出版社書籍編集部の畑中潤氏の3名に改めて御礼申し上げる。

以下で、本書から日本の読者に特に示唆となり得る箇所について、触れていきたい。

パーパス経営は実は日本本来の経営観に近い

ランジェイ・グラティ氏は本書の第2章でビジネス意思決定の類型図を示し、4象限のマトリクスで右上のボックス、つまり、経済価値と社会価値の両方を追求することが真のパーパス経営の姿だと指摘している。多くの経営者や従業員にとっては、「わが社は経済価値が大事なのですか？　それとも社会価値が大事なのですか？」とOr（どちらか）の発想で二項対立の構造で状況を捉えがちである。しかし、And（どちらも）を追求することが、パーパス経営の目指すところなのである。彼の考え方は第1章で触れられているように、ハーバード大学の同僚マイケル・E・ポーター教授とFSG（Foundation Strategy Group）共同創業者のマーク・R・クラマー氏が2011年に発表した論文「Creating Shared Value（共通価値の戦略）」に端を発したCSV経営の概念にも通じるものがある。

CSVとは、営利企業がその本業を通じて社会的問題解決と経済的利益を共に追求し、かつ両者の間に相乗効果を生み出そうという経営理論である。ランジェイ・グラティ氏やマイケル・E・ポーター氏のような経営理論が現代経営で評価される背景には、株主重視の行き過ぎた資本主義からの方向転換がある。これまで企業経営は、短期志向で株主の意向を極大化することが資本主義の最適解とされてきた。しかし気候変動、環境破壊、人権・差別の問題、貧富の差の拡大など環境・社会の問題が増大する中で、株主だけでなく、多様なステークホルダー（顧客・従業員・サプライヤー・地域社会など）と長期的に関係を維持・向上しながら経営価値を高めていくべきという「マルチステークホルダー資本主義」という形態に変わってきている。このマルチステークホルダー資本主義、そして経済価値と社会価値どちらも極大化するという考え方は目新しい概念だろうか？

私自身はこれらの考え方は欧米発の新たな概念ではなく、日本本来の経営観に近いもの、つまり行き過ぎた資本主義からの揺り戻しで西洋的な思想から東洋的な思想に近いものであると感じている。

日本近代資本主義の父と呼ばれる渋沢栄一氏の玄孫で、ESG（Environment／環境、Social／社会、Governance／ガバナンス）投資や長期的投資の重要性を長らく啓発されてきた渋澤健氏のもとで「論語と算盤」を継続的に学ぶ機会があり、私は渋沢栄一氏の経営観はランジェイ・グラティ氏の提唱する真のパーパス経営やマイケル・E・ポーター氏のCSV経営と本質は同じだという感覚を強く持つようになった。事実、渋沢栄一氏は1910年頃から「道徳経済合一説」を唱えて、公益と利益の双方を両立することが大事であると述べている。つまりパーパス経営は日本の産業界にとってみては100年以上前の明治時代から親しみのある経営観であり、原点回帰といえよう。

事実、伊藤忠商事は近江商人の「三方よし」の精神を企業理念として掲げており、昔から「売り手によし、買い手によし、世間によし」と、まさにマルチステークホルダー資本主義の発想で整理がなされている。また、パナソニック社のパーパス「A Better Life, A Better World」は創業者の松下幸之助氏が定めた綱領、「産業人タルノ本分ニ徹シ　社会生活ノ改善ト向上ヲ図リ　世界文化ノ進展ニ寄与センコトヲ期ス」を現代的に表現したものである。営利と社会の調和を意味し、事業を単なる営利手段とせず、社会の向上、発展に尽くすことと同社のパーパスを定義したのは、松下幸之助氏が創業初期の時点で真のパーパス経営のあり方をすでに確立していたともいえよう。

米大手企業が開発した統計的な品質管理手法「シックスシグマ」の原点が日本古来の品質管理改善手法（カイゼン）であり、米国発のストレス解消法「マインドフルネス」の原点が座禅や瞑想であるように、パーパス経営も目新しいものではなく、日本企業が本来持っていた良い経営観、経営手法への回帰と捉えることで日本企業にとって、パーパス経営は取り組みやすい土壌がもともとあるはずである。

本書の第1章、第4章、第6章でマイクロソフト社のCEOサティア・ナデラ氏と同社のディープ・パーパスに関するエピソードが複数回にわたり取り上げられているが、彼にとってパーパスとは、〝マイクロソフト社の魂の再発見〟であるという解釈も示唆に富む。新しいものを今から作り出すのではなく、自社がずっと大事にしてきた〝わが社らしさ〟や良き組織風土、これまで行ってきた社会や地域への貢献といったことを振り返り、再定義することがパーパス経営の第一歩であろう。

What起点がこれまでのMVV、Why起点のこれからのパーパス

パーパスステートメント、これが経済価値と社会価値の両方を追求するパーパス経営における北極星、

錦の御旗といえる。しかし多くの企業はこれまでその位置付けをMVV（ミッション、ビジョン、バリュー）と整理し、社内外で発信してきたはずだ。パーパスとは何が違うのだろうか。

対比構造で説明すると、これまでのMVVはWhat（何）が起点である。「わが社は20XX年に1兆円企業になる」「わが社はYY業界のリーディングカンパニーになる」など、自社が将来なりたい姿をミッションやビジョンとしてきた。しかし前述のマルチステークホルダー資本主義の観点からすると、自社がそれを達成したとして、他のステークホルダー、地域社会や顧客、従業員、サプライヤーなどに何の価値や良いことがあるのか？という問いに答えることができない。そこでパーパスが求められるようになった。

パーパスの起点はWhy（なぜ）である。そこで大事になるのは「わが社はこの社会になぜ存在するのか、社会や未来にどんな価値を提供できるか？」という問いである。自分たちの存在意義をどのように解釈するのかで企業の進むべき方向性は大きく変わってくる。本書の第4章ではレゴ社のエピソードが語られている。子供向け玩具で有名なレゴ社は「私たちの究極のパーパスは子供たちが創造的に考え、体系的に論じ、潜在能力を引き出して未来の自分を形づくれるように、ひらめきを与えて育むこと」と定義している。レゴブロック自体は特許切れで誰でも類似商品を出せる市場環境にあり、もし同社が自分たちを子供向けのブロック玩具を製造・販売する会社と考えていたら、すぐに淘汰されてしまったであろう。レゴが世界有数のブランドであり続ける秘訣は、自社の存在意義を未来の子供の知育のためと意味付け、それに強く共感する熱心な顧客や社会が長期的に存在するからである。

サステナビリティ経営や人的資本経営の上位概念に位置するパーパス

世界でも日本でも、サステナビリティ経営や人的資本経営への関心が高まっている。投資家や市場の厳しい監視の目から、日本の上場企業では有価証券報告書以外に統合報告書やサステナビリティレポートを別途作成し、環境や社会における取り組みを積極的に情報開示する動きが始まっている。また、人的資本においても上場企業の企業統治指針「コーポレートガバナンス・コード」で人的資本が明記されたことに加えて、２０２３年3月期の有価証券報告書から、ジェンダー・ペイ・ギャップなど人的資本情報の開示を義務付ける流れになってきている。

サステナビリティ経営の文脈でいえば脱炭素などの気候変動対策、サステナブルビジネス、ＥＳＧやＳＤＧｓ（Sustainable Development Goals／持続可能な開発目標）などがあり、人的資本経営では多様な人材が活躍するためのＤＥ＆Ｉ（Diversity, Equity & Inclusiveness）、新たなデジタル技術を身につけるためのリスキリング、持続可能な働き方を実現するためのウェルビーイングやエンゲージメント向上など数多くの取り組みが必要となる。このような取り組みにおいても「サステナビリティが大事だと言っても、そこに注力して、本来得られるはずの売上や利益を損なったらどうする？」「人的資本投資といってもいつ頃リターンが出るか分からず、それよりもすぐに効果のありそうな広告宣伝などにお金をかけたほうが良いのでは？」といった声が経営陣や従業員からあがり、どちらも中途半端な取り組みになるというお悩みをコンサルティングの現場でよく耳にする。

このような状況を変える意味でもパーパスを企業経営の中心に据えることは有効であろう。一つは二項対立発想からの脱却、つまりOr（どちらか）でなくAnd（どちらも）の概念がパーパスの本質であることが分かれば、「売上かサステナビリティか？　売上か人材育成か？」という議論自体が意味をなさないことに気付くであろう。また、パーパス経営が経済価値と社会価値のどちらも追求する以上、サステナビリティは社会価値に直結するので当然に重点的な取り組みになるし、経済価値と社会価値も生み出す源泉は人間に他ならないので、人を中心に据えた経営、能力開発への投資や働く環境の整備などが大事になることは当然と、経営としてぶれない軸ができるはずだ。

本書でも農業ベンチャーのゴッサム・グリーンズ社やハンドメイド商品のマーケットプレイスを運営するエッツィ社の経営者がいかに人的価値や社会価値といった非財務的な部分と経済価値を両立させるために多数のステークホルダーにたじろがずに協議と熟考を重ねてきたのか、時に厳しい判断（リストラなど）を行ったシーンから、真のパーパス経営の実践には多くの困難を乗り越えるだけの覚悟と行動がリーダーに日々求められていることが分かる。

パーパスと組織目標、個人目標を連動させる

本書が他のパーパス関連書籍と大きく異なる点は、パーパスステートメント設計やその浸透方法といった企業風土づくりにとどまらず、経営モデルの中でどのようにパーパスを実務的に組み込んで企業を成長させていくのか、変革していくのか、いわば経営実践モデルとして具体的に言及されているところである。

実際に日本企業でも残念ながらパーパスは単なるお題目やスローガンにすぎず、重要な意思決定場面、日々の顧客接点や組織内のコミュニケーションでは、パーパスと連動しない判断や動き方で企業活動が行われてしまうケースもあるだろう。本書では都合のいいパーパス（ダメな例）として、自社機器の有効性を偽っていた血液検査のスタートアップ企業セラノス社、鎮痛薬を劇的に販売拡大したことで医療用麻薬乱用の問題を起こしたパーデュー・ファーマ社、公共の善を無視して自社の利益のみを追求していたFacebook社（現Ｍｅｔａ社）などが挙げられる。

では、パーパスをお題目やスローガンで終わらせず、どうすれば経営実践モデルに昇華させることができるか、それが真のパーパス企業か否かの違いになり得るはずだ。そのための効果的な施策はパーパスと社員の目標設定やＫＰＩ設定を連動させることである。

ピーター・ドラッカー氏が最初の提唱者といわれるＭＢＯ（Management by Objectives／目標による経営管理）やＧｏｏｇｌｅ社が採用して有名になったＯＫＲ（Objectives／目標 & Key Results／主要な成果）などの手法はすでに多くの企業で導入されている。機能しないのは運用上の問題であって、そこで書かれている目標は昔ながらの経済価値（売上、利益）指標だけであったり、短期的な成果目標のみであったり、パーパス経営の世界観とは時間軸やマルチステークホルダーの観点から全く整合性がとれていないのである。

本書の第８章でＥＹの事例が紹介されているが、われわれはBuilding a better working worldというパーパスステートメントを最上位に位置付け、次に「NextWave」という新たな世界戦略を、長期的に価値を創造し続ける視点から定義している。それに呼応する形で経営職（パートナー）の目標を整理・

構造化し、全世界共通の枠組みとして運用している。具体的には経済価値＝財務価値は他社となんら変わらない。特徴的なのは新たに三つの非財務指標、つまり「顧客価値」「人的価値」「社会価値」を経済価値と同列に位置付けたことだ。さらにその枠組みでどのような活動を予定しているのか、それを測定するためのＫＰＩは何かを目標設定の場面で具体的に落とし込むことが上位者と当事者の間で行われている。会社のパーパスと個人のパーパスをつなぐことが大事だと言われて久しいが、具体的にどうすればよいのか分からないという多くの読者にとって、実践的な解になり得ると考えている。

長期的な時間軸で企業経営を考える

先の予測できない時代と言われて久しい現代だからこそ、近視眼的にならず、長期的な視野が今こそ求められている。その際に有効な検討方法はバックキャスティング・アプローチ（逆算工程）といわれるような考え方だ。

現状からの積み上げ思考ではなく、未来像を最初に予想し、そこから逆算で現在までの道筋を明らかにするという取り組み方でパーパス経営でも重要な要素だ。

例えば、２０５０年頃までにはインドなど新興国が大きく成長し、世界の人口は１００億人規模まで到達する見込みだ。当然、現在の社会環境ではそれだけの人口を賄えるだけの食糧や水はないわけで、社会価値の観点からＳＤＧｓの主要環境項目などに真剣に取り組むべき必要性や危機感を誰もがはっきりと理解できるようになるだろう。

また2050年時点での日本のGDPは、世界のGDP全体に占める割合のわずか3・2%程度になり、シェアだけみれば1960年代の日本の立場と同様となる。日本の人口に至っては世界のわずか1%の存在感にすぎず、もはやGDPや人口の大きさをよりどころにしたかつての経済大国としての日本の姿は存在しない。多くの企業では経済価値の再定義はもちろん、新たな顧客価値や人的価値の創出が企業の持続的成長には必須であることが分かるだろう。

このような長期的な視野に立ち、バックキャスティング・アプローチを経営にうまく活かしている日本の先進事例として、三菱ケミカルグループが挙げられる。

同社はデータとデジタル技術がインフラとして活用され、バイオ技術が発達し、現在の社会課題が全て解決された社会を「2050年にめざすべき社会」と定義し、その世界観から逆算工程で2030年のあるべき姿とその成長の道筋を明確にした中長期経営基本戦略「KAITEKI Vision 30」を発表している。その骨子は財務目標のみならず、地球や社会といった社会価値に加えて、創造性と生産性の向上、働きがいの充実の鍵となる人の側面に着目し、まさに人的価値も大きな柱として構成要素に盛り込んでいる。つまり財務価値・社会価値・人的価値が三位一体となったまさにパーパス経営モデルを長期的視点から検討し、構築した好例である。

パーパスステートメントを策定し、それを対外的に発信するパーパスブランディングに取り組むだけでは表層的だ。本質的なパーパス経営のかじ取りを進めていく上では、あえて時間軸を長期に設定することで現在の制約条件にとらわれず、思考の枠を超えて、企業の取り組むべき方向性を思い切って示していくことが大事なのである。

90. Peter Gassner, 著者とのインタビュー, June 26, 2019.
91. Matt Wallach (Cofounder and Board Member of Veeva Systems), 著者とのインタビュー, April 25, 2019.
92. Emmanuel Faber (Danone 元 CEO), 著者とのインタビュー, December 8, 2020.
93. Gelles, "'I Honestly Don't Trust Many People at Boeing.'"
94. Annual Report, Boeing, 2016, 1, https://s2.q4cdn.com/661678649/files/doc_financials/annual/2016/2016-Annual-Report.pdf.
95. Annual Report, Boeing, 2018, 1, https://s2.q4cdn.com/661678649/files/doc_financials/annual/2019/Boeing-2018AR-Final.pdf; Annual Report, Boeing, 2017, https://s2.q4cdn.com/661678649/files/doc_financials/annual/2017/2017-Annual-Report.pdf.

補遺：研究手法について

1. O'Toole, *The Enlightened Capitalists* の序文と結論を参照。
2. 一部の研究者はフィールド研究に基づく洞察を忌避したがる。特に選択的に企業をサンプリングしたものは嫌われる。確証バイアスが結論を歪めるのを恐れて、企業集団についての大規模標本分析を彼らは好む. 私は可能な限り、そうした研究からの洞察を本書では使っているが、ここでの主要な洞察は私が 200 件以上のインタビューを行った 24 社についての慎重なフィールド調査から導いたものだ。私の傑出したディープ・パーパス企業の「理論的標本抽出」は、こうした文脈の根底にある仕組みやプロセスの新しい理論構築に役立つ。ディープ・パーパス企業が珍しいことを考えると、こうした極端な事例は「異様に啓発的で極端なお手本」として学べるものだ。Kathleen M. Eisenhardt and Melissa E. Graebner, "Theory Building From Cases: Opportunities and Challenges," *Academy of Management Journal* 50, no.1 (February 2007): 27, https://doi.org/10.5465/amj.2007.24160888. 理論的標本抽出、新しい理論開発に使われる共通の定性的な手法は、理論的共通性、たとえば共通の成功実績などに基づく事例の選択を指す。Deborah Dougherty and Cynthia Hardy, "Sustained Product Innovation in Large, Mature Organizations: Overcoming Innovation-to-Organization Problems," *Academy of Management Journal* 39, no.5 (October 1996): 1120–53 参照。類似性を根拠に根底にあるプロセスを比較することで、一部の人はこれが「探索的定性研究における統計的標本抽出より重要」と見なしている。Kathy E. Kram, "Phases of the Mentor Relationship," *Academy of Management Journal* 26, no.4 (December 1983): 611.
3. 私は自分の研究を機能的分析として行い、回答者たちがパーパス・ドリブン組織となるのに重要だと同定した構築物を解明しようとした。根拠ある研究の原理と整合させるため、私は事前の理論や仮説なしに開始した。Kathy Charmaz, *Constructing Grounded Theory* (London: Sage, 2014); J. Corbin and A. Strauss, *Basics of Qualitative Research* 3rd ed. (Los Angeles: Sage, 2008). フィールド調査の長い伝統に従って、ここでの私の目標は「自分のインタビューの中およびそれを横断する形で、関心がある現象に関連しているように思えるパターン、プロセス、関係を見つける」ことであった。Cheng Gao et al., "Overcoming Institutional Voids: A Reputation-Based View of Long-Run Survival," *Strategic Management Journal* 38, no.11 (February 2017): 2147–67, DOI: 10.1002/smj.2649. その後私は自分のデータと既存理論との間で往き来して、本書で述べた主要な構築物と仕組みを解明した。

73. Andrew Hill, "The Difficulty in Managing Things That Cannot Easily Be Measured," *Financial Times*, November 25, 2018, https://www.ft.com/content/0e1cc35c-ed88-11e8-89c8-d36339d835c0.
74. "Emmanuel Faber's Ousting Puts Danone on 'Impact Watch,'" Impact Alpha, March 24, 2021, https://impactalpha.com/emmanual-fabers-ousting-puts-danone-on-impact-watch/; Lauren Hirsch, "A Boardroom Shake-up at the Food Giant Danone Sets off Shareholder Infighting," *New York Times*, March 16, 2021, https://www.nytimes.com/2021/03/16/business/Danone-Emmanuel-Faber.html.
75. "Danone Rethinks the Idea of the Firm," *Economist*, August 9, 2018, https://www.economist.com/business/2018/08/09/danone-rethinks-the-idea-of-the-firm.
76. "Entreprise à Mission," Danone, accessed May 29, 2021, https://www.danone.com/about-danone/sustainable-value-creation/danone-entreprise-a-mission.html; Dean Best, "Danone 'Entreprise à Mission' Status Will Help Drive Shareholder Value, CEO Insists," Just Food, updated July 31, 2020, https://www.just-food.com/news/danone-enterprise-a-mission-status-will-help-drive-shareholder-value-ceo-insists_id144130.aspx.
77. Nick Kostov, "Danone's CEO on Going Organic and Why It's Critical to Be Fair," *Wall Street Journal*, December 20, 2016, https://www.wsj.com/articles/danone-ceo-reflects-on-balacing-economic-social-goals-1482247802 での引用。
78. 2015年投資家セミナーで、彼は明示的に利潤の高い成長について語った。Emmanuel Faber, "Transcript: Conclusion," Evian, 2015, https://www.danone.com/content/dam/danone-corp/danone-com/investors/en-investor-seminars/2015/day-3--november-18,-2015/TranscriptEF.pdf; "Danone Rethinks the Idea of the Firm."
79. Best, "Danone'Entreprise à Mission'Status Will Help" での引用。
80. Kostov, "Danone's CEO on Going Organic."
81. Corinne Gretler, "Danone Starts Search for New CEO as Faber to Give Up Role," Bloomberg, March 1, 2021, https://www.bloomberg.com/news/articles/2021-03-01/danone-bows-to-investor-pressure-to-split-chairman-ceo-roles.
82. "The Fall from Favour of Danone's Purpose-Driven Chief," *Financial Times*, March 16, 2021, https://www.ft.com/content/2a768b96-69c6-42b7-8617-b3be606d6625.
83. "The Fall from Favour."
84. Laurence Fletcher and Leila Abboud, "The Little-Known Activist Fund That Helped Topple Danone's CEO," *Financial Times*, March 23, 2021, https://www.ft.com/content/dd369552-8491-40a2-b83b-9a1b2e32407a.
85. ある研究では、業績の低いCEOはそれまでにCSR活動に投資をしていたらクビになる可能性がずっと高いことがわかった。Timothy D. Hubbard, Dane M. Christensen, and Scott D. Graffin, "Higher Highs and Lower Lows: The Role of Corporate Social Responsibility in CEO Dismissal," *Strategic Management Journal* 38 (2017): 2255–65, DOI: 10.1002/smj.2646.
86. Molly Rhodes (Warby Parker戦略担当副社長), 著者とのインタビュー, March 30, 2021.
87. Peter Gassner (VeevaのCEO, 共同創業者), 著者とのインタビュー, June 26, 2019.
88. Peter Gassner, 著者とのインタビュー, June 26, 2019.
89. "Veeva: A Public Benefit Corporation," Veeva, accessed May 29, 2021, https://www.veeva.com/br/pbc/.

56. Gary Cohen, 著者とのインタビュー, July 31, 2020.
57. Vince Forlenza, 著者とのインタビュー, July 31, 2020.
58. Robert S. Kaplan and David P. Norton, "Putting the Balanced Scorecard to Work," *Harvard Business Review Magazine*, September-October 1993, https://hbr.org/1993/09/putting-the-balanced-scorecard-to-work; John Doerr, *Measure What Matters* (Portfolio Penguin, 2018).
59. Doerr, *Measure What Matters*.
60. Edouard Dubois and Ali Saribas, "Making Corporate Purpose Tangible――A Survey of Investors," *Harvard Law School Forum on Corporate Governance*, June 19, 2020, https://corpgov.law.harvard.edu/2020/06/19/making-corporate-purpose-tangible-a-survey-of-investors/.
61. "Welcome to the Purpose Power Index," Purpose Power Index, accessed May 29, 2021, https://www.purposepowerindex.com/. この手法を Just Capital の手法と対比しよう。Just Capital は一般人にアンケートをして、「公正な企業」に関連する企業行動を同定するように頼み、そうした行動に基づく指標を決めて、結果に基づくデータを集める。"Full Ranking Methodology," Just Capital, accessed May 30, 2021, https://justcapital.com/full-ranking-methodology/ 参照。他の手法としては Forbes Just100 や B コーポレーション認証プロセスがある。
62. "Purpose Strength Model," DPMC, accessed July 15, 2021, https://www.dpmc.us/purpose-strength-model/.
63. Tom A. Elasy and Gary Gaddy, "Measuring Subjective Outcomes," *Journal of General Internal Medicine* 13 (November 1998), doi: 10.1046/j.1525-1497.1998.00228.x.
64. Gulati and Tahilyani, "The Mahindra Group," 32.
65. Florian Berg, Julian Koelbel, and Roberto Rigobon, "Aggregate Confusion: The Divergence of ESG Ratings," MIT Sloan School Working Paper 5822-19, August 15, 2019.
66. Robert G. Eccles, "The Purpose of the IBC/WEF Stakeholder Capitalism Metrics Initiative: A Conversation with Brian Moynihan," *Forbes*, December 19, 2020; Billy Nauman and Patrick Temple-West, "BofA Chief Leads New Effort to Tame Unruly ESG Metrics," *Financial Times*, January 14, 2020, https://on.ft.com/3x8EooS.
67. Annual Report, Bühler Group, 2020, 7, https://assetcdn.buhlergroup.com/asset/874601345621/b59a311e2a10445aa4b9ed8d3db002d8. また "Sustainability: A Stakeholder Perspective," Bühler Group, 2020, https://assetcdn.buhlergroup.com/asset/874601345621/c8931642a0294c438648d091aeed4e05 も参照。
68. "Impact Reporting," Etsy, accessed May 29, 2021, https://investors.etsy.com/impact-reporting/default.aspx.
69. Josh Silverman (Etsy の CEO), Harvard Business School 登壇時の発言, September 16, 2020.
70. One Mighty Mill, "One Mighty Mill Impact Strategy," 著者に提供された社内文書。
71. "Measuring Stakeholder Capitalism: Toward Common Metrics and Consistent Reporting of Sustainable Value Creation," World Economic Forum white paper, September 2020, http://www3.weforum.org/docs/WEF_IBC_Measuring_Stakeholder_Capitalism_Report_2020.pdf; Ernst & Young 社内文書。
72. Carmine Di Sibio, (EY 組織グローバル会長兼 CEO), 著者とのインタビュー, June 16, 2021.

33. Robert J. Serling, *Legend and Legacy: The Story of Boeing and Its People* (New York: St.Martin's Press, 1992), 26.
34. Annual Report, Boeing, 1965.
35. Jeff Cole, "Boeing's Cultural Revolution-Shaken Giant Surrenders Big Dreams for the Bottom Line," *Seattle Times*, December 13, 1998.
36. Jerry Useem, "The Long-Forgotten Flight That Sent Boeing Off Course," *Atlantic*, November 20, 2019.
37. Leon Grunberg and Sarah Moore, *Emerging from Turbulence: Boeing and Stories of the American Workplace Today* (Lanham, MD: Rowman & Littlefield, 2016), 1–3.
38. Jeff Cole, "Boeing's Cultural Revolution."
39. Useem, "The Long-Forgotten Flight."
40. "Boeing Revenue 2006–2021," Macrotrends, accessed May 29, 2021, https://www.macrotrends.net/stocks/charts/BA/boeing/revenue; Annual Report, Boeing, 2005, https://www.annualreports.com/HostedData/AnnualReportArchive/b/NYSE_BA_2005.pdf.
41. George and Migdal, "What Went Wrong with Boeing's 737 Max?," 5–6.
42. Michael A. Cusumano, "Boeing's 737 Max: A Failure of Management, Not Just Technology," *Communications of the ACM* 64, no.1 (January 2021): 22–25. また Natasha Frost, "The 1997 Merger That Paved the Way for the Boeing 737 Max Crisis," Quartz, June 4, 2020.
43. "Starbucks Company Timeline," Starbucks, accessed May 29, 2021, https://www.starbucks.com/about-us/company-information/starbucks-company-timeline; Janet Adamy, "Starbucks Chairman Says Trouble May Be Brewing," *Wall Street Journal*, February 24, 2007, https://www.wsj.com/articles/SB117225247561617457.
44. Nancy F. Koehn et al., "Starbucks Coffee Company: Transformation and Renewal," Harvard Business School Case Study 9-314-068, June 2, 2014, 2–3, 8. 私のスターバックスの記述はこのケーススタディから多くを援用している。
45. Howard Schultz, *Onward: How Starbucks Fought for Its Life without Losing Its Soul* (New York: Rodale, 2011), 24. 邦訳ハワード・シュルツ＆ジョアンヌ・ゴードン『スターバックス再生物語：つながりを育む経営』月沢李歌子訳、徳間書店、2011.
46. Schultz, *Onward*, 112, 114. 邦訳シュルツ他『スターバックス再生物語』.
47. Corie Barry（Best Buy の CEO), 著者とのインタビュー, April 16, 2021.
48. Kevin Johnson（Starbucks 社長で CEO), 著者とのインタビュー, November 23, 2020.
49. Mark R. Kramer and Sarah Mehta, "Becton Dickinson: Global Health Strategy," Harvard Business School Case Study, 718-406, September 2017（revised February 2018), 6 での引用。この段落はこのケーススタディの 4-6 ページと 10-13 ページから多くを援用している。
50. Gary Cohen（Becton Dickinson グローバルヘルス部門主任副社長), 著者とのインタビュー, July 31, 2020.
51. Gary Cohen, 著者とのインタビュー, July 31, 2020.
52. Vince Forlenza（Becton Dickinson 元 CEO), 著者とのインタビュー, July 31, 2020.
53. Gary Cohen, 著者とのインタビュー, July 31, 2020.
54. Vince Forlenza, 著者とのインタビュー, July 31, 2020.
55. Kramer and Mehta, "Becton Dickinson: Global Health Strategy," 8. この段落はこのケーススタディ 14-15 ページと 20 ページから多くを援用している。

19. Gates and Kamb, "Indonesia's Devastating Final Report." これらの引用は *Seattle Times* が引用した最終報告書のドラフト版からのもの。
20. George and Migdal, "What Went Wrong with Boeing's 737 Max?," 9–10.
21. John Cassidy, "How Boeing and the F.A.A. Created the 737 Max Catastrophe," *New Yorker*, September 17, 2020, https://www.newyorker.com/news/our-columnists/how-boeing-and-the-faa-created-the-737-max-catastrophe.
22. Chris Isidore, "These Are the Mistakes That Cost Boeing CEO Dennis Muilenburg his job," CNN, December 24, 2019, https://www.cnn.com/2019/12/24/business/boeing-dennis-muilenburg-mistakes/index.html.
23. Peter Economy, "Boeing CEO Puts Partial Blame on Pilots of Crashed 737 Max Aircraft for Not 'Completely' Following Procedures," Inc., April 30, 2019, accessed May 29, 2021, https://www.inc.com/peter-economy/boeing-ceo-puts-partial-blame-on-pilots-of-crashed-737-max-aircraft-for-not-completely-following-procedures.html; Chris Isidore, "Boeing CEO says 737 Max Was Designed Properly and Pilots Did Not 'Completely' Follow Procedure," CNN, April 30, 2019, https://www.cnn.com/2019/04/29/investing/boeing-annual-meeting/index.html.
24. Gates et al., "Investigators Find New Clues."
25. Natalie Kitroeff and David Gelles, "At Boeing, C.E.O.'s Stumbles Deepen a Crisis," *New York Times*, updated December 23, 2019, https://www.nytimes.com/2019/12/22/business/boeing-dennis-muilenburg-737-max.html.
26. Isidore, "These Are the Mistakes."
27. David Gelles and Natalie Kitroeff, "Boeing Pilot Complained of 'Egregious' Issue With 737 Max in 2016," *New York Times*, updated October 23, 2019, https://www.nytimes.com/2019/10/18/business/boeing-flight-simulator-text-message.html; David Gelles and Natalie Kitroeff, "Boeing Fires C.E.O. Dennis Muilenburg," *New York Times*, December 23, 2019, https://www.nytimes.com/2019/12/23/business/Boeing-ceo-muilenburg.html. その後のメディアでは、さらに罪状を重ねるメッセージが発表された。David Gelles, "'I Honestly Don't Trust Many People at Boeing': A Broken Culture Exposed," *New York Times*, updated February 10, 2020, https://www.nytimes.com/2020/01/10/business/boeing-737-employees-messages.html.
28. Jon Hemmerdinger, "Boeing Estimates 737 Max Crisis Will Cost $18.6 Billion," Flight Global, January 29, 2020, https://www.flightglobal.com/air-transport/boeing-estimates-737-max-crisis-will-cost-186-billion/136429.article.
29. Gelles and Kitroeff, "Boeing Fires C.E.O. Dennis Muilenburg."
30. Brakkton Booker, "Boeing's 737 Max Cleared to Return to European Skies, Regulator Says," NPR, January 27, 2021, https://www.npr.org/2021/01/27/961110827/boeings-737-Max-cleared-to-return-to-european-skies-regulator-says. FAA は 2020 年 11 月に許可を出し、ヨーロッパ規制当局はその翌年 1 月に出した。
31. Ben Baldanza, "Boeing Addresses 737 Max Issues but Program May Never Make Up for Damages," *Forbes*, January 7, 2021, https://www.forbes.com/sites/benbaldanza/2021/01/07/boeing-addresses-737max-issues-but-program-may-never-make-up-for-damages/?sh=4d02d461e60f.
32. Paul Spitzer, "Boeing as a Start-Up Company, 1915–1917," *Pacific Northwest Quarterly* 95, no.3（Summer 2004）: 144.

Most Troubled," CNN, December 25, 2020, https://www.cnn.com/travel/article/boeing-737-story-behind-the-troubled-aircraft/index.html も参照。
3. "Timeline: A Brief History of the Boeing 737 Max," *Seattle Times*, updated June 21, 2019, https://www.seattletimes.com/business/boeing-aerospace/timeline-brief-history-boeing-737-Max/; Dominic Gates, "Boeing Announces Design Changes for 737 MAX," *Seattle Times*, updated November 3, 2011, https://www.seattletimes.com/business/boeing-announces-design-changes-for-737-Max/.
4. "Airbus Offers New Fuel Saving Engine Options for A320 Family," Airbus, December 1, 2010, https://www.airbus.com/newsroom/press-releases/en/2010/12/airbus-offers-newfuel-saving-engine-options-for-a320-family.html.
5. George and Migdal, "What Went Wrong with Boeing's 737 Max?," 5.
6. "737 Max Completes Successful First Flight," Boeing, February 2, 2016, https://www.boeing.com/company/about-bca/washington/737max-first-flight-success-02-02-16.page/.
7. George and Migdal, "What Went Wrong with Boeing's 737 Max?," 14.
8. "Boeing Sets New Airplane Delivery Records, Expands Order Backlog," Boeing, January 8, 2019, https://www.boeing.com/company/about-bca/washington/2018-deliveries-strong-finish.page.
9. George and Migdal, "What Went Wrong with Boeing's 737 Max?," 7.
10. Jake Hardiman, "Five Years Ago the Boeing 737 Max Made Its Maiden Flight," Simple Flying, January 30, 2021, https://simpleflying.com/737-Max-five-years/.
11. Dominic Gates et al., "Investigators Find New Clues Pointing to Potential Cause of 737 Max Crashes as FAA details Boeing's Fix," *Seattle Times*, updated March 15, 2019, https://www.seattletimes.com/business/boeing-aerospace/investigators-find-new-clues-to-potential-cause-of-737-Max-crashes-as-faa-details-boeings-fix/.
12. George and Migdal, "What Went Wrong with Boeing's 737 Max?," 9, 15–16.
13. Andy Pasztor and Andrew Tangel, "Boeing Withheld Information on 737 Model, According to Safety Experts and Others," *Wall Street Journal*, updated November 13, 2018, https://www.wsj.com/articles/boeing-withheld-information-on-737-model-according-to-safety-experts-and-others-1542082575 での引用。
14. Hannah Beech and Muktita Suhartono, "'Spend the Minimum': After Crash, Lion Air's Safety Record Is Back in Spotlight," *New York Times*, November 22, 2018, https://www.nytimes.com/2018/11/22/world/asia/lion-air-crash-safety-failures.html.
15. James Glanz et al., "After a Lion Air 737 Max Crashed in October, Questions About the Plane Arose," *New York Times*, February 3, 2019, https://www.nytimes.com/2019/02/03/world/asia/lion-air-plane-crash-pilots.html.
16. Dominic Gates and Lewis Kamb, "Indonesia's Devastating Final Report Blames Boeing 737 Max Design, Certification in Lion Air Crash," *Seattle Times*, updated October 27, 2019, https://www.seattletimes.com/business/boeing-aerospace/indonesias-investigation-of-lion-air-737-max-crash-faults-boeing-design-and-faa-certification-as-well-as-airlines-maintenance-and-pilot-errors/.
17. George and Migdal, "What Went Wrong with Boeing's 737 Max?," 5–6.
18. "Q&A: What Led to Boeing's 737 MAX Crisis," *Seattle Times*, November 18, 2020, https://www.seattletimes.com/business/boeing-aerospace/what-led-to-boeings-737-max-crisis-a-qa/.

76. Rivkin, Roberto, and Gulati, "Federal Bureau of Investigation, 2009," Harvard Business School supplement, March 18, 2010 (revised May 18, 2010), 3.
77. "John Ashcroft and FBI Director Robert Mueller."
78. "Statement of Robert S. Mueller III Director Federal Bureau of Investigation," Committee on Homeland Security and Government Affairs United States Senate, September 13, 2011, https://www.hsgac.senate.gov/imo/media/doc/TestimonyMueller20110913.pdf.
79. Rivkin, Roberto, and Gulati, "Federal Bureau of Investigation, 2009," 4.
80. "Statement of Robert S. Mueller III."
81. "John Ashcroft and FBI Director Robert Mueller" ; "Transcript: Robert S. Mueller III: The Director (Part 2)," NBC News, February 3, 2021, https://www.nbcnews.com/podcast/the-oath/transcript-robert-s-mueller-iii-director-part-2-n1256675.
82. Robert S. Mueller, "Testimony," FBI, accessed May 28, 2021, https://archives.fbi.gov/archives/news/testimony/the-fbi-transformation-since-2001. この協働作業は、ボストンマラソン爆弾テロ事件のときにきわめて重要となる。地元警察は爆破現場のビデオを提供し、FBI はそうしたビデオを素早く分析して容疑者を割り出すための技術を持っていた。FBI はまた、ドラッグ法執行局（DEA）などとも協働作業を実施するようになった。
83. Rebecca Henderson が指摘するように、会社のパーパスを信じる従業員は「気質的にも他人を信頼し、彼らといっしょに働くのを楽しむ」傾向がある。そうした「社会志向」個人で構成されるチームは、心理的にいっしょに働いてコミュニケーションを行うのが「安全」な雰囲気を創り出す。Henderson, *Reimagining Capitalism*, 92-93. また "Purpose-Driven Leadership for the 21st Century: How Corporate Purpose Is Fundamental to Reimagining Capitalism," *Leaders on Purpose*（研究報告）(2019), 26 も参照。
84. "Impact Report," Warby Parker, 2019, 52.
85. Netflix は従業員たちに、日常業務作業において異常なほどの自律性を与えることで有名で、しかもディープ・パーパスを中核に据えたりしているようには見えない。同社はミッションらしきものは持っているが（「世界を楽しませる」）同社の運営哲学を奉じた有名なカルチャーデッキはそれに軽く言及しているだけだ。Netflix の運営モデルは、イノベーションとアジャイル性をもたらすのにきわめて成功してきたとはいえ、社会的パーパスを無視している点は、活用されていない機会を示すものだとも言える。Ranjay Gulati, Allison Ciechanover, and Jeff Huizinga, "Netflix: A Creative Approach to Culture and Agility," Harvard Business School Case Study 420-055, September 23, 2019.
86. Gulati and Tahilyani, "The Mahindra Group: Leading with Purpose", 16 での引用。
87. Tony Simons, "Taking Aim at False Empowerment: How Leaders Can Build a Culture of Trust," Cornell, April 16, 2018, https://business.cornell.edu/hub/2018/04/16/false-empowerment-leaders-build-trust/.

第８章：思いつきから理想へ：未来に堪えるパーパス

1. "Boeing Completes First Flight of the 737 Max," Boeing, YouTube video, 3.03, February 1, 2016, https://www.youtube.com/watch?v=k82e08kdKyw.
2. William W. George and Amram Migdal, "What Went Wrong with Boeing's 737 Max?," Harvard Business School Case Study 9-320-104, June 2020 (revised October 2020), 2. 737 Max 騒動についての私の記述はすべてこのケーススタディから大いに援用している。また、Jacopo Prisco, "Boeing 737: How World's Most Successful Airplane Became Its

2018.

67. 研究によれば自己管理はストレスと燃え尽きを増やすし、紛争や危機状況では実践がむずかしいという。Michael Y. Lee and Amy C. Edmondson, "Self-Managing Organizations: Exploring the Limits of Less Hierarchical Organizing," *Research in Organizational Behavior* 37 (2017): 51.

68. 人によっては組織内での統制をもたらすためにちがった方式を述べているが、そうした統制そのものが持つ解放的な性質を強調しない。たとえばSimonsは、四つの「統制のレバー」を指摘している。信念システム（パーパスを含む)、診断統制システム（結果の目標や指標)、境界システム（「汝XXするなかれ」的ルール)、「インタラクティブ統制システム」(リアルタイム業績システム）だ。Robert Simons, *Control in an Age of Empowerment*, およびRobert Simons, *Levers of Control: How Managers Use Innovative Control Systems to Drive Strategic Renewal* (Boston: Harvard Business School Press, 1994)参照。別のモデルとしてはTatiana Sandinoの「構造化エンパワーメント」の議論を参照："Control or Flexibility? Structured Empowerment Offers Both-Lessons from Retail & Service Chains," Harvard Business School Technical Note 118-082, March 2018(revised March 1, 2019）参照。

69. この記述はモラーがHarvard Business SchoolでSeptember 30, 2015に行った講義に基づいている。

70. Morten T. Hansen, "Preventing the Terrorist Attack: Massive Failure in Collaboration," *Harvard Business Review*, December 31, 2009, https://hbr.org/2009/12/the-terrorist-attack-massive-f 参照。

71. モラーの下でのFBI変身をめぐるこの記述にあたり、私はJan V. Rivkin, Michael Roberto, and Ranjay Gulati, "Federal Bureau of Investigation, 2007," Harvard Business School Case Study 710-451, March 9, 2010; Jan V. Rivkin, Michael Roberto, and Ranjay Gulati, "Federal Bureau of Investigation, 2009," Harvard Business School Case Study 9-710-052, March 2010 (revised May 2010); および Ryan Raffaelli et al., "Strategic Framing in the Wake of a Crisis: Outcome and Process Frames at the Federal Bureau of Investigation," 未刊行論文（October 28, 2020), 2, 14-20を大いに援用している。

72. この論点については故指導教官Paul R. Lawrenceと同僚Jay Lorschに大きく負っている。彼らの先駆的な仕事, *Organization and Environment*は組織が通称差別化(モジュラーユニットの創造）と「統合」(そうしたユニット間のつながりを構築）をどう管理しなくてはならないかを述べている。Paul R. Lawrence and Jay W. Lorsch, *Organization and Environment* (Boston: Harvard Business Review Press, 1968).

73. Donald Sull, Rebecca Homkes, and Charles Sull, "Why Strategy Execution Unravels——and What to Do About It," *Harvard Business Review Magazine*, March 2015, https://hbr.org/2015/03/why-strategy-execution-unravelsand-what-to-do-about-it.

74. 拙　稿 "Silo Busting: How to Execute on the Promise of Customer Focus," *Harvard Business Review Magazine*, May 2007, https://hbr.org/2007/05/silo-busting-how-to-execute-on-the-promise-of-customer-focus; および Ranjay Gulati, Franz Wohlgezogen, and Pavel Zhelyazkov, "The Two Facets of Collaboration: Cooperation and Coordination in Strategic Alliances," *Academy of Management Annals* 6 (2012): 531-83 参照。

75. "John Ashcroft and FBI Director Robert Mueller on the FBI Reorganization," PBS, May 29, 2002, https://www.pbs.org/newshour/show/john-ashcroft-and-fbi-director-robert-mueller-on-the-fbi-reorganization.

Psychological Needs in Motivation, Development, and Wellness (New York: Guilford, 2017) 参照。

48. “History,” Warby Parker, accessed May 28, 2021, https://www.warbyparker.com/history.
49. “Buy a Pair, Give a Pair,” Warby Parker, accessed May 28, 2021, https://www.warbyparker.com/buy-a-pair-give-a-pair.
50. “Buy a Pair.”
51. Ranjay Gulati and Sam Yogi, “Warby Parker: Scaling a Startup,” Harvard Business School Case Study 419-042, November 14, 2018, 2. Warby Parker についての私の記述はこのケーススタディから大いに援用している。
52. Warby Parker はやがて B コーポレーションとの提携をやめた。IPO の準備のためかと思われる：Dennis R. Shaughnessy, “The Public Capital Markets and Etsy and Warby Parker,” *Northeastern*, October 20, 2018, accessed May 28, 2021, https://www.northeastern.edu/sei/2018/10/the-public-capital-markets-and-etsy-and-warby-parker/.
53. “Impact Report,” Warby Parker, 2019, 42.
54. Gulati and Yogi, “Warby Parker,” 2.
55. Gulati and Yogi, “Warby Parker,” 4.
56. 執筆時点ではどうやらワービー・パーカー社はワーブルズ活動はやめたようだ。
57. Neil Blumenthal（Warby Parker 共同創設者で共同 CEO），著者とのインタビュー，March 5, 2021.
58. The company’s precise language was: “Presume positive intent: trust but verify.”
59. “Impact Report,” Warby Parker.
60. Dave Gilboa, “Here’s What Happens When Employees Don’t Trust Their Managers,” *Fortune*, October 7, 2015, https://fortune.com/2015/10/07/employees-dont-trust-managers/.
61. Henderson, “Innovation in the 21st Century,” 4-6.
62. Henderson, “Innovation in the 21st Century,” 4-6. 誓約関係、つまりしばしば聖なるものの雰囲気を持つ相互支援の荘厳な約束の創造について語った人は他にもいる。Quinn and Thakor, *The Economics of Higher Purpose* 参照。また Cam Caldwell and Zack Hasan, “Covenantal Leadership and the Psychological Contract: Moral Insights for the Modern Leader,” *Journal of Management Development* 35, no.10（November 2016）: 1302-12 も参照。
63. 「悲しいかな、信頼はしばしば大企業では希少な商品となる。2016 年アーンスト＆ヤング社グローバル調査では、同僚や会社に全体として『大いなる信頼』を抱いていると語ったのは、調査対象の従業員 1 万人の半数未満だった」。Hamel and Zanini, *Humanocracy*, 78.
64. Jesse Sneath（Warby Parker 社会イノベーション部長），著者とのインタビュー，February 16, 2021.
65. ジョージ・セラフィムとその共著者たちは、この中に正真性も持ち込み、「パーパス、正真性、信頼、価値のつながり」を見とっている。彼らは企業が、組織パーパスの正真性を「シグナリング」するために、B コーポレーションになったり、統合報告書を採用したり、補償を会社の超越的ビジョンと整合させたりすることができると論じている。Serafeim, “The Value of Corporate Purpose,” 6 et passim.
66. Ranjay Gulati, “Structure That’s Not Stifling,” *Harvard Business Review*, May-June

businessroundtable.org/business-roundtable-redefines-the-purpose-of-a-corporation-to-promote-an-economy-that-serves-all-americans; David Gelles and David Yaffe-Bellany, "Shareholder Value Is No Longer Everything, Top C.E.O.s Say," *New York Times*, August 19, 2019, https://www.nytimes.com/2019/08/19/business/business-roundtable-ceos-corporations.html; James, "General Motors Named One of the 2020 World's Most Ethical Companies."

34. General Motors Company Schedule 14A, Proxy Statement Pursuant to Section 14 (a) of the Securities Exchange Act of 1934, United States Securities and Exchange Commission, https://www.sec.gov/Archives/edgar/data/1467858/000119312519110751/d613802ddef14 a.htm.
35. "General Motors, the Largest U.S. Automaker, Plans to Be Carbon Neutral by 2040," GM (corporate newsroom), January 28, 2021, https://media.gm.com/media/us/en/gm/home.detail.html/content/Pages/news/us/en/2021/jan/0128-carbon.html.
36. Shipra Kumari, Rachna Tahilyani (Harvard Business School の India Research Center シニア副所長) によるインタビュー, July 20, 2020.
37. "Mahindra & Mahindra Today," Mahindra, accessed May 28, 2021, https://www.mahindrafarmequipment.com/home/evolutions/evolution.
38. Shipra Kumari, Rachna Tahilyani (India Research Center シニア副所長) によるインタビュー, July 20, 2020.
39. Lokesh Lakhchoura (Mahindra & Mahindra, regional manager at Uttar Pradesh & Uttarakhand), interview with author, July 20, 2020.
40. Rajesh Jejurikar (president of Mahindra's Farm Equipment Sector and member of the Group Executive Board), 著者とのインタビュー, August 30, 2019.
41. Ranjay Gulati and Rachna Tahilyani, "The Mahindra Group: Leading with Purpose," Harvard Business School Case Study 421-091, April 10, 2021, 6. 本章における私のマヒンドラに関する記述はこのケーススタディから大いに援用している。特記がない限り、ここでマヒンドラ重役の発言として挙げたものはすべて、もともとそこからきている。
42. Anand Mahindra (Mahindra & Mahindra 会長), 著者とのインタビュー, May 7, 2019.
43. Ramesh Iyer (Mahindra and Mahindra Financial Services 取締役会長), 著者とのインタビュー, January 10, 2019.
44. Sherna Sheldon (Mahindra Electric の HR ビジネスパートナー), 著者とのインタビュー, February 14, 2020.
45. たとえば Maryléne Gagne and Devasheesh P. Bhave, "Autonomy in the Workplace: An Essential Ingredient to Employee Engagement and Well-Being in Every Culture," in V. Chirkov, R. Ryan, K. Sheldon, (eds.) *Human Autonomy in Cross-Cultural Context Perspectives on the Psychology of Agency, Freedom, and Well-Being* (Dordrecht, Netherlands: Springer, 2011) 参照。
46. 人間の自律性ニーズを含め、内発的動機の重要性とその影響については大量の研究が登場している。たとえば Dan Pink, *Drive: The Surprising Truth about What Motivates Us* (New York: Penguin, 2009); and Paul R. Lawrence and Nitin Nohria, *Driven:How Human Nature Shapes Our Choices* (San Francisco: Jossey-Bass, 2002) 参照。J. R. Hackman and G. R. Oldham の有名な職業特徴モデルもまた、満足のいく仕事の五つの主要特性に自律性を含めている。
47. たとえば Richard M. Ryan and Edward L. Deci, *Self-Determination Theory: Basic*

kas, "Report to Board of Directors of General Motors Company Regarding Ignition Switch Recalls," G.M. Internal Investigation Report (redacted), May 29, 2014.
18. Valukas, "Report to Board of Directors," 265.
19. Valukas, "Report to Board of Directors," 266.
20. Valukas, "Report to Board of Directors," 256–8 et passim.
21. "After Bankruptcy, G.M. Struggles to Shed a Legendary Bureaucracy," *CNBC*, November 13, 2009, https://www.cnbc.com/2009/11/13/after-bankruptcy-gm-struggles-to-shed-al-egendary-bureaucracy.html.
22. Valukas, "Report to Board of Directors," 266.
23. Harris and Sherman, "General Motors and the Chevy Cobalt," 11.
24. Ben Heineman, "GC and CEO Responsibility for GM's Dysfunctional Culture," Harvard Kennedy School Belfer Center, June 6, 2014, https://www.belfercenter.org/publication/gc-and-ceo-responsibility-gms-dysfunctional-culture.
25. Atiyeh, "GM Internal Audit."
26. 一時、同社は10ページもの文書となるドレスコードを持っていた。人事部長となったバーラはそれを棚上げして、管理職が自分のチームに適切な服装を決めてよいとした。また、同社の新開発部門で大量の官僚制階層を廃止した。Richard Feloni, "GM CEO Mary Barra Said the Recall Crisis of 2014 Forever Changed Her Leadership Style," *Business Insider*, November 14, 2018, https://www.businessinsider.com/gm-mary-barra-recall-crisis-leadership-style-2018-11; Amy C. Edmondson, "Mary Barra Brings Teaming to General Motors," *Harvard Business Review*, January 14, 2014, https://hbr.org/2014/01/mary-barra-brings-teaming-to-general-motors.
27. Jamie L. LaReau, "GM: We Encourage Employees, Dealers to Tattle after Ignition Switch Crisis," *Detroit Free Press*, updated September 6, 2019, https://www.freep.com/story/money/cars/general-motors/2019/09/06/gm-ignition-switch-nhtsa-recalls-safety-defects/2099289001/.
28. "Transforming a Business Starts with Employees," General Motors Green, June 29, 2017, https://www.generalmotors.green/product/public/us/en/GMGreen/social_impact.detail.html/content/Pages/news/us/en/gm_green/2017/0629-transforming-a-business.html.
29. Bill Snyder, "Mary Barra: Simplify Bureaucracy, and Don't Be Afraid to Job Hop," *Stanford Business*, June 5, 2017, https://www.gsb.stanford.edu/insights/mary-barra-simplify-bureaucracy-dont-be-afraid-job-hop 参照。
30. 2008年頃のGMのミッションは "General Motors Mission, Vision, and Values," *UK Essays*, December 5, 2017, https://www.ukessays.com/essays/business/general-motors-values.php 参照。
31. "General Motors," Business Roundtable, accessed May 27, 2021, https://www.businessroundtable.org/policy-perspectives/energy-environment/sustainability/general-motors.
32. Jessica James, "General Motors Named One of the 2020 World's Most Ethical Companies by the Ethisphere Institute," GM (corporate newsroom), February 25, 2020, https://media.gm.com/media/us/en/gm/home.detail.html/content/Pages/news/us/en/2020/feb/0225-ethical.html.
33. "Business Roundtable Redefines the Purpose of a Corporation to Promote 'An Economy That Serves All Americans,'" *Business Roundtable*, August 19, 2019, https://www.

8. Clifford Atiyeh, "GM, After Six-Year Battle, Settles Another Ignition-Switch Lawsuit for $120 Million," *Car and Driver*, March 28, 2020, https://www.caranddriver.com/news/a31965015/gm-settles-lawsuit-ignition-switch-car-values/. 同社はまた、その他 3000 件ほどを「解決または却下」したらしい。
9. Michelle Arrouas, "Congress Pulls GM Over for Failing to Fix Defect," *Time*, March 31, 2014, https://time.com/43318/congress-pulls-gm-over-for-failing-to-fix-defect/.
10. GM のイグニッションスイッチ問題対処の詳細な年表は Randall W. Harris and W. Scott Sherman, "General Motors and the Chevy Cobalt Ignition Switch Crisis," *Case Research Journal* 37, no.4 (Fall 2017) 参照。私のシボレーコバルトのイグニッションスイッチ問題に関する記述は特にこのケーススタディから多くを拝借している。また Clifford Atiyeh, "GM Internal Audit: One Ugly Mess," *Car and Driver*, June 11, 2014, https://www.caranddriver.com/news/a15363168/gm-internal-audit-one-ugly-mess/; Plumer, "The GM Recall Scandal of 2014" ; Joseph B. White, "A Recall Bares GM's Love of Red Tape," *Wall Street Journal*, March 7, 2014, https://www.wsj.com/articles/SB10001424052702304732804579425381309764114; Tanya Basu, "Timeline: A History Of GM's Ignition Switch Defect," *NPR*, March 31, 2014, https://www.npr.org/2014/03/31/297158876/timeline-a-history-of-gms-ignition-switch-defect; Todd Spangler, "Delphi Told GM Ignition Switch Didn't Meet Specs," *USA Today*, updated March 30, 2014, https://www.usatoday.com/story/money/cars/2014/03/30/gm-ignition-switches-recall-congressional-report/7085919/; "NHTSA GM Ignition Switch Chronology," Center for Auto Safety, accessed May 27, 2021, https://www.autosafety.org/wp-content/uploads/import/NHTSA%20Cobalt%20Chronology_1.pdf も参照。
11. Michael A. Fletcher and Steven Mufson, "Why Did GM Take So Long to Respond to Deadly Defect? Corporate Culture May Hold Answer," *Washington Post*, March 30, 2014, https://www.washingtonpost.com/business/economy/why-did-gm-take-so-long-to-respond-to-deadly-defect-corporate-culture-may-hold-answer/2014/03/30/5c366f6c-b691-11e3-b84e-897d3d12b816_story.html.
12. "Max Weber on Bureaucratization in 1909," RSU.edu, accessed May 27, 2021, https://www.faculty.rsu.edu/users/f/felwell/www/Theorists/Weber/Whome3.htm.
13. Paul J. DiMaggio and Walter W. Powell, "The Iron Cage Revisited: Institutional Isomorphism and Collective Rationality in Organizational Fields," *American Sociological Review* 48 (April 1983): 147-60.
14. Ranjay Gulati, *Reorganize for Resilience: Putting Customers at the Center of Your Business* (Boston: Harvard Business Review Press, 2010).
15. Gary Hamel and Michele Zanini, *Humanocracy: Creating Organizations as Amazing as the People Inside Them* (Boston: Harvard Business Review Press, 2020), 58.
16. "CEO Mary Barra's Written Congressional Testimony Now Available," GM (corporate newsroom), March 31, 2014, https://media.gm.com/media/us/en/gm/news.detail.html/content/Pages/news/us/en/2014/mar/0331-barra-written-testimony.html.
17. Patrick George, "GM's Scathing Internal Inquiry Is a Tale of Bureaucratic Incompetence," Jalopnik, June 5, 2014, https://jalopnik.com/gms-scathing-internal-inquiry-is-a-tale-of-bureaucratic-1586756793. たとえば "Highlights from General Motors Investigation," *Motley Fool*, June 5, 2014, https://www.fool.com/investing/general/2014/06/05/highlights-from-general-motors-investigation.aspx を参照。元の報告書は Anton R. Valu-

Net, January 24, 2020, https://www.heraldnet.com/sports/is-seahawks-pete-carroll-a-hall-of-fame-coach/; Bryan DeArdo, "10 Current NFL Coaches with a Shot at Hall of Fame, Ranked by Tiers with Two Absolute Locks at the Top," CBS Sports, February 3, 2020, https://www.cbssports.com/nfl/news/10-current-nfl-coaches-with-a-shot-at-hall-of-fame-ranked-by-tiers-with-two-absolute-locks-at-the-top/. この結果は2020年現在のもの。キャロルの記録はまた、それ以前のニューヨーク・ジェッツとニューイングランド・ペイトリオッツ時代のものも含んでいる。

61. Joel M. Podolny, "Discussion of 'How to' Session," Conference on Organizations with Purpose, September 16–17, 2016.
62. Kaufman, *Transcend*, 151–53, 217–27.
63. Pete Carroll, 著者とのインタビュー, April 6 and 10, 2020.

第7章：鉄の檻を逃れる

1. Christopher Jensen, "In General Motors Recalls, Inaction and Trail of Fatal Crashes," *New York Times*, March 2, 2014, https://www.nytimes.com/2014/03/03/business/in-general-motors-recalls-inaction-and-trail-of-fatal-crashes.html.
2. Scott Neuman, "Mother of Victim: More Killed by GM Ignition Switch Defect," Iowa Public Radio, April 1, 2014, https://www.iowapublicradio.org/2014-04-01/mother-of-victim-more-killed-by-gm-ignition-switch-defect での引用; Jonathan Abel, "In One Week, Six Traffic Deaths on Tri-County Roads," *Washington Post*, July 31, 2005, https://www.washingtonpost.com/wp-dyn/content/article/2005/07/30/AR2005073000044.html.
3. アクセサリーモードでは、車のエンジンとエアバッグなど一部の安全機能はオフになるが、窓などのアクセサリーはまだ動く。
4. これらの文章は、GMが2005–2010年シボレーコバルトをリコールした直後にGMが出した記者発表に基づいている。"GM to Replace Lock Cylinder During Ignition Switch Recall," GM（corporate newsroom）, April 10, 2014, https://media.gm.com/media/us/en/gm/news.detail.html/content/Pages/news/us/en/2014/Apr/0410-ignition.html 参照。
5. Michelle Murillo, "After Md. Teen's Death, Family Fights for General Motors Accountability," *WTOP News*, February 28, 2014, https://wtop.com/news/2014/02/after-md-teens-death-family-fights-for-general-motors-accountability/; "NHTSA GM Ignition Switch Chronology," Center for Auto Safety, accessed May 27, 2021, https://www.autosafety.org/wp-content/uploads/import/NHTSA%20Cobalt%20Chronology_1.pdf.
6. Brad Plumer, "The GM Recall Scandal of 2014," *Vox*, updated May 11, 2015, https://www.vox.com/2014/10/3/18073458/gm-car-recall; Clifford Atiyeh, "GM Expands Recall to Every Car Built With Faulty Ignition Switch, Will Fix 2.2 Million Cars in U.S.," *Car and Driver*, March 28, 2014, https://www.caranddriver.com/news/a15365392/gm-recalls-every-car-built-with-faulty-ignition-switch-will-fix-2-2-million-cars-in-u-s/; Clifford Atiyeh, "GM Ignition-Switch Review Complete: 124 Fatalities, 274 Injuries," *Car and Driver*, August 3, 2015, https://www.caranddriver.com/news/a15353429/gm-ignition-switch-review-complete-124-fatalities-274-injuries/.
7. Danielle Ivory and Bill Vlasic, "$900 Million Penalty for G.M.'s Deadly Defect Leaves Many Cold," *New York Times*, September 17, 2015, https://www.nytimes.com/2015/09/18/business/gm-to-pay-us-900-million-over-ignition-switch-flaw.html.

44. Suzanne Choney, "For the Love of Aaron, and All Children Who May Be Susceptible to SIDS," Microsoft, June 7, 2017, https://news.microsoft.com/features/love-aaron-children-may-susceptible-sids/; Erin Dietsche, "This Microsoft Team Volunteered Their Time to Develop a SIDS Research Tool," *Med City News*, June 12, 2017, https://medcitynews.com/2017/06/microsoft-sids-research-tool/; "A Child's Sudden Death Leads Data Scientists on a Quest for Answers," Bloomberg, August 31, 2017, https://www.techatbloomberg.com/blog/childs-sudden-death-leads-data-scientists-quest-answers/.
45. 複数の種類の個人的パーパスに触れた人々もいる。たとえば Dan Pontefract, *The Purpose Effect: Building Meaning in Yourself, Your Role, and Your Organization* (Boise, ID: Elevate, 2016) 参照。
46. このパーパスは第2章で述べた深いパーパスではなく、厳密に商業的な論理を体現していることに注意。つまり、商業と、もっと大きな社会的善を行う意図とを組み合わせている。
47. 新聞報道としては Selena Ross and Kelly Greig, "Laurent Duvernay-Tardif Opts Out of NFL Season, Saying He Won't Risk Spreading COVID-19," CTV News Montreal, updated July 25, 2020, https://montreal.ctvnews.ca/laurent-duvernay-tardif-opts-out-of-nfl-season-saying-he-won-t-risk-spreading-covid-19-1.5038706; Adam Kilgore, "His Team Is Going to the Super Bowl. He's Staying on the Coronavirus Front Lines," *Washington Post*, February 1, 2021, https://www.washingtonpost.com/sports/2021/02/01/laurent-duvernay-tardif-coronavirus-super-bowl/.
48. Joshua Brisco, "Andy Reid Proud, Not Surprised by Laurent Duvernay-Tardif's Choice to Stay on COVID-19 Front Lines," *Sports Illustrated*, updated July 26, 2020, https://www.si.com/nfl/chiefs/news/andy-reid-laurent-duvernay-tardif-opt-out-covid-19.
49. Pete Carroll, 著者とのインタビュー, April 6 and 10, 2020.
50. Kathleen Hogan, 著者とのインタビュー, May 12, 2020.
51. Hogan, "The 5Ps."
52. Satya Nadella, 著者とのインタビュー, June 1, 2020.
53. Scott Barry Kaufman, *Transcend: The New Science of Self-Actualization* (New York: TarcherPerigree, 2020), xxxv, 155.
54. Kaufman, *Transcend*, xv.
55. Kaufman, *Transcend*, 218. また preface と第1章も参照。加えて Angela Duckworth にもマズローの超越概念を示唆してくれたことに感謝する。
56. Ranjay Gulati, Matthew Breitfelder, and Monte Burke, "Pete Carroll: Building a Winning Organization Through Purpose, Caring, and Inclusion," Harvard Business School Case Study 421-020, March 2021, 17.
57. Gino, Ciechanover, and Huizinga, "Culture Transformation at Microsoft," 13.
58. Austin Carr and Dina Bass, "The Most Valuable Company (for Now) Is Having a Nadellaissance," *Bloomberg*, May 2, 2019, https://www.bloomberg.com/news/features/2019-05-02/satya-nadella-remade-microsoft-as-world-s-most-valuable-company.
59. 才能・学習・洞察企業副社長 Joe Whittinghill, Gino, Ciechanover, and Huizinga, "Culture Transformation at Microsoft," 6 での引用。
60. "Pete Carroll," Statscrew, accessed May 27, 2021, https://www.statscrew.com/football/stats/c-carropet001; "Is Seahawks'Pete Carroll a Hall of Fame Coach?," *Herald*

25. オヴィア社内部文書は同社のビジョンを「あらゆる女性、親、子供は平等なケア、長期的な支援、命を救う介入、健康で幸せな家族を得る権利がある」としている。ウォーレスはまた私が彼と行ったインタビューでも同社のパーパスを詳述した：Paris Wallace（Ovia Health 社 CEO），著者とのインタビュー，February 11, 2021.
26. 強調筆者．オヴィア社内部文書。
27. Paris Wallace, 著者とのインタビュー，February 11, 2021.
28. Paris Wallace, 著者とのインタビュー，December 17, 2020.
29. Molly Howard（Ovia 社 COO），著者とのインタビュー，January 6, 2021.
30. Bruce N. Pfau, "How an Accounting Firm Convinced Its Employees They Could Change the World," *Harvard Business Review*, October 6, 2015, https://hbr.org/2015/10/how-an-accounting-firm-convinced-its-employees-they-could-change-the-world.
31. Pfau, "How an Accounting Firm."
32. Bruce Pfau（KPMG 元人材通信担当副会長），著者とのインタビュー，January 13, 2021.
33. Kathleen Hogan, 著者とのインタビュー，May 12, 2020.
34. このエピソードを描くにあたり、私はナデラの本と、彼のチーム数名と行ったインタビューを援用した。Nadella, *Hit Refresh*, 1-11 参照。
35. Francesca Gino, Allison Ciechanover, and Jeff Huizinga, "Culture Transformation at Microsoft: From 'Know it All' to 'Learn it All,' " Harvard Business School Case Study 9-921-004, revised November 2020, 5 での引用。
36. Doug J. Chung, "Commercial Sales Transformation at Microsoft," Harvard Business School Case Study 519-054, January 2019（revised October 2019），4.
37. Satya Nadella, 著者とのインタビュー，June 1, 2020.
38. Nadella, *Hit Refresh*, 11.
39. 研究によれば仕事を天職と考える人々は「仕事と強い報われる関係を持っており、これは勤務時間が長いことにあらわれ、そこからもっと楽しみと満足を得ることと関連している」。Amy Wrzesniewski, "Finding Positive Meaning at Work," in K. S. Cameron, J. E. Dutton, and R. E. Quinn, eds., *Positive Organizational Scholarship:Foundations of a New Discipline*（San Francisco: Berrett-Koehler, 2003），302. 構築の仕事についての簡潔な概論としては Patrick F. Bruning and Michael A. Campion, "Exploring Job Crafting: Diagnosing and Responding to the Ways Employees Adjust Their Jobs," *Business Horizons* 65, no.5（September-October 2019）: 625-35 参照。従業員が自分の仕事を形成構築する多くの方法についての洞察としては Dorien T. A. M. Kooij et al., "Job Crafting Towards Strengths and Interests: The Effects of a Job Crafting Intervention on Person――Job Fit and the Role of Age," *Journal of Applied Psychology* 102, no.6（June 2017）: 971-81 参照。
40. Eric Garton and Michael Mankins, "Engaging Your Employees Is Good, but Don't Stop There," *Harvard Business Review*, December 9, 2015, https://hbr.org/2015/12/engaging-your-employees-is-good-but-dont-stop-there.
41. Matt Breitfelder（Apollo Global Management 人的資本グローバル責任者兼シニアパートナー），著者とのインタビュー，January 15, 2021.
42. Kathleen Hogan, "The 5Ps of Employee Fulfillment," LinkedIn, December 11, 2018, https://www.linkedin.com/pulse/5ps-employee-fulfillment-kathleen-hogan/.
43. Ron Carucci, "Balancing the Company's Needs and Employee Satisfaction," *Harvard Business Review*, November 1, 2019, https://hbr.org/2019/11/balancing-the-companys-needs-and-employee-satisfaction.

marshawn-lynch-and-why-athletes-need-to-talk-to-media/.
11. Katie Sharp, "Super Bowl 2015: Why Does Marshawn Lynch Grab His Crotch When He Scores a Touchdown?," SB Nation, January 30, 2015, https://www.sbnation.com/2015/1/30/7945155/super-bowl-2015-why-marshawn-lynch-grab-his-crotch-touchdown.
12. McDonald, "'Bout That Action."
13. Parker Molloy, "Super Bowl XLIX Media Day――as It Happened," *Guardian*, updated March 29, 2018, https://www.theguardian.com/sport/live/2015/jan/27/super-bowl-xlix-media-day-live での引用。
14. Pete Carroll（Seattle Seahawks の主任コーチで主任副社長）, 著者とのインタビュー, April 6 and 10, 2020.
15. Michael Bennett（Seattle Seahawks 元ディフェンスラインマン）, 著者とのインタビュー, May 7, 2020.
16. Pete Carroll, 著者とのインタビュー, April 6 and 10, 2020.
17. Pete Carroll, 著者とのインタビュー, April 6 and 10, 2020.
18. 20 世紀半ば、学者たちは文化を「非恫喝的な説得」の一形態として描き、ビジネス企業の中の「組織の中の人間」形成を記録した。William H. Whyte, *The Organization Man* (Philadelphia: University of Pennsylvania Press, 2002) 邦訳 W・H・ホワイト『組織のなかの人間：オーガニゼーション・マン』上下巻、岡部慶三、藤永保訳、東京創元社、1959; Edgar H. Schein, Inge Schneier, and Curtis H. Barker, *Coercive Persuasion: A Socio-Psychological Analysis of the "Brainwashing" of American Civilian Prisoners by the Chinese Communists* (New York: W.W. Norton, 1971).
19. この考え方では、人々は組織の中では「好き勝手にやる」ことはできない。そうなったら組織は混乱に陥るか、最低でも業績を挙げられない。だが組織はまた人々や行動を簡単に監視もできない。行動追跡の正式なシステムは高価だし、それを実施する管理職が不信感を抱いていたり、行動やその結果が簡単には計測できなかったりするので失敗しかねないからだ。Charles O'Reilly, "Corporations, Culture, and Commitment: Motivation and Social Control in Organizations," *California Management Review* (Summer 1989).
20. O'Reilly, "Corporations, Culture, and Commitment," 12.
21. 1990 年代の IBM の CEO 時代を振り返って Lou Gerstner はこう回想した。「IBM で学んだことは、文化がすべてだということだ」。"Gerstner: Changing Culture at IBM――Lou Gerstner Discusses Changing the Culture at IBM," *Harvard Business School* (*Working Knowledge*), December 9, 2002, https://hbswk.hbs.edu/archive/gerstner-changing-culture-at-ibm-lou-gerstner-discusses-changing-the-culture-at-ibm.
22. 強い文化は抑圧的な力にもなる。たとえば John Van Maanen, "The Asshole," in Peter K. Manning and John van Maanen, eds., *Policing: A View from the Streets* (Santa Monia, CA: Goodyear, 1978), 221–38; Philip Selznick, *The Organizational Weapon: A Study of Bolshevik Strategy and Tactics* (New Orleans, LA: Quid Pro Books, 2015); Rosabeth Moss Kanter, "Commitment and Social Organization: A Study of Commitment Mechanisms in Utopian Communities," *American Sociological Review* 35 (August 1968): 499–517 を参照。
23. Donald Sull, Stefano Turconi, and Charles Sull, "When It Comes to Culture, Does Your Company Walk the Talk?," *MIT Sloan Management Review*, July 21, 2020, https://sloanreview.mit.edu/article/when-it-comes-to-culture-does-your-company-walk-the-talk/.
24. オヴィア社内部文書。

第６章：パーパスの中の「自分」

1. Hemal Jhaveri, "A Brief History of Super Bowl Media Day in Photos," *USA Today*, January 27, 2019, https://ftw.usatoday.com/gallery/super-bowl-media-day-history.
2. Jeff Legwold, "Lynch: 'I'm Here So I Won't Get Fined,'" ESPN, January 27, 2015, https://www.espn.com/nfl/playoffs/2014/story/_/id/12237417/marshawn-lynch-seattle-seahawks-uses-same-answer-repetition-super-bowl-media-day-here-get-fined.
3. Coby McDonald, "'Bout That Action: How Marshawn Lynch Threw the Sports Media for a Loop," Berkeley（alumni）, Fall 2015, https://alumni.berkeley.edu/california-magazine/fall-2015-questions-race/bout-action-how-marshawn-lynch-threw-sports-media-loop.
4. 私の様式化した記述は Daily Motion ウェブサイトにあるリンチのビデオに基づいたものだ（https://www.dailymotion.com/video/x2ftewu）。また Legwold, "Lynch: 'I'm Here'" も参照。
5. 2019 年現在、彼はその 13 年のキャリアで１万ヤード以上もラッシュし、プロボウルには５回登場、スーパーボウルで一回勝利している。Madilyn Zeegers, "NFL: Is Marshawn Lynch a Hall of Fame Running Back?," Sportscasting, June 14, 2019, https://www.sportscasting.com/marshawn-lynch-hall-of-fame-running-back/.
6. Patrick Olde Loohuis, "NFL Ranks Marshawn Lynch's 'Beast Quake' the Greatest Run in History," *Seahawks Wire*, November 2, 2019, https://seahawkswire.usatoday.com/2019/11/02/nfl-ranks-marshawn-lynchs-beast-quake-the-greatest-run-in-history/.
7. Brandon K., "Marshawn Lynch Continues to Taint Image, Charged with Gun-Related Misdemeanors," Bleacher Report, February 20, 2009, https://bleacherreport.com/articles/127160-marshawn-lynch-continues-to-taint-image-charged-with-gun-related-misdemeanors; "Lynch Gets Probation for Guilty Plea," ESPN, March 5, 2009, https://www.espn.com/nfl/news/story?id=3955441; Terry Blount, "Marshawn Lynch Resolving DUI Case," ESPN, February 20, 2014, https://www.espn.com/nfl/story/_/id/10490851/marshawn-lynch-seattle-seahawks-pleads-guilty-reckless-driving.
8. Kent Babb, "Super Bowl 2014: Seahawks Running Back Marshawn Lynch Gives People Reason to Talk," *Washington Post*, January 30, 2014, https://www.washingtonpost.com/sports/redskins/super-bowl-2014-seahawks-running-back-marshawn-lynch-gives-people-reason-to-talk/2014/01/30/b874cc6a-89ff-11e3-833c-33098f9e5267_story.html; McDonald, "'Bout That Action."
9. 人によってはもっと肯定的に「黒人アスリートのパワーを見せる動き」と述べた。Jenée Desmond-Harris, "Marshawn Lynch's Selective Silence Is a Power Move for Black Athletes," *Vox*, January 31, 2015, https://www.vox.com/2015/1/31/7956685/marshawn-lynch-media-race. リンチはメディアをインチキで、お節介で気が散る存在と見ているようで、ジャーナリストたちは自分にスポットライトを当てて、チームメイトが果たした役割を無視していると考えたようだ。"Marshawn Lynch Talks About Why He Doesn't Talk to the Media," *USA Today*, updated January 29, 2015, https://www.usatoday.com/story/sports/nfl/2015/01/29/marshawn-lynch-talks-about-why-he-doesnt-talk-to-the-media/22533561/; Sam Laird, "It's About the Team: Why Marshawn Lynch Doesn't Talk to Media," Mashable, January 28, 2015, https://mashable.com/2015/01/28/marshawn-lynch-media/.
10. Ed Sherman, "Jerk Mode: Marshawn Lynch and Why Athletes Need to Talk to Media," Sherman Report, November 25, 2014, http://www.shermanreport.com/jerk-mode-

51. Burnison, *No Fear of Failure*, 33–35.
52. Indra K. Nooyi and Vijay Govindarajan, "Becoming a Better Corporate Citizen," *Harvard Business Review*, March-April 2020, https://hbr.org/2020/03/becoming-a-better-corporate-citizen.
53. Scott Snook, "Be, Know, Do: Forming Character the West Point Way," *Compass* 1, no.2 (Spring 2004): 16–19.
54. David De Cremer, "Affective and Motivational Consequences of Leader Self-Sacrifice: The Moderating Effect of Autocratic Leadership," *Leadership Quarterly* 17 (2006): 79–93.
55. "Good for You, Not for Shareholders," *Economist*, March 17, 2012, https://www.economist.com/business/2012/03/17/good-for-you-not-for-shareholders.
56. M. L. Besharov and R. Khurana, "Leading Amidst Competing Technical and Institutional Demands: Revisiting Selznick's Conception of Leadership," in *Institutions and Ideals:Philip Selznick's Legacy for Organizational Studies, Research in the Sociology of Organization* 44 (Bingley, UK: Emerald Group Publishing Limited, 2015), 53–88.
57. Besharov and Khurana, "Leading Amidst Competing Technical and Institutional Demands," 19.
58. 組織理論家フィリップ・セルズニックはリーダーを、組織に意味とパーパスを吹き込む壮大な神話を編み出す人物として見た。これは彼に言わせると単に「ベストプラクティス」にとどまらず、むしろリーダーシップの中核的な責任なのだ。さらにリーダーたちはパーパスを内面化して、それを自分の行動を通じて内部から打ち出す必要があった。ステークホルダーたちは、そのままでは抽象的な価値観やパーパスを体現してくれる存在を求めた。リーダーがそれに失敗したら、どんなに上手に神話を編み出してもまるで意味はない。リーダーがパーパスを体現できたら、従業員が情熱的かつ熱狂的に仕事をやる組織的な文脈ができる。従業員たちは、もっとよい未来の道徳的探究をやっていると感じ、その未来が現実的でリアルだと思うので、全身全霊を傾けるのだ。
59. Andrew M. Carton, "'I'm Not Mopping the Floors, I'm Putting a Man on the Moon': How NASA Leaders Enhanced the Meaningfulness of Work by Changing the Meaning of Work," *Administrative Science Quarterly* 63, no.2 (2018): 325, https://doi.org/10.1177/0001839217713748.
60. Kanter et al., "PepsiCo, Performance with Purpose," 7–9 での引用。
61. Jade Scipioni, "Pepsi CEO Indra Nooyi's Last Day: A Look at Her Legacy," *FOX Business*, October 2, 2018, https://www.foxbusiness.com/features/pepsi-ceo-indra-nooyis-last-day-a-look-at-her-legacy; Nooyi and Govindarajan, "Becoming a Better Corporate Citizen."
62. Indra K. Nooyi and Vijay Govindarajan, "Becoming a Better Corporate Citizen."
63. "In Conversation with Lord Mervyn King Series Presents Indra Nooyi."
64. Nooyi and Govindarajan, "Becoming a Better Corporate Citizen" ; "Sustainability Report," PepsiCo, 2017.
65. Julie Creswell, "Indra Nooyi, PepsiCo C.E.O. Who Pushed for Healthier Products, to Step Down," *New York Times*, August 6, 2018, https://www.nytimes.com/2018/08/06/business/indra-nooyi-pepsi.html; John D. Stoll, "How Should Pepsi's Indra Nooyi Be Graded?," *Wall Street Journal*, August 9, 2018, https://www.wsj.com/articles/how-should-pepsis-indra-nooyi-be-graded-1533819601.

32. Marshall Ganz, "Public Narrative, Collective Action, and Power," in *Accountability Through Public Opinion: From Inertia to Public Action*, ed. Sina Odugbemi and Taeku Lee (Washington, DC: World Bank, 2011), 273.
33. Ganz, "Public Narrative," 273–74.
34. Ganz, "Public Narrative," 283–85.
35. Emmanuel Faber, "Without Social Justice, There Is No Future for the Economy," Medium に出た就任演説 , June 29, 2016, https://medium.com/@dominiquebel/without-social-justice-there-is-no-future-for-the-economy-b87537166e89.
36. "Indra Nooyi: Performance with Purpose," *Fortune*, YouTube video, 3:07, November 9, 2011, https://www.youtube.com/watch?v=BDTVdX-enr4. 私はヌーイの活発で会話的な発言からできる限りこれを抽出した。
37. Indra Nooyi, "Leading with Purpose: Changing the Way We Make Money to Change the World," LinkedIn, July 11, 2018, https://www.linkedin.com/pulse/leading-purpose-changing-way-we-make-money-change-world-indra-nooyi/ での引用。
38. Gary Burnison, *No Fear of Failure: Real Stories of How Leaders Deal with Risk and Change* (Hoboken, NJ: Jossey-Bass, 2011), 34 での引用。
39. Ganz, "Public Narrative," 285–86.
40. Annual Report, PepsiCo, 2008, 4–7.
41. Ganz, "Public Narrative," 286–88.
42. Emmanuel Faber, "Food Is a Human Right, Not a Commodity," LinkedIn, June 22, 2017, https://www.linkedin.com/pulse/food-human-right-commodity-emmanuel-faber/.
43. Sohini Mitter, "PepsiCo CEO Indra Nooyi Reveals Why She Writes Letters to Parents of Her Senior Executives," Mashable, February 2, 2017, https://mashable.com/2017/02/02/pepsico-ceo-indra-nooyi-letters-parents-senior-executives/?utm_cid=mash-prod-nav-sub-st#_G8ocF9WESq3.
44. Marguerite Ward, "Why PepsiCo CEO Indra Nooyi Writes Letters to Her Employees' Parents," *CNBC*, updated February 1, 2017, https://www.cnbccom/2017/02/01/why-pepsico-ceo-indra-nooyi-writes-letters-to-her-employees-parents.html.
45. Ward, "Why PepsiCo CEO Indra Nooyi Writes Letters."
46. Annual Report, PepsiCo, 2006, https://www.pepsico.com/docs/album/annual-reports/2006-Annual-English.pdf.
47. リーダーシップの学者たちは三種類のリーダーシップ熟達を述べている。知る、やる、なる、だ。広く読まれているリーダーシップのハンドブックが説明するように「成功するには、リーダーが知らねばならないことがいくつかある（知識）。またいくつかできねばならないこともある（技能）。そしていく分の人となりがなくてはならない（人格、アイデンティティ、世界観）」。Scott Snook, Nitin Nohria, and Rakesh Khurana, eds., *The Handbook for Teaching Leadership: Knowing, Doing, and Being* (Los Angeles: SAGE Publications, 2012), xv.
48. Bill George et al., "Discovering Your Authentic Leadership," *Harvard Business Review*, February 2007; Quinn and Thakor, *The Economics of Higher Purpose*, 101–9.
49. Emmanuel Faber (CEO of Danone), 著者とのインタビュー, December 8, 2020.
50. David Gelles, "Indra Nooyi: 'I'm Not Here to Tell You What to Eat,'" *New York Times*, March 21, 2019, https://www.nytimes.com/2019/03/21/business/indra-nooyi-corner-office-pepsi.html での引用。

ny to New Heights," *Chief Executive*, April 30, 2018, https://chief-executive.net/pepsicos-ceo-chair-indra-nooyi-leading-company-new-heights/. ペプシは1990年代半ばからこのように製品を分類してきた。"Nandan Nilekani Chats up with Indra Nooyi," *Economic Times*, February 7, 2007, https://economictimes.indiatimes.com/news/company/corporate-trends/nandan-nilekani-chats-up-with-indra-nooyi/articleshow/1569097.cms?from=mdr 参照。

15. Badaracco and Preble, "PepsiCo, Profits, and Food," 5.
16. "Indra K. Nooyi on Performance with Purpose," BCG, January 14, 2010, https://www.bcg.com/publications/2010/indra-nooyi-performance-purpose.
17. Frank Cooper III（元Pepsi主任マーケティング担当重役），著者とのインタビュー，September 1, 2020.
18. Badaracco and Preble, "PepsiCo, Profits, and Food" での引用。
19. Michele Simon, "A Leopard Like PepsiCo Cannot Change Its Spots," *Guardian*, March 21, 2012, https://www.theguardian.com/sustainable-business/blog/pepsico-corporate social-responsibility-public-health.
20. Nooyi and Govindarajan, "Becoming a Better Corporate Citizen."
21. John Seabrook, "Snacks for a Fat Planet," *New Yorker*, May 9, 2011, https://www.newyorker.com/magazine/2011/05/16/snacks-for-a-fat-planet.
22. Frank Cooper III, 著者とのインタビュー，September 1, 2020.
23. 私はこの大まかな筋書きに、多くの情報源を利用してたどりついた。たとえばヌーイが2019年に行ったNYUスターンビジネススクールでの「パーパスにかなった成果」の議論 "In Conversation with Lord Mervyn King" Series Presents Indra Nooyi, NYU Stern, YouTube video, 1:04:13, November 1, 2019, https://www.youtube.com/watch?v=MvQf7XStV-Q&feature=youtube; 上で挙げた私のフランク・クーパーとのインタビュー；Nooyi and Govindarajan, "Becoming a Better Corporate Citizen" などだ。
24. "In Conversation with Lord Mervyn King"；"'Performance with Purpose' vs. Corporate Social Responsibility" Aspen Institute, 2014 Aspen Ideas Festival Afternoon of Conversation with Indra Nooyi and David Bradley, YouTube video, 2:28. July 1, 2014, https://www.youtube.com/watch?v=3ePlLrdusLQ.
25. "Nandan Nilekani Chats Up with Indra Nooyi," *Economic Times*, February 7, 2007, https://economictimes.indiatimes.com/news/company/corporate-trends/nandan-nilekani-chats-up-with-indra-nooyi/articleshow/1569097.cms?from=mdr.
26. "Nandan Nilekani Chats Up."
27. "Nandan Nilekani Chats Up."
28. "Emmanuel Faber Speech at Consumer Goods Forum," Danone, YouTube video, 23:12, June 22, 2017, https://www.youtube.com/watch?v=PhuEtyH6SK4&feature=emb_rel_pause.
29. "Emmanuel Faber Speech at Consumer Goods Forum."
30. Andrew M. Carton, Chad Murphy, and Jonathan R. Clark, "A（Blurry）Vision of the Future: How Leader Rhetoric about Ultimate Goals Influences Performance," *Academy of Management Journal* 57, no.4（June 2014）: 1544–70.
31. ガンツのモデルをパーパスに適用したのは私が初めてではない。John Coleman, "Use Storytelling to Explain Your Company's Purpose," *Harvard Business Review*, November 24, 2015, https://hbr.org/2015/11/use-storytelling-to-explain-your-companys-purpose.

tober 2011), https://doi.org/10.5465/amr.2010.0128; Neil Morelli, "The Makings of Morality: The Factors Behind Ethical Behavior (IO Psychology)," *Academy of Management Review*, January 9, 2012, http://www.ioatwork.com/the-makings-of-morality-the-factors-behind-ethical-behavior/ 参照。

5. "Indra K. Nooyi Biography," *Encyclopedia of World Biography*, accessed May 26, 2021, https://www.notablebiographies.com/news/Li-Ou/Nooyi-Indra-K.html#ixzz6iVTnrVhz での引用。
6. "Get Married or Say No to Yale: Indra Nooyi's Knotty Affair," *Economic Times*, updated August 7, 2018, https://economictimes.indiatimes.com/magazines/panache/get-married-or-say-no-to-yale-indra-nooyis-knotty-affair/articleshow/65285868.cms.
7. "Indra Nooyi――a 'Mentor + Inspiration,'" *Indian Express*, January 16, 2019, https://indianexpress.com/article/world/indra-nooyi-a-mentor-inspiration-5540979/.
8. Sherman Hollar, "Indra Nooyi," *Britannica*, accessed May 26, 2021, https://www.britannica.com/biography/Indra-Nooyi; Fiona Walsh, "Indian-Born Nooyi Takes Over at PepsiCo," *Guardian*, August 14, 2006, https://www.theguardian.com/business/2006/aug/15/genderissues.uknews.
9. "PepsiCo Chairman and CEO Reinemund to Retire," Reliable Plant, May 26, 2021, https://www.reliableplant.com/Read/2314/pepsico-chairman-ceo-reinemund-to-retire; "Market Capitalization of PepsiCo (PEP)," Companies MarketCap, accessed May 26, 2021, https://companiesmarketcap.com/pepsico/marketcap/.
10. Joseph L. Badaracco and Matthew Preble, "PepsiCo, Profits, and Food: The Belt Tightens," Harvard Business School Case Study 9-314-055, December 21, 2015, 6.
11. Michael I. Norton and Jill Avery, "The Pepsi Refresh Project: A Thirst for Change," Harvard Business School Case Study 512-018, revised August 2013, 3.
12. 同社の2006年次報告書でヌーイとレイネムンド(1年間会長を務めた)は「パーパスにかなった成果」を同社の既存活動の延長または凝縮と位置づけているようだ。「私たちは弊社が心ある会社だと信じ、私たちのような主導的な企業が社会で果たす役割を認識しています。『パーパスにかなった成果』に専念するのは、私たちにとって啓発されることです――今後も続けるつもりです」Annual Report, PepsiCo, 2006, 3. 別のところでヌーイと同社は「パーパスにかなった成果」を、もっと革命的なものだと述べ、それを「大胆なアジェンダ」として提起し、「仕事のやり方を再定義しようという決意」、果ては「ペプシコ社の心と魂を捉えようとする新しい戦略的使命」とさえ述べている。たとえばRoy Manuell, "PepsiCo Talks Sugar, Sustainability and a Responsible Approach to Development," *New Food Magazine*, November 1, 2016, https://www.newfoodmagazine.com/article/27576/pepsico-sugar-health-development/; *Annual Report*, PepsiCo, 2008, 4, https://www.pepsico.com/docs/album/annual-reports/2008-annual-english.pdf?sfvrsn=2fe2d333_4 参照。
13. Indra K. Nooyi and Vijay Govindarajan, "Becoming a Better Corporate Citizen," Harvard *Business Review Magazine*, March-April 2020, https://hbr.org/2020/03/becoming-a-better-corporate-citizen; Rosabeth Moss Kanter et al., "PepsiCo, Performance with Purpose, Achieving the Right Global Balance," Harvard Business School Case 412-079, October 2011 (revised January 2012), 7-9. 別のところで同社は「パーパスにかなった成果」を三部構造として提示し、財務的持続可能性の部分を除いたが、これは暗示されていたのかもしれない。
14. Katie Kuehner-Hebert, "PepsiCo's CEO and Chair Indra Nooyi Is Leading the Compa-

う似たような定義がある。私は Violina P. Rindova and Luis L. Martins, "Futurescapes: Imagination and Temporal Reorganization in the Design of Strategic Narratives," 著者に提供された未刊行原稿を援用している。また評論家たちは物語の力の動機づけ能力を指摘している。*Harvard Business Review* のインタビューで、脚本書きコーチの Robert McKee は「CEO の仕事の大きな部分は、人々がある目標に到達できるように人々のやる気を出させることだ。それをやるには、CEO は彼らの情緒を惹きつけねばならず、彼らの心への鍵は物語なのだ」と論じている。Bronwyn Fryer, "Storytelling That Moves People: A Conversation with Screenwriting Coach Robert McKee," *Harvard Business Review,* June 2003, https://hbr.org/2003/06/storytelling-that-moves-people; ベストセラー *Made to Stick* の著者 Chip and Dan Heath は、ストーリーテリングこそアイデアを「頭に残る」ものにするための鍵となるレトリック原理なのだと述べる。そして、物語は行動を啓発するだけでなく、聴衆に対してどう行動すべきかという具体的な情報を与えることができると言う。彼らの本の別の章では、ヒースたちは情緒が別の「頭に残る」要因だと述べる。ただし物語が持つ啓発的な性質から見て、物語もまた感情を喚起することで機能するということになりそうだ。Chip Heath and Dan Heath, *Made to Stick: Why Some Ideas Survive and Others Die*（New York: Random House, 2008), 第 5 章と第 6 章、特に 206.

2. 様々な分野の専門家は、強い物語の原理を指摘している。たとえばハラハラする緊張の存在、「ヒーロー」の導入、充分な細部の組み込み、話を短く単純にする、といったものだ。ビジネスの文脈ではたとえば Dan Schawbel, "How to Use Storytelling as a Leadership Tool," *Forbes,* August 13, 2012, https://www.forbes.com/sites/danschawbel/2012/08/13/how-to-use-storytelling-as-a-leadership-tool/?sh=4c8e94695e8e; Carolyn O'Hara, "How to Tell a Great Story," *Harvard Business Review,* July 30, 2014, https://hbr.org/2014/07/how-to-tell-a-great-story; Fryer, "Storytelling That Moves People"; Dianna Booher, "7 Tips for Great Storytelling as a Leader," *Fast Company,* January 12, 2015, https://www.fastcompany.com/3040709/7tips-for-great-storytelling-as-a-leader を参照。
3. リーダーはしばしば、壮大で戦略的なナラティブを使って人々が出来事を理解できるようにして、戦略を生き生きとさせ、職場に大幅な変化について前向きにさせる。こうしたナラティブの一部は学者たちが「フューチャースケープ」と呼んだものを構成する。これは「企業が望む未来と自社がそれを作り上げるのに果たす役割を述べる」(Rindova and Martins, "Futurescapes," 4). 私は、ディープ・パーパス・リーダーたちは組織の戦略だけでなくパーパスを支え伝えるナラティブを創り出すのだと論じる。Elena Dalpiaz and Giada Di Stefano, "A Universe of Stories: Mobilizing Narrative Practices During Transformative Change," *Strategic Management Journal* 39, no.3（March 2018): 664-96; Scott Sonenshein, "We're Changing——Or Are We? Untangling the Role of Progressive, Regressive, and Stability Narratives during Strategic Implementation," *Academy of Management Journal* 53, no.3（November 30, 2017), https://doi.org/10.5465/amj.2010.51467638; Sarah Kaplan and Wanda Orlikowski, "Beyond Forecasting: Creating New Strategic Narratives," *MIT Sloan Management Review,* September 16, 2014, https://sloanreview.mit.edu/article/beyond-forecasting-creating-new-strategic-narratives/.
4. 学者の一部は道徳的な能力を「逆境に直面しても道徳的な行動を採れて、課題に直面してもやりぬける責任と動機を生み出す能力」と定義している。Sean T. Hannah, Bruce J. Avolio, and Douglas R. May, "Moral Maturation and Moral Conation: A Capacity Approach to Explaining Moral Thought and Action," *Academy of Management* 36, no.4（Oc-

Them All," *New York Times*, March 23, 2002, https://www.nytimes.com/2002/03/23/your-money/IHT-tylenol-made-a-hero-of-johnson-johnson-the-recall-that-started.html.
63. "Case Study: The Johnson & Johnson Tylenol Crisis," Department of Defense, May 26, 2021, https://www.ou.edu/deptcomm/dodjcc/groups/02C2/Johnson%20&%20Johnson.htm での引用。
64. Natasha Singer, "In Recall, a Role Model Stumbles," *New York Times*, January 17, 2010, https://www.nytimes.com/2010/01/18/business/18drug.html.
65. "Patients Versus Profits at Johnson & Johnson: Has the Company Lost Its Way?," Wharton, February 15, 2012, https://knowledge.wharton.upenn.edu/article/patients-versus-profits-at-johnson-johnson-has-the-company-lost-its-way/.
66. Johnson & Johnson's Recall of Children's Tylenol and Other Children's Medicines and the Phantom Recall of Motrin (PART 2): Hearing Before the Committee on Oversight and Government Reform, 111th Congress, September 30, 2010; Clayton S. Rose et. al., "On Weldon's Watch: Recalls at Johnson & Johnson from 2009 to 2010," Harvard Business School Case Study 9-311-029, August 5, 2016.
67. "Patients Versus Profits" での引用。
68. "Leadership Challenges at Johnson & Johnson."
69. Annual Report, Johnson & Johnson, 2018, 11, https://www.investor.jnj.com/annual-meeting-materials/2018-annual-report.
70. Gorsky, "The Past, Present and Future" での引用。
71. Annual Report, Johnson & Johnson, 2019, 2, https://www.investor.jnj.com/annualmeeting-materials/2019-annual-report.
72. Line Hojgaard（LEGO の社史担当者）, 著者とのインタビュー, December 4, 2020.
73. "Responsibility Report," LEGO, 2015.
74. Jørgen Vig Knudstorp, 著者とのインタビュー, June 26, 2020.
75. Emma Bedford, "Revenue of the LEGO Group from 2003 to 2020 (in Billion Euros)," Statista, March 10, 2021, https://www.statista.com/statistics/282870/lego-group-revenue/.
76. Emma Bedford, "Net Profit of the LEGO Group Worldwide from 2009 to 2020 (in Million Euros)," Statista, March 10, 2021, https://www.statista.com/statistics/292305/lego-group-net-profit/.
77. Lucy Handley, "LEGO Is the World's Most Reputable Company as Tech Giants Lag, Survey Says," CNBC, March 3, 2020, https://www.cnbc.com/2020/03/03/lego-is-the-worlds-most-reputable-company-disney-follows.html.

第５章：あなたは詩人？　それともただの作業員？

1. H. Porter Abbott, *The Cambridge Introduction to Narrative* (Cambridge, UK: Cambridge University Press, 2002), 12. Abbott はナラティブを「出来事や一連の出来事の表象」と定義する。彼も指摘するように、学者たちはこうした定義の細かいところについていがみ合うが、ここでの私の目的ではこれで充分だ。日常生活では「ナラティブ」と「物語」を同じものと考えがちだ。Abbott はこの二つを、かなり異様な専門的根拠から区別する。話を単純にするため、私はこの二つの用語を相互に交換できるものとして使う。ナラティブは「時間的にも因果的にも意味のある形でつながれた一連の出来事の表象」とい

44. Jørgen Vig Knudstorp, 著者とのインタビュー, August 6, 2020.
45. Sierk Ybema, "Talk of Change: Temporal Contrasts and Collective Identities," *Organization Studies* 31 (2010), DOI: 10.1177/0170840610372205.
46. Nadella, *Hit Refresh*, 64–71.
47. Kathleen Hogan (Microsoft の主任ピープル担当官), 著者とのインタビュー, May 12, 2020.
48. Adam Lashinsky, "The Cook Doctrine at Apple," *Fortune*, January 22, 2009, https://fortune.com/2009/01/22/the-cook-doctrine-at-apple/.
49. Steve Jobs, "Steve Jobs: Apple Brand Purpose," unveiling "Think Different" Apple ad campaign, September 23, 1997, YouTube video, uploaded by @markgoconnor, 6: 54, May 23, 2011, https://www.youtube.com/watch?v=ugqcXqTEVMA.
50. Quoted in Killian Bell, "Steve Jobs Legacy Will Live On in the Apple University," *Cult of Mac*, October 7, 2011, https://www.cultofmac.com/121798/steve-jobs-legacy-will-live-on-in-the-apple-university/.
51. Timothy B. Lee, "How Apple Became the World's Most Valuable Company," *Vox*, updated September 9, 2015, https://www.vox.com/2014/11/17/18076360/apple.
52. Brian X. Chen, "Simplifying the Bull: How Picasso Helps to Teach Apple's Style," *New York Times*, August 10, 2014, https://www.nytimes.com/2014/08/11/technology/-inside-apples-internal-training-program-.html.
53. For more on Apple University, see Brian X. Chen, "Inside the Secretive Apple University," *Sydney Morning Herald*, updated August 12, 2014, https://www.smh.com.au/business/inside-the-secretive-apple-university-20140812-102yzz.html.
54. Thomas R. Piper, "Johnson & Johnson's Corporate Credo," Harvard Business School Case 304-084, January 2004 (revised May 2008).
55. 執筆時点で最新の信条のバージョンとしては "Code of Business Conduct," Johnson & Johnson, 2020, https://www.jnj.com/sites/default/files/pdf/code-of-business-conduct-english-us.pdf を参照。
56. "Our Credo," Johnson & Johnson, accessed May 26, 2021, https://www.jnj.com/sites/default/files/pdf/our-credo.pdf.
57. "The Power of Our Credo: Johnson & Johnson Chairman and CEO Alex Gorsky Reflects on the Legacy of the Company's Historic Mission Statement," Johnson & Johnson, December 13, 2018, https://www.jnj.com/latest-news/johnson-johnson-ceo-alex-gorsky-reflects-on-the-power-of-the-companys-credo.
58. "Leadership Challenges at Johnson & Johnson," *Wharton*, January 9, 2014, https://knowledge.wharton.upenn.edu/article/alex-gorsky-leadership-moments-jj/; Erika Janes, "8 Fun Facts about Our Credo-Johnson & Johnson's Mission Statement," Johnson & Johnson, February 5, 2018, https://www.jnj.com/our-heritage/8-fun-facts-about-the-johnson-johnson-credo.
59. Johnson & Johnson ケーススタディの付属ビデオ (Harvard Business School 教室)。
60. "The Power of Our Credo."
61. Alex Gorsky, "The Past, Present and Future of Our Credo: A Conversation with Wharton's Adam Grant," LinkedIn, December 13, 2018, https://www.linkedin.com/pulse/past-present-future-our-credo-conversation-whartons-adam-alex-gorsky/.
62. Judith Rehak, "Tylenol Made A Hero of Johnson & Johnson: The Recall That Started

Nationalist Ideals," *Nations and Nationalism* 5, no.3 (1999): 331–55, Cauthen, "Covenant and Continuity," 25 での引用。神話作りとナショナリズムについてさらに詳しくはたとえば Veronika Bajt, "Myths of Nationhood: Slovenians, Caranthania and the Venetic Theory," *Annales Series Historia et Sociologia* 21, no.2 (2011) 参照。

31. Eric Hobsbawm and Terence Ranger, eds., *The Invention of Tradition* (Cambridge, UK: Cambridge University Press, 1983).
32. John T. Seaman Jr. and George David Smith, "Your Company's History as a Leadership Tool," *Harvard Business Review*, December 1, 2012.
33. Mary Jo Hatch and Majken Schultz, "Toward a Theory of Using History Authentically: Historicizing in the Carlsberg Group," *Administrative Science Quarterly* 62, vol.4 (2017): 657–97. この段落と次の段落での私のカールスバーグに関する記述はこの論説から大量に援用している。すべての引用はもともとそこに登場した。
34. Hatch and Schultz, "Toward a Theory of Using History Authentically," 672 での引用。
35. Hatch and Schultz, "Toward a Theory of Using History Authentically," 681 での引用。
36. Hatch and Schultz, "Toward a Theory of Using History Authentically," 682 での引用。
37. 学者によっては価値観を「アイデンティティマーカー」と呼ぶ。Rindova and Martins, "From Values to Value."
38. 組織アイデンティティを検討した研究は多い。ある学者に言わせるとアイデンティティは「その組織の構成員から見れば、その組織の性格または『自己イメージ』に中心的な特徴で、それがその組織を他の類似組織と一線を画すものにしており、しかも時間がたっても連続性を持つもの」となる。Dennis A. Gioia et al., "Organizational Identity Formation and Change," *Academy of Management Annals* 7, no.1 (June 2013), https://doi.org/10.5465/19416520.2013.762225.
39. 正真性の概念は、各種分野の学者たちの間に多くの議論を引き起こした。リーダーシップでの正真性については Herminia Ibarra, "The Authenticity Paradox," *Harvard Business Review Magazine*, January-February 2015, https://hbr.org/2015/01/the-authenticity-paradox; Bill George, Peter Sims, Andrew N. McLean and Diana Mayer, "Discovering Your Authentic Leadership," *Harvard Business Review*, February 2007, https://hbr.org/2007/02/discovering-your-authentic-leadership を参照。カールスバーグの分析で他の学者たちの研究を援用しつつ Mary Jo Hatch とマイケン・シュルツは「職能的」正真性と「道徳的」正真性を区別する。前者はある事業に存在する元々の技能的な慣行についてのもので、後者はビジネス創業者の道徳的理想に忠実であることだ。Hatch and Schultz, "Toward a Theory of Using History Authentically" 参照。
40. Denise M. Rousseau, "Psychological and Implied Contracts in Organizations," *Employee Responsibilities and Rights Journal* 2 (January 1989): 121–39, DOI: 10.1007/BF01384942.
41. Jane E. Dutton and Amy Wrzesniewski, "What Job Crafting Looks Like," *Harvard Business Review*, March 12, 2020, https://hbr.org/2020/03/what-job-crafting-looks-like.
42. Jørgen Vig Knudstorp, 著者とのインタビュー, August 6, 2020.
43. "Responsibility Report," LEGO Group, 2015, https://www.lego.com/cdn/cs/aboutus/assets/blt8630ef4d3066bc76/Responsibility-Report-2015.pdf; "Sustainability Progress," LEGO Group, 2019, https://s3-us-west-2.amazonaws.com/ungc-production/attachments/cop_2020/483723/original/The_LEGO_Group_2019_Sustainability_progress.pdf?1583318316.

17. Schultz and Hernes, "A Temporal Perspective on Organizational Identity," 1–21.
18. Jørgen Vig Knudstorp, 著者とのインタビュー, June 26, 2020.
19. Schultz and Hernes, "A Temporal Perspective on Organizational Identity," 1–21 での引用。Jørgen Vig Knudstorp, 著者とのインタビュー, June 26, 2020.
20. Jørgen Vig Knudstorp, 著者とのインタビュー, June 26, 2020.
21. 人によっては、パーパスは有機的かつ帰納的に会社の内外から流れるべきであり、ステークホルダーたち——特に従業員と顧客——自身がそれに与える意味を反映すべきだという。たとえば Quinn and Thakor, *The Economics of Higher Purpose* 第 8 章や Spence, *It's Not What You Sell* 第 2 章参照。
22. 著書 *It's Not What You Sell, It's What You Stand For* でコンサルタントの Roy Spence は「あなたの組織の創業時の憲章を使おう。探しているのは、組織を動かし始めた根本的な動機なのだということを忘れないようにしよう」と読者に促している（Spence, *It's Not What You Sell*, 36). だがほとんどのコンサルタントや学術研究者は、パーパス定義を論じるときには、歴史におざなりな会釈をするだけだ。
23. "Moral Community," *Oxford Reference*, accessed May 25, 2021, https://www.oxfordreference.com/view/10.1093/oi/authority.20110803100208740#:~:text=The%20moral%20community%20is%20characterized, be%20termed%20a%20moral%20community.
24. Lucia D. Wocial, "In Search of a Moral Community," *Online Journal of Issues in Nursing* 23, no.1（January 2018), abstract, DOI: 10.3912/OJIN.Vol23No01Man02.
25. Émile Durkheim, Reeves, "Moral Community" での引用。ある学者によると、価値観は「集合体がコミュニティとなる基盤を提供する——組織の境界の内部でも外部でも」。Violina P. Rindova and Luis L. Martins, "From Values to Value: Value Rationality and the Creation of Great Strategies," *Strategy Science* 3, no.1（March 2018): 323–34.
26. Wocial, "In Search of a Moral Community."
27. 一部の学者は道徳的ナラティブを、もっと広い外部からの課題を含んだりそれを参照したりする記述だとしている。Roland Bénabou, Armin Falk, and Jean Tirole, "Narratives, Imperatives, and Moral Reasoning," working paper 24798, *National Bureau of Economic Research*（July 2018): 2. 彼らによると「だが最も重要なナラティブは、道徳的または社会的意味を持つ行動についてのもの、つまり外部性 / 内部性と（自己）評判的な懸念を含むものだ」
28. 実は旧約聖書は二種類の「基盤となる物語」を持つ。一つは先祖が新しい土地に定住して「その子孫がその土地に繁殖して地元住民となる」というもの。これはアブラハムについての聖書の記述に見られる。もう一つは、他の人口群を征服するというもの。これは出エジプト記の物語などだ。どちらの物語もヘブライ人が「選ばれた民」で神に祝福されているという、もっと大きな概念に貢献している——特に重要な概念であり、現在の集団アイデンティティと道徳的コミュニティにとっても意味を持つ。Guy Darshan, "The Origins of the Foundation Stories Genre in the Hebrew Bible and Ancient Eastern Mediterranean," *Journal of Biblical Literature* 133, no.4（Winter 2014): 689–709. また Bruce Cauthen, "Covenant and Continuity: Ethno-Symbolism and the Myth of Divine Election," *Nations and Nationalism* 10, nos.1–2（January 2004): 19–33 も参照。
29. Anthony D. Smith, "Chosen Peoples: Why Ethnic Groups Survive," *Ethnic and Racial Studies* 15, no.3（September 2010): 436–56, Cauthen, "Covenant and Continuity," 22 での引用。
30. Anthony D. Smith, "Ethnic Election and National Destiny: Some Religious Origins of

April 2, 2014; Quinn and Thakor, *The Economics of Higher Purpose*, 23.
74. "Gartner Identifies Three Dimensions That Define the New Employer-Employee Relationship," *Street Insider*, October 13, 2020, https://www.streetinsider.com/Business+Wire/Gartner+Identifies+Three+Dimensions+That+Define+The+New+Employer-Employee+Relationship/17463086.html.
75. Glen Tullman（Livongo 創業者で上級会長），著者とのインタビュー，March 9, 2021.
76. Raghu Krishnamoorthy（GE 元グローバル人材担当シニア副社長），著者とのインタビュー，September 17, 2020.
77. Irene Mark-Eisenring（Bühler 社主任人材担当重役），著者とのインタビュー，September 17, 2020.
78. 会社データ。
79. Edward B. Reeves, "Moral Community," *Encyclopedia of Religion and Society*, accessed May 25, 2021, http://hirr.hartsem.edu/ency/MoralC.htm.

第４章：パーパスの真の源：前を見ながら振り返る

1. "The Power of Sankofa: Know History," *Berea College*, May 29, 2021, https://www.berea.edu/cgwc/the-power-of-sankofa/.
2. 本章のレゴ社に関する基本的な記述はヨアン・クヌッドストープとのインタビューおよび David C. Robertson, *Brick by Brick: How LEGO Rewrote the Rules of Innovation and Conquered the Global Toy Industry*（New York: Crown Business, 2013）; Jan W. Rivkin, Stefan H. Thomke, and Daniela Beyersdorfer, "LEGO," Harvard Business School Case Study 613-004, July 2012; Stefan H. Thomke, "Jørgen Vig Knudstorp: Reflections on LEGO's Transformation," Harvard Business School Background Note 620-133, May 2020; Majken Schultz and Tor Hernes, "A Temporal Perspective on Organizational Identity," *Organization Science* 24, no.1（February 2013）: 1-21 から得た。クヌッドストープの伝記的な情報は Sherman Hollar, "Jørgen Vig Knudstorp," *Britannica*, November 17, 2020, https://www.britannica.com/biography/Jorgen-Vig-Knudstorp から得た。
3. Robertson, *Brick by Brick*, 67-8. レゴの苦闘詳細は第３章参照。
4. Robertson, *Brick by Brick*, 91 での引用。
5. Robertson, *Brick by Brick*, 148.
6. Rivkin, Thomke, and Beyersdorfer, "LEGO."
7. Rivkin, Thomke, and Beyersdorfer, "LEGO."
8. Stefan Thomke, "Jørgen Vig Knudstorp: Reflections on LEGO's Transformation," Harvard Business School Note 620-133, May 2020 での引用。強調引用者。
9. Quoted in Rivkin, Thomke, and Beyersdorfer, "LEGO."
10. Jørgen Vig Knudstorp（former CEO of LEGO），著者とのインタビュー，June 26, 2020.
11. Jørgen Vig Knudstorp, 著者とのインタビュー，June 26, 2020.
12. Schultz and Hernes, "A Temporal Perspective on Organizational Identity," 1-21.
13. Jørgen Vig Knudstorp, 著者とのインタビュー，June 26, 2020.
14. Robertson, *Brick by Brick*, 16-17.
15. Stefan Thomke, "Jørgen Vig Knudstorp" ; and Jørgen Vig Knudstorp, 著者とのインタビュー，November 23, 2020.
16. Rivkin, Thomke, and Beyersdorfer, "LEGO."

56. Stefan Dobrev（Nestlé イノベーションポートフォリオ管理の元グローバル部長），著者とのインタビュー，September 17, 2020.
57. Stefan Scheiber（Bühler 社 CEO），著者とのインタビュー，September 17, 2020.
58. Beer et al., *Higher Ambition* 第 4 章参照。
59. Stefan Dobrev（Nestlé イノベーションポートフォリオ管理の元グローバル部長），著者とのインタビュー，September 17, 2020.
60. 消費者や従業員が企業の CSR 活動をどう見ているかについての初の研究の一つとしては C. B. Bhattacharya, Sankara Sen, and Daniel Korschun, *Leveraging Corporate Social Responsibility: The Stakeholder Route to Maximizing Business and Social Value*,（Cambridge, UK: Cambridge University Press, 2011）参照。
61. Nellie Bowles, "'I Don't Really Want to Work for Facebook.' So Say Some Computer Science Students," *New York Times*, November 15, 2018, https://www.nytimes.com/2018/11/15/technology/jobs-facebook-computer-science-students.html. シリコンバレーは全般に、雇用者としての望ましさという点で打撃を受けている――評論家たちが「テックラッシュ」と呼ぶものだ。彼らが社会に害をなしているという認識のせいだ。Emma Goldberg, "'Techlash' Hits College Campuses," *New York Times*, updated January 15, 2020, https://www.nytimes.com/2020/01/11/style/college-tech-recruiting.html 参照。
62. Ghaffary, "Mark Zuckerberg on Leaked Audio"; Charlie Warzel and Ryan Mac, "Mark Zuckerberg's Biggest Problem: Internal Tensions at Facebook Are Boiling Over," *Buzzfeed News*, December 5, 2018, https://www.buzzfeednews.com/article/charliewarzel/facebooks-tensions-zuckerberg-sandberg.
63. Chris Hughes, "It's Time to Break Up Facebook," *New York Times*, May 9, 2019, https://www.nytimes.com/2019/05/09/opinion/sunday/chris-hughes-facebook-zuckerberg.html.
64. Sally Blount and Paul Leinwand, "Why Are We Here?," *Harvard Business Review*, November-December 2019, https://hbr.org/2019/11/why-are-we-here.
65. Christopher A. Bartlett and Sumantra Ghoshal, "Changing the Role of Top Management: Beyond Strategy to Purpose," *Harvard Business Review*, November 1, 1994.
66. Steven J. Heine, Travis Proulx, and Kathleen D. Vohs, "The Meaning Maintenance Model: On the Coherence of Social Motivations," *Personality and Social Psychology Review* 10, no.2（2006）: 88-110, https://www2.psych.ubc.ca/~heine/docs/MMM.PDF.
67. 心理学における自己一貫性について詳しくは Prescott Lecky, *Self-Consistency: A Theory of Personality*（Fort Myers Beach, FL: The Island Press Publishers, 1994）参照。
68. Neal Chalofsky, "An Emerging Construct for Meaningful Work," *Human Resource Development International* 6, no.1（2003）: 78.
69. Henderson, "Innovation in the 21st Century," 4.
70. たとえば "Connecting People and Purpose: 7 Ways High-Trust Organizations Retain Talent," *2016 Great Place to Work*, 2016, 3 参照。
71. Quinn and Thakor, *The Economics of Higher Purpose*, 48-51.
72. "Purpose: A Practical Guide," LinkedIn, accessed May 25, 2021. パーパスへの献身が人材指標の様々な面に与える影響について実証している。たとえば従業員の忠誠心、献身、他人に組織を勧める意欲などだ。たとえば "The Business Case for Purpose," *Harvard Business Review Analytic Services Report* 9 参照。
73. Vineet Nayar, "A Shared Purpose Drives Collaboration," *Harvard Business Review*,

2019, https://www.world-grain.com/articles/12229-protix-opens-insect-protein-production-plant.

37. "New Horizons," Bühler, accessed July 13, 2021, https://www.buhlergroup.com/content/buhlergroup/global/fr/key-topics/Nutrition/Insects.html.

38. Andrew Donlan, "Best Buy Floats Lofty In-Home Health Care Goals in 5-Year Plan," *Home Health Care News*, December 4, 2019, https://homehealthcarenews.com/2019/12/best-buy-floats-lofty-in-home-health-care-goals-in-5-year-plan/.

39. Mark R. Kramer and Sarah Mehta, "Becton Dickinson: Global Health Strategy," Harvard Business School Case Study 718-406, September 2017 (revised February 2018), 12.

40. Thomas W. Malnight, Ivy Buche, and Charles Dhanaraj, "Put Purpose at the Core of Your Strategy," *Harvard Business Review*, September-October 2019, https://hbr.org/2019/09/put-purpose-at-the-core-of-your-strategy.

41. Stefan Scheiber (CEO of Bühler), 著者とのインタビュー, May 21, 2020.

42. "Meeting with Technology Experts: 'Bühler Networking Days 2016,'" *Miller Magazine*, accessed May 25, 2021, https://millermagazine.com/english/meeting-with-technologyexperts-buhler-networking-days-2016/.

43. Ian Roberts (Bühlerの主任テクノロジー担当重役), 著者とのインタビュー, May 21, 2020.

44. Annual Report, Bühler, 2019, 31.

45. Sisodia, Wolfe, and Sheth, *Firms of Endearment* 第7章参照。

46. Rebecca Henderson, "Innovation in the 21st Century: Architectural Change, Purpose, and the Challenges of Our Time," *Management Science* (オンラインで事前発表, October 30, 2020), https://doi.org/10.1287/mnsc.2020.3746

47. George Serafeim et al., "The Value of Corporate Purpose: A Guide for CEOs and Entrepreneurs," KKS Advisors, accessed May 25, 2021, 5-10.

48. Queenie Wong, "Facebook Ad Boycott: Why Big Brands' Hit Pause on Hate,'" CNET, July 30, 2020, https://www.cnet.com/news/facebook-ad-boycott-how-big-businesses-hit-pause-on-hate/.

49. Megan Graham, "Zuckerberg Was Right: Ad Boycotts Won't Hurt Facebook That Much," CNBC, August 4, 2020, https://www.cnbc.com/2020/08/04/some-major-companies-will-keep-pausing-facebook-ads-as-boycott-ends.html.

50. Scott Rosenberg, "Facebook's Reputation Is Sinking Fast," Axios, March 6, 2019, https://www.axios.com/facebook-reputation-drops-axios-harris-poll-0d6c406a-4c2e-463a-af98-1748d3e0ab9a.html.

51. パーパスと評判の関係に関する多くの最近の研究ガイドとしては Afdhel Aziz, "The Power of Purpose: The Business Case for Purpose (All The Data You Were Looking For Pt 1)," *Forbes*, March 7, 2020, https://www.forbes.com/sites/afdhelaziz/2020/03/07/the-power-of-purpose-the-business-case-for-purpose-all-the-data-you-were-looking-for-pt-1/#16bdc72230ba 参照。

52. Annual Report, Bühler, 2019, 48-53.

53. Dan Dye (CEO of Ardent Mills), 著者とのインタビュー, May 21, 2020.

54. Andy Sharpe (Bühler North America 社長兼CEO), 著者とのインタビュー, May 21, 2020.

55. Andy Sharpe, 著者とのインタビュー, May 21, 2020.

Finally Bans Holocaust Denial Content, but Critics Say It's Ignoring Larger Problem," *Hill*, October 13, 2020, https://thehill.com/changing-america/respect/equality/520812-facebook-finally-bans-holocaust-denial-content-but-critics.

18. Raj Sisodia, David B. Wolfe, and Jag Sheth, *Firms of Endearment: How World-Class Companies Profit from Passion and Purpose*, 2nd ed. (Upper Saddle River, NJ: Pearson Education, 2014), 7, 14. この著者たちはこうした企業を「firms of endearment」と呼び、「あらゆるステークホルダー集団の利益を戦略的に整合させることでステークホルダーたちの寵愛を得る」企業だと定義している。
19. "The Business Case for Purpose," *Harvard Business Review Analytic Services Report*, 5.
20. Claudine Madras Gartenberg, Andrea Prat, and George Serafeim, "Corporate Purpose and Financial Performance," Columbia Business School Research Paper no.16-69 (2016): abstract. BCG による 25 社の公開企業の分析では、パーパス指標で高得点だったほぼすべての企業が 10 年にわたり S&P500 でメジアンを超える収益率を得ている。研究ではまた、株主以外のステークホルダーに奉仕する企業のほうが業績がよい。従業員の待遇がいい企業を分析した Alex Edmans は、累積株式収益率が 30 年近くにわたって同じような会社よりも 89-184 %高いことを発見した。Jim Hemerlinget al., "For Corporate Purpose to Matter, You've Got to Measure It," BCG, August 16, 2018, https://www.bcg.com/en-us/publications/2018/corporate-purpose-to-matter-measure-it; Edmans, *Grow the Pie*, 83.
21. "Profit & Purpose," BlackRock, 2019, https://www.blackrock.com/americas-offshore/2019-larry-fink-ceo-letter.
22. Henderson, *Reimagining Capitalism*, 118.
23. Edmans, *Grow the Pie*, 91-96.
24. 私のビューラー・ホールディング AG の記述は私が同社について書いた Harvard Business School のケーススタディに大きく依存している。N9-822-001（近刊）。
25. "The Future Is Now," 2020 Bühler 企業プレゼンテーション［社内文書］, 10, 87.
26. Annual Report, Bühler, 2011, 52.
27. Annual Report, Bühler, 2012, 76.
28. Annual Report, Bühler, 2016, 21, 91.
29. Ian Roberts, "A Challenge Shared," *Diagram*, December 2019, 8.
30. この意味でビューラー社は Christopher A. Bartlett and Sumantra Ghoshal の古典的な論文 "Changing the Role of Top Management: Beyond Strategy to Purpose," *Harvard Business Review* 72, no.6 (November-December 1994): 79-88 の提言に従っていると言える。
31. Spence, *It's Not What You Sell*, 13.
32. "The Business Case for Purpose," *Harvard Business Review Analytic Services Report*, 5. また "The State of the Debate on Purpose in Business," *EY Beacon Institute* (report), 2016, 20-24 も参照。
33. Edouard Dubois and Ali Saribas, "Making Corporate Purpose Tangible——A Survey of Investors," *Harvard Law School Forum on Corporate Governance*, June 19, 2020.
34. この論点は以下にも登場する。"The State of the Debate on Purpose in Business," 20-24.
35. "Purpose-Driven Leadership for the 21st Century: How Corporate Purpose Is Fundamental to Reimagining Capitalism," *Horvath and Partners* (report), 2019, 17, 36.
36. Susan Reidy, "Protix Opens Insect Protein Production Plant," *World Grain*, June 20,

の研究に加えてこのサイトも大いに利用している。
5. "WhatsApp Offers $50,000 for Ideas to Stop Fake News Spread as India Orders It to Take Action Over Lynchings," *Telegraph*, July 4, 2018, https://www.telegraph.co.uk/news/2018/07/04/india-calls-whatsapp-help-end-spate-lynchings-sparked-rumours/.
6. Alex Warofka, "An Independent Assessment of the Human Rights Impact of Facebook in Myanmar," Facebook, November 5, 2018, https://about.fb.com/news/2018/11/myanmar-hria/.
7. Gretchen Peters and Amr Al-Azm, "Time to Clean Up Facebook's Dark Side," *Morning Consult*, June 25, 2019, https://morningconsult.com/opinions/time-to-clean-up-facebooks-dark-side/; Owen Pinnell and Jess Kelly, "Slave Markets Found on Instagram and Other Apps," BBC, October 31, 2019, https://www.bbc.com/news/technology-50228549.
8. "White Supremacist Groups Are Thriving on Facebook," *Tech Transparency Project*, May 21, 2020, https://www.techtransparencyproject.org/articles/white-supremacist-groups-are-thriving-on-facebook.
9. Shirin Ghaffary, "Mark Zuckerberg on Leaked Audio: Trump's Looting and Shooting Reference 'Has No History of Being Read as a Dog Whistle,' " Vox, June 2, 2020, https://www.vox.com/recode/2020/6/2/21278405/facebook-mark-zuckerberg-internal-employee-q-a-defend-moderate-trump-looting-shooting-post; Shannon Bond, "Critics Slam Facebook but Zuckerberg Resists Blocking Trump's Posts," NPR, June 11, 2020, https://www.npr.org/2020/06/11/874424898/critics-slam-facebook-but-zuckerberg-resists-blocking-trumps-posts; Brian Fung, "The Hard Truth About the Facebook Ad Boycott: Nothing Matters but Zuckerberg," CNN, updated June 26, 2020, https://www.cnn.com/2020/06/26/tech/facebook-boycott/index.html.
10. Billy Perrigo, "Facebook Has Finally Banned Holocaust Denial. Critics Ask What Took Them So Long," *Time*, October 12, 2020, https://time.com/5899201/facebook-holocaust-denial/.
11. Andrew Marantz, "Why Facebook Can't Fix Itself," *New Yorker*, October 12, 2020, https://www.newyorker.com/magazine/2020/10/19/why-facebook-cant-fix-itself.
12. David Gilbert, "An Outside Oversight Group Is Forcing Facebook to Get Its Shit Together for the Election," *Vice*, October 1, 2020, https://www.vice.com/en /article/z3epva /an-outside-oversight-group-is-forcing-facebook-to-get-its-shit-together-for-the-election.
13. Giulia Segreti, "Facebook CEO Says Group Will Not Become a Media Company," Reuters, August 29, 2016, https://www.reuters.com/article/us-facebook-zuckerberg/facebook-ceo-says-group-will-not-become-a-media-company-idUSKCN1141WN.
14. Marantz, "Why Facebook Can't Fix Itself" ; Fung, "The Hard Truth About the Facebook Ad Boycott: Nothing Matters but Zuckerberg."
15. Roger McNamee, "If Mark Zuckerberg Wants Forgiveness, He's Going to Need to Come Clean First," *USA Today*, updated October 10, 2017, https://www.usatoday.com/story/opinion/2017/10/10/if-facebooks-mark-zuckerbergwants-forgiveness-hes-going-need-come-clean-first-roger-ncmanee-column/744520001/.
16. Roger McNamee, "I Mentored Mark Zuckerberg. I Loved Facebook. But I Can't Stay Silent About What's Happening," *Time*, January 17, 2019, https://time.com/5505441/mark-zuckerberg-mentor-facebook-downfall/.
17. Perrigo, "Facebook Has Finally Banned Holocaust Denial" ; Joseph Guzman, "Facebook

43. Sucher and Gupta, "Globalizing Japan's Dream Machine," 19.
44. Sucher and Gupta, "Globalizing Japan's Dream Machine," 19.
45. "59 Bet on Passion," Recruit, accessed May 19, 2021, https://60th.recruit-holdings.com/stories/no59/.
46. Gulati and Kanno, "Freedom Within a Framework at Recruit," 16.
47. "Recruit Group to Increase Fee for Their Educational Video Contents by Two Times," *Nikkei Newspaper* (morning edition), February 18, 2020, 14.
48. Viraj Puri, 著者とのインタビュー, September 1, 2020.
49. Kaplan, "Why Social Responsibility Produces More Resilient Organizations."
50. "Carbon-Offset Shipping and Packaging: Delivering a World of Good," Etsy, accessed July 13, 2021, https://www.etsy.com/impact.
51. Chelsea Mozen, "Expanding Our Sustainability Efforts," *Etsy* (blog), April 20, 2020, https://blog.etsy.com/news/2020/expanding-our-sustainability-efforts/.
52. Adele Peters, "Etsy Offsets the Entire Carbon Footprint of Its Shipping――and It Wants Other Retailers to Do the Same," *Fast Company*, April 28, 2020, https://www.fastcompany.com/90483317/etsy-offsets-the-entire-carbon-footprint-of-its-shipping-and-it-wants-other-retailers-to-do-the-same.
53. "Etsy," Great Place To Work, accessed May 19, 2021, https://www.greatplacetowork.com/certified-company/1204864.
54. Paul Strebel, Didier Cossin, and Mahwesh Khan, "How to Reconcile Your Shareholders with Other Stakeholders," *MIT Sloan Management Review*, July 13, 2020, https://sloanreview.mit.edu/article/how-to-reconcile-your-shareholders-with-other-stakeholders/; Edmans, *Grow the Pie*.
55. David M. Cote, *Winning Now, Winning Later: How Companies Can Succeed in the Short Term While Investing for the Long Term* (Nashville, TN: HarperCollins Leadership, 2020), 7-8.
56. Charles Dickens, *A Tale of Two Cities* (London: James Nisbet & Co., 1902), 292. 邦訳 ディケンズ『二都物語』上下巻、池央耿訳、光文社古典新訳文庫、2016年下70.

第３章：優れた業績の四つのレバー

1. Mark Zuckerberg, "Bringing the World Closer Together," Facebook, accessed May 20, 2021, https://www.facebook.com/notes/mark-zuckerberg/bringing-the-world-closer-together/10154944663901634/. 同社はこれをパーパスではなく「使命」と呼んでいる。
2. Kathleen Chaykowski, "Mark Zuckerberg Gives Facebook a New Mission," *Forbes*, June 22, 2017, https://www.forbes.com/sites/kathleenchaykowski/2017/06/22/mark-zuckerberg-gives-facebook-a-new-mission/#6f130dd31343.
3. Casey Newton, "The Verge Tech Survey 2020," *Verge*, March 2, 2020, https://www.theverge.com/2020/3/2/21144680/verge-tech-survey-2020-trust-privacy-security-facebook-amazon-google-apple.
4. Facebook についての否定的なメディア報道の総覧としては "'Where the Worst of Humanity Has Manifested'――Updating the Facebook Timeline of Scandal and Strife," Creative Future, updated December 9, 2020, https://creativefuture.org/facebook-scandal-timeline/ を参照。本章での Facebook についての議論を構築するにあたり、自分

Strebel, Didier Cossin, and Mahwesh Khan, "How to Reconcile Your Shareholders with Other Stakeholders," *MIT Sloan Management Review*, July 13, 2020. Alex Edmans もまた著書 *Grow the Pie* でトレードオフの問題を扱っている。

32. "Q4 2018 Financial Results," Etsy, February 25, 2019, https://s22.q4cdn.com/941741262/files/doc_financials/quarterly/2018/q4/Etsy-4Q-2018-Earnings-Presentation.pdf; "Q4/FY 2019 Financial Results," Etsy, February 26, 2020, https://s22.q4cdn.com/941741262/files/doc_financials/2019/q4/Etsy-4Q-2019-Earnings-Presentation_FOR-IR-WEBSITE-FINAL.pdf; "Q2 2020 Financial Results," Etsy, August 5, 2020, https://s22.q4cdn.com/941741262/files/doc_financials/2020/q2/ETSY-2Q-2020-Earnings-Presentation_Final-Version_8.4.20.pdf.
33. Tugba Sabanoglu, "Number of Active Etsy Sellers from 2012 to 2020," *Statista*, March 11, 2021, https://www.statista.com/statistics/409374/etsy-active-sellers/; "Annual Gross Merchandise Sales (GMS) of Etsy Inc. from 2005 to 2020," Statista, March 11, 2021, https://www.statista.com/statistics/219412/etsys-total-merchandise-sales-per-year/.
34. Anuradha Garg, "Is Etsy Stock a Buy Even After Tripling in 2020?," *Market Realist,* August 19, 2020, https://marketrealist.com/p/is-etsy-stock-a-buy/; 会社データ.
35. "Impact Report," Etsy, 2019, https://investors.etsy.com/impact-reporting/default.aspx.
36. Mary Mazzoni, "Etsy Shows Leadership on Diversity in Tech," *Triple Pundit*, January 22, 2019, https://www.triplepundit.com/story/2019/etsy-shows-leadership-diversity-tech/81936.
37. Margolis and Patrick Walsh, *People and Profits?*
38. この用語については James O'Toole, *The Enlightened Capitalists: Cautionary Tales of Business Pioneers Who Tried to Do Well by Doing Good* (New York: Harper Business, 2019) のおかげである。
39. トレードオフの交渉にあたって、リーダーは単に株主利益と「社会」の利益で折り合いをつけようとしているのではなく、「社会的論理」と「商業的論理」のどちらかに当てはまるステークホルダーたちの対立する利益で折り合いをつけようとしている。ここでは、社会的論理というのは話を単純にするための分析上の分類として構築している。会社や業界次第では、この用語は各種のちがったステークホルダーを含み、ときにはそれらが競合する利害を持つことになる。たとえば地元コミュニティ、環境、従業員などだ。潜在的なステークホルダーの数は、価値創造を最適化して利得を分配するというリーダーの作業をさらにややこしいものにする。
40. Sarah Kaplan が指摘するように、リーダーたちはしばしば潜在的なプロジェクトを評価するにあたりビジネスケースを求め、経済性がなければ実施しないほうを選ぶ。Sarah Kaplan, "Why Social Responsibility Produces More Resilient Organizations," *MIT Sloan Management Review*, August 20, 2020, https://sloanreview.mit.edu/article/why-social-responsibility-produces-more-resilient-organizations/.
41. このリクルート社についての記述は Sandra J. Sucher and Shalene Gupta, "Globalizing Japan's Dream Machine: Recruit Holdings Co., Ltd.," Harvard Business School Case Study 9-318-130, April 25, 2018 から多くを援用している。私はまた、Akiko Kanno と共著した二番目のケーススタディも利用している："Freedom Within a Framework at Recruit," Harvard Business School Case Study Number N1-421-042, November 13, 2020.
42. 池内省五（リクルート専務執行役員、CHRO、取締役), 著者とのインタビュー, May 21, 2020.

容れるようになっていると述べている。E. M. Dodd, "For Whom Are Corporate Managers Trustees?," *Harvard Law Review* 45, no.7 (May 1932): 1148. Rebecca Hendersonが述べるように「資本主義を再想像するには、企業が栄えるためには儲けねばならないが、そのパーパスはお金儲けだけでなく、暮らせる惑星と健全な社会の文脈における繁栄と自由を構築することでなくてはならない」。Henderson, *Reimagining Capitalism in a World on Fire*.

21. "Completing Capitalism," *Economics of Mutuality,* accessed May 18, 2021, https://eom.org/.
22. Porter and Kramer, "Creating Shared Value," 64 passim.
23. Alex Edmans, *Grow the Pie: How Great Companies Deliver Both Purpose and Profit* (Cambridge, UK: Cambridge University Press, 2020).
24. Michael Beer et al., *Higher Ambition: How Great Leaders Create Economic and Social Value* (Boston: Harvard Business Review Press, 2011), 53.
25. Mackey and Sisodia, *Conscious Capitalism*, 35-36. 邦訳マッキー&シソーディア『世界でいちばん大切にしたい会社 コンシャス・カンパニー』邦訳ではp.30あたりに該当するが邦訳では該当部分は削除されている。
26. Anand Giridharadasはまる1章（第2章）を割いてウィン＝ウィンの発想を批判する。彼の著書*Winners Take All*, 38, 51を参照。経済学者コリン・メイヤーは「善行により業績を挙げる」という概念が危険だと考える。これは「慈善は儲かるときにだけ価値がある」と想定してしまい、「電気や電話などの公益企業等の公的サービスを株主価値最大化組織に変えてしまったのと同様に慈善を営利機関に」してしまっているのがいけないのだ、という。Mayer, *Prosperity*, 6-7.
27. Brett Ryder, "What Is Stakeholder Capitalism?," *Economist*, September 19, 2020, https://www.economist.com/business/2020/09/19/what-is-stakeholder-capitalism; Andrea Ucini, "What Companies Are For," *Economist,* August 22, 2019, https://www.economist.com/leaders/2019/08/22/what-companies-are-for.
28. Rosabeth Moss Kanter, "How Great Companies Think Differently," *Harvard Business Review*, November 2011, https://hbr.org/2011/11/how-great-companies-think-differently.
29. Julie Battilana et al., "The Dual-Purpose Playbook," *Harvard Business Review*, March-April 2019, https://hbr.org/2019/03/the-dual-purpose-playbook.
30. David A. Lax and James K. Sebenius, *3-d Negotiation: Powerful Tools to Change the Game in Your Most Important Deals* (Boston: Harvard Business School Press, 2008); Barry Schwartz, *The Paradox of Choice: Why More Is Less* (New York: HarperCollins, 2004), 131-32. 邦訳バリー・シュワルツ『なぜ選ぶたびに後悔するのか：オプション過剰時代の賢い選択術』瑞穂のりこ訳、武田ランダムハウスジャパン、2014, 171-2.
31. こうした状況では、企業は明示的または暗黙のうちに、商業的論理と社会的論理の間の社内「為替レート」を設け、各種ステークホルダーの短期的な犠牲の影響と長期的な利得の価値を比較する。こうした為替レートの決定にあたり、企業は各決断で個別ステークホルダーが受け容れ可能と考える最低限のしきい値を検討する。企業として、株主の不満を抑えつつ達成すべき最低限の収益はどの程度だろうか？ あるいは逆に、従業員を疎外せずに要求できる最大の犠牲は何だろうか？ Julie Battilana et al., "Beyond Shareholder Value Maximization: Accounting for Financial/Social Tradeoffs in Dual-Purpose Companies," *Academy of Management Review*（近刊）. トレードオフを管理するにあたっても、個別ステークホルダーとそれが企業にとって持つ重要性の大小を考えるのは重要だ。Paul

ビューに基づいている。こうしたインタビューはまた、ここでの話と似たものを告げるケーススタディの基盤ともなっている。Ranjay Gulati, Luciana Silvestri, and Monte Burke, "Etsy: Crafting a Turnaround to Save the Business and Its Soul," Harvard Business School Case Study（近刊）参照。
2. Kiron Roy, "Stand for More Than Just Profits," Coworker.org, accessed May 14, 2021, https://www.coworker.org/petitions/recommit-to-etsy-s-values-and-support-the-etsy-community-for-the-long-term.
3. Roy, "Stand for More."
4. David Gelles, "Inside the Revolution at Etsy," *New York Times*, November 25, 2017, https://www.nytimes.com/2017/11/25/business/etsy-josh-silverman.html.
5. Thales S. Teixeira, "Airbnb, Etsy, Uber: Expanding from One to Many Millions of Customers," Harvard Business School Case Study 9-519-087, June 5, 2019, 6 での引用。
6. Teixeira, "Airbnb, Etsy, Uber," 6 での引用。
7. Max Chafkin, "Can Rob Kalin Scale Etsy?," Inc., April 2011, https://www.inc.com/magazine/20110401/can-rob-kalin-scale-etsy.html.
8. Chafkin, "Can Rob Kalin Scale Etsy?"; Tugba Sabanoglu, "Annual Gross Merchandise Sales（GMS）of Etsy Inc. from 2005 to 2020," *Statista*, March 11, 2021, https://www.statista.com/statistics/219412/etsys-total-merchandise-sales-per-year.
9. "Rob Kalin Out as Etsy CEO," Inc., July 21, 2011, accessed May 18, 2021, https://www.inc.com/articles/201107/rob-kalin-steps-down-as-etsy-ceo.html.
10. Chad Dickerson, "Etsy's Next Chapter: Reimagining Commerce as a Public Company," *Etsy*（blog）, April 16, 2015, https://blog.etsy.com/news/2015/etsys-next-chapter-reimagining-commerce-as-a-public-company/; Kruti Patel Goyal（Etsy 主任製品担当重役）, 著者とのメール, April 23, 2021.
11. Michelle Traub, "Etsy Joins the B Corporation Movement," *Etsy*（blog）, May 9, 2012, https://blog.etsy.com/news/2012/etsy-joins-the-b-corporation-movement/.
12. Amy Larocca, "Etsy Wants to Crochet Its Cake, and Eat It Too," *The Cut*, April 2016, https://www.thecut.com/2016/04/etsy-capitalism-c-v-r.html（記事は April 4, 2016, の *New York Magazine* に掲載）.
13. Caitlin Huston, "Five Things to Know About Etsy Before Its IPO," *Market-Watch*, April 15, 2015, https://www.marketwatch.com/story/five-things-to-know-about-etsy-before-its-ipo-2015-03-05.
14. Dickerson, "Etsy's Next Chapter."
15. Larocca, "Etsy Wants to Crochet Its Cake" での引用。
16. Ben Popper, "Etsy Completes Its IPO, Valuing the Craft Marketplace at Over $3.5 Billion," Verge, April 16, 2015, https://www.theverge.com/2015/4/16/8428627/etsy-ipo-goes-public.
17. Gelles, "Inside the Revolution at Etsy."
18. Josh Silverman（CEO of Etsy）, 著者とのインタビュー, June 1, 2020.
19. 学者たちは「ウィン＝ウィン」の理想主義的な追求を促している。R. Edward Freeman, Kirsten E. Martin, and Bidhan L. Parmar, *The Power of And: Responsible Business Without Trade-Offs*（New York: Columbia University Press, 2020）参照。
20. これは目新しい立場ではない。1932 年の法律レビュー記事である学者は、「世論」が「ビジネス企業について営利機能だけでなく社会サービスを持つ経済機関という見方」を受けな存在として定義するのが生産的だと信じている。組織のふるまいは、市場の均衡行動のようなものになる。鉄鋼市場や小麦市場を、何か選好があったり動機を持ったり選択をしたりする存在として見ないのが通例だ」。Michael C. Jensen, *Foundations of Organizational Strategy* (Cambridge, MA: Harvard University Press, 2001), 135, 137.

41. Roland Marchand, *Creating the Corporate Soul: The Rise of Public Relations and Corporate Imagery in American Big Business* (Berkeley: University of California Press, 1998), 7-10.
42. Marchand, *Creating the Corporate Soul*, 87.
43. Philip Selznick, *Leadership in Administration: A Sociological Interpretation,* rev. ed. (Berkeley: University of California Press, 1984), 19. 邦訳セルズニック『組織とリーダーシップ』(北野利信訳、ダイヤモンド社、1970)
44. Joel M. Podolny, Rakesh Khurana, and Marya L. Besharov, "Revisiting the Meaning of Leadership," in Nitin Nohria and Rakesh Khurana, eds., *Handbook of Leadership Theory and Practice* (Boston: Harvard Business Press, 2010), 71. セルズニックの 20 年ほど前、ビジネス重役で経営思想家チェスター・バーナードは意味とパーパスは組織内の人々が従う道徳的なコードとなっており、きわめて強烈に感じられるので、自分自身の情緒的ニーズも上回ってしまうのだと論じた。彼が挙げた例は、寝たきりの母親がいる自宅が焼け落ちても職場を離れなかった電話交換手だ。彼女は会社やその顧客に対する「不断のサービスの道徳的な必要性」に極度に献身していたのだ、と彼は述べる。
45. Mayer, *Prosperity* (Oxford: Oxford University Press, 2018), 11.
46. Robert E. Quinn and Anjan V. Thakor, *The Economics of Higher Purpose* (Oakland, CA: Berrett-Koehler Publishers, 2019), 特に chapter 5 を参照。
47. Satya Nadella, *Hit Refresh: The Quest to Rediscover Microsoft's Soul and Imagine a Better Future for Everyone* (New York: HarperCollins, 2017), 78-79. 邦訳サティア・ナデラ『Hit Refresh：マイクロソフト再興とテクノロジーの未来』山田美明&江戸伸禎訳、日経 BP 社、2017.
48. Ranjay Gulati, "The Soul of a Start-Up," *Harvard Business Review*, July-August, 2019, https://hbr.org/2019/07/the-soul-of-a-start-up.
49. たとえば Aaron K. Chatterji and Michael W. Toffel, "Divided We Lead," *Harvard Business Review*, March 22, 2018, https://hbr.org/2018/03/divided-we-lead; および Aaron K. Chatterji and Michael W. Toffel, "The Right and Wrong Way to Do 'CEO Activism,'" *Wall Street Journal*, February 22, 2019, https://www.wsj.com/articles/the-right-and-wrong-way-to-do-ceo-activism-11550874530 を参照。
50. Aaron K. Chatterji and Michael W. Toffel, "The New CEO Activists," *Harvard Business Review*, January-February 2018, https://hbr.org/2018/01/the-new-ceo-activists.
51. Handy, "What's a Business For?" での引用。中にはケインズが本当にこの発言をしたか疑問視する人もいる。たとえば "Capitalism: The Nastiest of Men for the Nastiest of Motives Will Somehow Work for the Benefit of All," *Quote Investigator,* accessed May 25, 2021, https://quoteinvestigator.com/2011/02/23/capitalism-motives/ を参照。

第２章：かみそりの刃の上を歩く

1. Josh Silverman (CEO of Etsy), 著者とのインタビュー, June 1, 2020. 記述した公開情報源以外に、この章のエッツィに関する記述はエッツィ重役たちと行った多くのインタ

World (New York: Alfred A. Knopf, 2018); および Colin Mayer, *Prosperity: Better Business Makes the Greater Good* (Oxford, UK: Oxford University Press, 2018) 参照。
27. たとえば Paul S. Adler, *The 99 Percent Economy: How Democratic Socialism Can Overcome the Crises of Capitalism* (New York: Oxford University Press, 2019) 参照。
28. "Purpose: Shifting from Why to How," *McKinsey Quarterly* (April 2020), 3, https://www.mckinsey.com/business-functions/organization/our-insights/purpose-shifting-from-why-to-how.
29. 影響力の高い論説 Charles Handy, "What's A Business For?," *Harvard Business Review,* December 2002, https://hbr.org/2002/12/whats-a-business-for 参照。
30. William Damon, *The Path to Purpose: How Young People Find Their Calling in Life* (NewYork: Free Press, 2008), 33. 強調は引用者。
31. "Kavvanah," Jewish Virtual Library, accessed May 25, 2021, https://www.jewishvirtuallibrary.org/kavvanah.
32. Deepak Chopra, "Are you Living Your True Purpose?," *Heal Your Life*, June 10, 2013, https://www.healyourlife.com/are-you-living-your-true-purpose.
33. "Reimagining How and Where Fresh Food is Grown," Gotham Greens, accessed May 5, 2021, https://www.gothamgreens.com/our-story/.
34. "High-Tech Hydroponic Farm Transforms Abandoned Bowling Alley," *Greenhouse Management*, November 3, 2011, https://www.greenhousemag.com/article/gotham-greens-hydroponic-farm-bowling-alley/; Gail Ciampa, "Gotham Greens Opens Its Massive Providence Greenhouse on Thursday. Here's a Look Inside," *Providence Journal,* updated December 4, 2019, https://www.providencejournal.com/news/20191204/gotham-greens-opens-its-massive-providence-greenhouse-on-thursday-heres-look-inside; "Vegetable Growers News," *Vegetable Growers*, November 13, 2019, https://vegetablegrowersnews.com/news/gotham-greens-opens-largest-urban-agriculture-campus-in-chicago/.
35. PR Newswire, "Gotham Greens Raises $87 Million to Grow Its Indoor Agriculture Footprint, Bringing More Fresh Foods to Shoppers Nationwide," Gotham Greens 記者発表, December 8, 2020, https://www.prnewswire.com/news-releases/gotham-greens-raises-87-million-to-grow-its-indoor-agriculture-footprint-bringing-more-fresh-foods-to-shoppers-nationwide-301187876.html.
36. 同社のウェブサイト https://www.gothamgreens.com/, accessed May 7, 2021 参照。
37. Viraj Puri (Gotham Greens 創業者), 著者とのインタビュー, September 1, 2020.
38. この部分は Christopher Bartlett と Sumantra Ghoshal に負っている。彼らはパーパスが戦略と構造に先立つものだと論じている。Christopher A. Bartlett and Sumantra Ghoshal, "Changing the Role of Top Management: Beyond Strategy to Purpose," *Harvard Business Review* 72, no.6 (November-December 1994): 79 passim を参照。ここでの私の議論は、私の社会学の出自に影響を受けている。社会学は個人を取り巻く文脈の力に注目する。パーパスは Neil Fligstein の表現では、新しい「コントロールの概念」(経済的生存のイデオロギー) となり、それが経営者に戦略構築を変えさせるようにできる。Neil Fligstein, *The Transformation of Corporate Control* (Cambridge, MA: Harvard University Press, 1990) 参照。
39. Satya Nadella (CEO of Microsoft), 著者とのインタビュー, June 1, 2020.
40. 企業のこうした経済的な見方をマイケル・C・ジェンセンがきれいにまとめている。「私は組織を、バラバラな個人の複雑な契約 (成文も暗黙も) のつながりとして機能する法的

める広いパーパスを採用するかわりに、彼らは顧客に奉仕するとか市場を支配するといったものを中心とする伝統的なビジネス使命を持ってきて、それが高次のパーパスなのだとする。要するに彼らはあらゆるステークホルダーのために価値を最大化するという、むずかしいが重要な仕事をしないですませるのだ。一部の企業は、一見すると商業的なビジネス使命を超越しているように見えるパーパスを採用するが、最終的にそれは複数のステークホルダーアプローチには整合しない。たとえば工業コングロマリットであるダナヘール社はパーパスを「人生の可能性実現を支援」としている。これは博愛的に見えるが、これで同社は顧客への奉仕、市場拡大に専念させ、その後で、追加のステークホルダーに対しては、CSR 的な活動を通じて善行を行う、ということになるらしい。この解釈からするとダナヘール社は社会的論理を実現はするかもしれないが、それを商業論理とは区別して、後者こそが存在の核心的な理由だとする。どうやら同社のパーパスは、もっと広いステークホルダーに奉仕できるように中核ビジネスを再想像するように押しやったりはしないらしい。

19. Michael E. Porter and Mark R. Kramer, "Creating Shared Value," *Harvard Business Review,* January-February 2011, https://hbr.org/2011/01/the-big-idea-creating-shared-value.
20. マッキーとシソーディアは、トレードオフを超越したステークホルダー資本主義の様式を想定しているらしい。「従来型の企業とコンシャス・カンパニーの大きなちがいは何か？それは前者が、自社と様々なステークホルダーの間に、そしてステークホルダー同士にもトレードオフの関係を日常的に作り出しているという点だ。あらゆるステークホルダーの中で、投資家が最も有利になるようなトレードオフ関係を作り出すマネジャーが優秀とされる。一方、コンシャス・カンパニーは、トレードオフ関係というものは、わざわざ作り出さなくても探せば必ず見つかるものだということをよくわかっている。同時に、ステークホルダー全体のシナジー（相乗効果）もたいていは見つかるということも」。この著者らはまた、良心的組織についての以下の一節で、トレードオフを超えた資本主義の様式を示唆しているようだ。「どのステークホルダーも同じ方向を向き、互いに協力しながら動いているので、システム内の軋轢はほとんどない。このような創造性と献身が共通の目的に向けられると、すべてのステークホルダーにとって偉大な価値が生み出される」。John Mackey and Raj Sisodia, *Conscious Capitalism: Liberating the Heroic Spirit of Business* (Boston: Harvard Business Review Press, 2014), 70–71. 邦訳マッキー＆シソーディア『世界でいちばん大切にしたい会社 コンシャス・カンパニー』鈴木立哉訳、翔泳社、2014, 90, 92.
21. 資本主義が直面する課題についての優れた概観としては Rebecca Henderson の *Reimagining Capitalism in a World on Fire* (New York: Public Affairs, 2020) を参照。
22. David Gelles, "C.E.O.s Are Not Here to Save Us," *New York Times,* updated December 2, 2020, https://www.nytimes.com/2019/09/28/business/wework-juul-ebay-ceo.html.
23. "Business Roundtable Redefines the Purpose of a Corporation to Promote 'An Economy That Serves All Americans,'" *Business Roundtable,* August 19, 2019, https://www.businessroundtable.org/business-roundtable-redefines-the-purpose-of-a-corporation-to-promote-an-economy-that-serves-all-americans.
24. Michael Hiltzik, "Last Year CEOs Pledged to Serve Stakeholders, Not shareholders. You Were Right Not to Buy It," *Los Angeles Times,* August 19, 2020, https://www.latimes.com/business/story/2020-08-19/big-business-shareholder-value-scam.
25. Hiltzik, "Last Year CEOs Pledged."
26. たとえば Anand Giridharadas, *Winners Take All: The Elite Charade of Changing the*

び環境問題の解決に貢献できる手段を表現したものである」と述べる。British Academyの白書 "Principles for Purposeful Business," 2019, 16 を参照。

5. "The Five Principles," Mars, accessed May 3, 2021, https://www.mars.com/about/five-principles.
6. Joël Glenn Brenner, *The Emperors of Chocolate: Inside the Secret World of Hershey & Mars* (New York: Broadway Books, 2000), 257.
7. "The Five Principles," Mars.
8. Andrew Edgecliffe-Johnson, "Stephen Badger: Balancing Profit with Creating Value for Society," *Financial Times*, November 9, 2019, https://www.ft.com/content/bf039636-007a-11ea-b7bc-f3fa4e77dd47.
9. David Kaplan, "Mars Incorporated: A Pretty Sweet Place to Work," *Fortune*, January 17, 2013, https://fortune.com/2013/01/17/mars-incorporated-a-pretty-sweet-place-to-work/.
10. Edgecliffe-Johnson, "Stephen Badger."
11. Paul Conley, "Mars in Joint Venture to Build Wind Farm in Texas," *Food Dive*, April 30, 2014, https://www.fooddive.com/news/mars-in-joint-venture-to-build-wind-farm-in-texas/257595/.
12. Alistair Hall and Katie Ellman, "The Next-Generation Sustainability Aims of Mars," GreenBiz, October 6, 2017, https://www.greenbiz.com/article/next-generation-sustainability-aims-mars.
13. Simon Mainwaring, "Purpose at Work: How Mars Is Scaling Sustainability Goals Across Generations," *Forbes*, February 12, 2020, accessed May 3, 2021, https://www.forbes.com/sites/simonmainwaring/2020/02/12/purpose-at-work-how-mars-is-scaling-sustainability-goals-across-generations/.
14. "Economics of Mutuality (EoM)," Mutuality in Business, Briefing Paper 4, Saïd Business School and University of Oxford, June 8, 2015, https://www.sbs.ox.ac.uk/sites/default/files/2018-06/MiB-EoM_Backgrounder_6.6.15.pdf; Mars, "Mars Launches 'Seeds of Change' Accelerator," press release, March 5, 2019, https://www.mars.com/news-and-stories/press-releases/seeds-of-change-accelerator.
15. Laura Arrillaga-Andreessen, "Five Visionary Tech Entrepreneurs Who Are Changing the World," *New York Times Style Magazine*, October 12, 2015, https://www.nytimes.com/interactive/2015/10/12/t-magazine/elizabeth-holmes-tech-visionaries-brian-chesky.html?_r=0 での引用。
16. "Theranos Trains 100 Global Women Leaders in STEM for State Department's Tech-Women Program," *Business Wire*, October 10, 2015, https://www.businesswire.com/news/home/20151010005018/en/Theranos-Trains-100-Global-Women-Leaders-in-STEM-for-State-Department%E2%80%99s-TechWomen-Program.
17. 私は、持続可能性目標をビジネスの周縁部に押しやるという、企業の同様の傾向について述べた。Luciana Silvestri and Ranjay Gulati, "From Periphery to Core: A Process Model for Embracing Sustainability," in ed., Rebecca Henderson, Ranjay Gulati, and Michael Tushman, *Leading Sustainable Change: An Organizational Perspective* (Oxford, NY: Oxford University Press, 2015), 81–110.
18. パーパス(および意味的には社会的な善)をビジネスにとって周縁的だとする企業のほとんどは、存在理由を狭く、空虚な形で定義する。会社を商業的な目標を超えるように高

原註

はじめに

1. Joshua Daniel Margolis and James Patrick Walsh, *People and Profits? The Search for a Link Between a Company's Social and Financial Performance* (Mahwah, NJ: Lawrence Erlbaum, 2001), 10.
2. Cathy Carlisi et al., "Purpose with the Power to Transform Your Organization," BCG, May 15, 2017, https://www.bcg.com/publications/2017/transformation-behavior-culture-purpose-power-transform-organization.
3. "The Business Case for Purpose," *Harvard Business Review Analytic Services Report*, October 1, 2015, 4, https://hbr.org/resources/pdfs/comm/ey/19392HBRReportEY.pdf.
4. "Larry Fink's 2021 letter to CEOs," BlackRock, accessed April 28, 2021, https://www.blackrock.com/corporate/investor-relations/larry-fink-ceo-letter.
5. Carmine Di Sibio（EY 組織のグローバル会長兼 CEO), 著者とのインタビュー, June 16, 2021.

第１章：そもそもパーパスとは何か？

1. Constance L. Hays, "Forrest Mars, 95, Creator of the M & M and a Candy Empire," *New York Times*, July 3, 1999, https://www.nytimes.com/1999/07/03/business/forrest-mars-95-creator-of-the-m-m-and-a-candy-empire.html.
2. Stephen M. Badger II, "Editorial," *Brewery Journal*, January 2014, 3. また Paul Robert Gilbert and Catherine Dolan, "Mutuality Talk in a Family-Owned Multinational: Anthropological Categories & Critical Analyses of Corporate Ethicizing," *Journal of Business Anthropology* 9, no.1 (Spring 2020): 21–22, https://rauli.cbs.dk/index.php/jba/article/view/5958 も参照。
3. パーパスの目標に基づく定義と責務に基づく定義を隔てるものについての分析は Gerard George et al., "Purpose in the For-Profit Firm: A Review and Framework for Management Research," *Journal of Management* (April 2021), https://doi.org/10.1177/01492063211006450 を参照。
4. パーパスの概念をめぐっては大量の混乱と非整合性が見られる。無数の定義が登場し、一部はそれを大規模な商業目標だとして、一部はパーパス・ステートメントには会社がだれに奉仕しようとしているかを明記すべきだと述べ、また一部はパーパスを人事ツールと考えて、従業員が成果を挙げるように啓発するものを捉えているのだと考える。私が主張したように、パーパスの最高の定義は、野心的で理想的な性質を同時に強調する。組織の目標を定義するだけでなく、この世で善をなして営利追求の先を行く壮大な野心を述べるものだ。ある評論家はこう述べる。「パーパスとは世界にもたらそうとするちがいについての、決定的な表現だ」。Roy Spence, *It's Not What You Sell, It's What You Stand For: Why Every Extraordinary Business Is Driven by Purpose* (New York: Portfolio, 2009), 10. パーパスについてのあるハンドブックは、パーパスを「企業の存在理由であり、社会的問題を解決すると同時に、会社にとって大きな財務的価値を創り出すもの」としている。Georgina Eckert and Bobbi Silten, eds., "Purpose Playbook: Putting Purpose into Practice with Shared Value," Foundation Strategy Group and the Shared Value Initiative, May 2020, 10. ブリティッシュ・アカデミーは「企業パーパスとは、ビジネスが社会およ

DEEP PURPOSE
by RANJAY GULATI

著者

ランジェイ・グラティ RANJAY GULATI

ハーバード・ビジネス・スクールにおけるポール・R・ローレンス1942年度MBA学級教授であり、組織行動ユニットの元ユニット長である。最近まで彼は、同校のシニアリーダーエグゼクティブコースである先進マネジメントプログラムの長も務めた。多くの著書を擁し、CNBCを始めメディア出演も多い。いくつか起業ベンチャーの顧問理事会にも名を連ねている。
ハーバード大学PhD、MITスローン経営学校のマネジメント修士号、ワシントン州立大学でのコンピュータ科学学位とニューデリーのセントスティーブンス大学での経済学学位をもつ。マサチューセッツ州ニュートン在住。

訳者

山形浩生 YAMAGATA HIROO

評論家・翻訳家。開発援助関連調査のかたわら、科学、文化、経済からコンピュータまで広範な分野での翻訳、執筆活動を行う。著書に『経済のトリセツ』『新教養主義宣言』『要するに』『訳者解説』『プロトタイプシティ』（共著）ほか。訳書にチャールズ・ウィーラン『経済学をまる裸にする』『統計学をまる裸にする』『MONEY もう一度学ぶお金のしくみ』、ケインズ『雇用、利子、お金の一般理論』、ピケティ『21 世紀の資本』、クルーグマン『クルーグマン教授の経済入門』『さっさと不況を終わらせろ』、エアーズ『その数学が戦略を決める』、伊藤穣一／ハウ『9 プリンシプルズ』、マシュー・ハインドマン『デジタルエコノミーの罠』、ジム・マッケルビー『INNOVATION STACK だれにも真似できないビジネスを創る』ほか多数。

解説者

鵜澤慎一郎 UZAWA SHINICHIRO

EY アジアパシフィック ピープル・アドバイザリー・サービス 日本地域代表兼ビジネス・ブレークスルー大学大学院経営学研究科客員教授。EY Japanで国内280名超（2022年12月時点）の人事組織コンサルティング事業責任者及び総合コンサルティング部門におけるリーダーシップ会議メンバーを務める。専門は人事戦略策定、グローバルHR変革、HRテクノロジー等。
2020年9月にビジネス・ブレークスルー大学大学院経営学研究科（MBA）の客員教授に就任、2022年9月より青山学院大学大学院国際マネジメント研究科（MBA）の非常勤講師、2023年4月より京都大学経営管理大学院（MBA）の非常勤講師を担当。主な著書に『HRDXの教科書』（共著）、『ワークスタイル変革』（共著）。

DEEP PURPOSE
傑出する企業、その心と魂

2023（令和5）年 2 月27日　初版第1刷発行

著者　ランジェイ・グラティ
訳者　山形浩生
発行者　錦織圭之介
発行所　株式会社 東洋館出版社
〒101-0054
東京都千代田区神田錦町2丁目9番1号 コンフォール安田ビル2階
（代表）　TEL 03-6778-4343／FAX 03-5281-8091
（営業部）TEL 03-6778-7278／FAX 03-5281-8092
振替 00180-7-96823
URL https://toyokanbooks.com/

装幀　水戸部功
印刷・製本　藤原印刷株式会社
ISBN978-4-491-05152-9 ／ Printed in Japan